日本近现代短篇小说作品选读教程

冉 秀 主编

吉林大学出版社
·长春·

图书在版编目（CIP）数据

日本近现代短篇小说作品选读教程／冉秀主编．——长春：吉林大学出版社，2021.1
ISBN 978-7-5692-6830-0

Ⅰ.①日… Ⅱ.①冉… Ⅲ.①日语-阅读教学-研究生-教材②短篇小说-小说集-日本-近现代 Ⅳ.①H369.4：Ⅰ

中国版本图书馆 CIP 数据核字（2020）第 141781 号

书　　　名	日本近现代短篇小说作品选读教程
	RIBEN JIN-XIANDAI DUANPIAN XIAOSHUO ZUOPIN XUANDU JIAOCHENG
作　　　者	冉　秀　主编
策 划 编 辑	黄忠杰
责 任 编 辑	刘子贵
责 任 校 对	宋睿文
装 帧 设 计	周香菊
出 版 发 行	吉林大学出版社
社　　　址	长春市人民大街 4059 号
邮 政 编 码	130021
发 行 电 话	0431-89580028/29/21
网　　　址	http://www.jlup.com.cn
电 子 邮 箱	jdcbs@jlu.edu.cn
印　　　刷	三美印刷科技（济南）有限公司
开　　　本	787mm×1092mm　1/16
印　　　张	14.5
字　　　数	320 千字
版　　　次	2021 年 3 月　第 1 版
印　　　次	2021 年 3 月　第 1 次
书　　　号	ISBN 978-7-5692-6830-0
定　　　价	68.00 元

版权所有　翻印必究

前言

　　本教程是作为日语专业本科和日本文学专业的研究生的文学作品选读教程。旨在引导学生解读日本近代文学作品，了解日本近现代文学发展的进程，把握日本人的审美意识和价值取向，思维活动，从而提高学生对日本文学的阅读、鉴赏能力。

　　本教程在作品的选择上，较多地注重近现代各个时期、文学流派最具代表性的作家的作品。较之以往的文学教材，本教程有以下几个方面的特点：一、教材选取的时间跨度为明治时期到大正、昭和时期有代表性的作家的短篇作品。二、本教程选取的作品都为短篇小说，选取的作品短小精炼，作品的编选模式是基于编者对文学作品的阅读方式的探讨和文学鉴赏经验教训的总结之上。所选作品都是作家作品世界的浓缩。三、没有汉语注释，只有作家的基本介绍，这样引导学生自觉查阅作品相关背景资料，培养学生的问题意识。这也符合高层次人才培养目标，让学生在鉴赏作品的同时，提高日语语言能力，通过问题意识去查阅相关资料，捕捉作品深处的寓意。

　　本教程选取各个时期的代表作家的作品共28篇，作品涵盖了日本近代到现代的写实主义、浪漫主义、自然主义、理想主义、新现实主义、新心理主义、新感觉派、战后派，无赖派等作家的代表作品。其中较为典型的作家选取了两篇作品。所选作品虽都为短篇，但都是作家的整体作品旨趣的浓缩，可管中窥豹，借此窥视作家的作品世界。

　　本教程在编写的过程中，得到了日本山口大学村上林造教授、日本专修大学内田弘教授、以及重庆交通大学的全体日本文学专业的研究生的热忱协助，其中日本文学专业硕士研究生周倩、黄莉、田成鹏等同学热情地帮助作品的录入和校对，为本教程的出版付出辛勤的劳动。在此一并表示感谢。

目 录

武蔵野 …………………………………………………………………………… 1

良夜 ……………………………………………………………………………… 16

高野聖 …………………………………………………………………………… 23

少女病 …………………………………………………………………………… 61

夢十夜 …………………………………………………………………………… 72

私の個人主義 …………………………………………………………………… 89

高瀬舟 …………………………………………………………………………… 107

田園の思慕 ……………………………………………………………………… 115

清兵衛と瓢箪 …………………………………………………………………… 117

城の崎にて ……………………………………………………………………… 121

一房の葡萄 ……………………………………………………………………… 126

小さき者へ ……………………………………………………………………… 132

西班牙犬の家 …………………………………………………………………… 141

羅生門 …………………………………………………………………………… 148

或恋愛小説 ……………………………………………………………………… 154

形 ………………………………………………………………………………… 159

蠅 ………………………………………………………………………………… 161

骨拾い …………………………………………………………………………… 166

心中 ……………………………………………………………………………… 170

愛撫 ……………………………………………………………………………… 172

桜の樹の下には ………………………………………………………………… 175

セメント樽の中の手紙……………………………………………………177
よだかの星………………………………………………………………180
鯉…………………………………………………………………………186
走れメロス………………………………………………………………190
山月記……………………………………………………………………199
桜の森の満開の下………………………………………………………205
散歩生活…………………………………………………………………220

武蔵野

国木田独歩

一

　「武蔵野の俤は今わずかに入間郡に残れり」と自分は文政年間にできた地図で見たことがある。そしてその地図に入間郡「小手指原久米川は古戦場なり太平記元弘三年五月十一日源平小手指原にて戦うこと一日がうちに三十余たび日暮れは平家三里退きて久米川に陣を取る明れば源氏久米川の陣へ押寄せると載せたるはこのあたりなるべし」と書きこんであるのを読んだことがある。自分は武蔵野の跡のわずかに残っている処とは定めてこの古戦場あたりではあるまいかと思って、一度行ってみるつもりでいてまだ行かないが実際は今もやはりそのとおりであろうかと危ぶんでいる。ともかく、画や歌でばかり想像している武蔵野をその俤ばかりでも見たいものとは自分ばかりの願いではあるまい。それほどの武蔵野が今ははたしていかがであるか、自分は詳しくこの問に答えて自分を満足させたいとの望みを起こしたことはじつに一年前の事であって、今はますますこの望みが大きくなってきた。
　さてこの望みがはたして自分の力で達せらるるであろうか。自分はできないとはいわぬ。容易でないと信じている、それだけ自分は今の武蔵野に趣味を感じている。たぶん同感の人もすくなからぬことと思う。
　それで今、すこしく端緒をここに開いて、秋から冬へかけての自分の見て感じたところを書いて自分の望みの一少部分を果したい。まず自分がかの問に下すべき答は武蔵野の美今も昔に劣らずとの一語である。昔の武蔵野は実地見てどんなに美であったことやら、それは想像にも及ばんほどであったに相違あるまいが、自分が今見る武蔵野の美しさはかかる誇張的の断案を下さしむるほどに自分を動かしているのである。自分は武蔵野の美といった、美といわんよりむしろ詩趣といいたい、そのほうが適切と思われる。

二

　そこで自分は材料不足のところから自分の日記を種にしてみたい。自分は二十九年の秋の初めから春の初めまで、渋谷村の小さな茅屋に住んでいた。自分がかの望みを

起こしたのもその時のこと、また秋から冬の事のみを今書くというのもそのわけである。

　九月七日——「昨日も今日も南風強く吹き雲を送りつ雲を払いつ、雨降りみ降らずみ、日光雲間をもるるとき林影一時に煌めく、——」

　これが今の武蔵野の秋の初めである。林はまだ夏の緑のそのままでありながら空模様が夏とまったく変わってきて雨雲の南風につれて武蔵野の空低くしきりに雨を送るその晴間には日の光水気を帯びてかなたの林に落ちこなたの杜にかがやく。自分はしばしば思った、こんな日に武蔵野を大観することができたらいかに美しいことだろうかと。二日置いて九日の日記にも「風強く秋声野にみつ、浮雲変幻たり」とある。ちょうどこのころはこんな天気が続いて大空と野との景色が間断なく変化して日の光は夏らしく雲の色風の音は秋らしくきわめて趣味深く自分は感じた。

　まずこれを今の武蔵野の秋の発端として、自分は冬の終わるころまでの日記を左に並べて、変化の大略と光景の要素とを示しておかんと思う。

　九月十九日——「朝、空曇り風死す、冷霧寒露、虫声しげし、天地の心なお目さめぬがごとし」

　同二十一日——「秋天拭うがごとし、木葉火のごとくかがやく」

　十月十九日——「月明らかに林影黒し」

　同二十五日——「朝は霧深く、午後は晴る、夜に入りて雲の絶間の月さゆ。朝まだき霧の晴れぬ間に家を出で野を歩み林を訪う」

　同二十六日——「午後林を訪う。林の奥に座して四顧し、傾聴し、睇視し、黙想す」

　十一月四日——「天高く気澄む、夕暮に独り風吹く野に立てば、天外の富士近く、国境をめぐる連山地平線上に黒し。星光一点、暮色ようやく到り、林影ようやく遠し」

　同十八日——「月を踏んで散歩す、青煙地を這い月光林に砕く」

　同十九日——「天晴れ、風清く、露冷やかなり。満目黄葉の中緑樹を雑ゆ。小鳥梢に囀ず。一路人影なし。独り歩み黙思口吟し、足にまかせて近郊をめぐる」

　同二十二日——「夜更けぬ、戸外は林をわたる風声ものすごし。滴声しきりなれども雨はすでに止みたりとおぼし」

　同二十三日——「昨夜の風雨にて木葉ほとんど揺落せり。稲田もほとんど刈り取らる。冬枯の淋しき様となりぬ」

　同二十四日——「木葉いまだまったく落ちず。遠山を望めば、心も消え入らんばかり懐し」

　同二十六日——夜十時記す「屋外は風雨の声ものすごし。滴声相応ず。今日は終日霧たちこめて野や林や永久の夢に入りたらんごとく。午後犬を伴うて散歩す。林に入り黙坐す。犬眠る。水流林より出でて林に入る、落葉を浮かべて流る。おりおり時雨し

めやかに林を過ぎて落葉の上をわたりゆく音静かなり」

同二十七日――「昨夜の風雨は今朝なごりなく晴れ、日うららかに昇りぬ。屋後の丘に立ちて望めば富士山真白ろに連山の上に聳ゆ。風清く気澄めり。

げに初冬の朝なるかな。

田面に水あふれ、林影倒に映れり」

十二月二日――「今朝霜、雪のごとく朝日にきらめきてみごとなり。しばらくして薄雲かかり日光寒し」

同二十二日――「雪初めて降る」

三十年一月十三日――「夜更けぬ。風死し林黙す。雪しきりに降る。燈をかかげて戸外をうかがう、降雪火影にきらめきて舞う。ああ武蔵野沈黙す。しかも耳を澄ませば遠きかなたの林をわたる風の音す、はたして風声か」

同十四日――「今朝大雪、葡萄棚堕ちぬ。

夜更けぬ。梢をわたる風の音遠く聞こゆ、ああこれ武蔵野の林より林をわたる冬の夜寒の凩なるかな。雪どけの滴声軒をめぐる」

同二十日――「美しき朝。空は片雲なく、地は霜柱白銀のごとくきらめく。小鳥梢に囀ず。梢頭針のごとし」

二月八日――「梅咲きぬ。月ようやく美なり」

三月十三日――「夜十二時、月傾き風きゅうに、雲わき、林鳴る」

同二十一日――「夜十一時。屋外の風声をきく、たちまち遠くたちまち近し。春や襲いし、冬や遁れし」

三

昔の武蔵野は萱原のはてなき光景をもって絶類の美を鳴らしていたようにいい伝えてあるが、今の武蔵野は林である。林はじつに今の武蔵野の特色といってもよい。すなわち木はおもに楢の類いで冬はことごとく落葉し、春は滴るばかりの新緑萌え出ずるその変化が秩父嶺以東十数里の野いっせいに行なわれて、春夏秋冬を通じ霞に雨に月に風に霧に時雨に雪に、緑蔭に紅葉に、さまざまの光景を呈するその妙はちょっと西国地方また東北の者には解しかねるのである。元来日本人はこれまで楢の類いの落葉林の美をあまり知らなかったようである。林といえばおもに松林のみが日本の文学美術の上に認められていて、歌にも楢林の奥で時雨を聞くというようなことは見あたらない。自分も西国に人となって少年の時学生として初めて東京に上ってから十年になるが、かかる落葉林の美を解するに至ったのは近来のことで、それも左の文章がおおいに自分を教えたのである。

「秋九月中旬というころ、一日自分が樺の林の中に座していたことがあった。今朝

から小雨が降りそそぎ、その晴れ間にはおりおり生ま暖かな日かげも射してまことに気まぐれな空合い。あわあわしい白ら雲が空ら一面に棚引くかと思うと、フトまたあちこち瞬く間雲切れがして、むりに押し分けたような雲間から澄みて怜悧し気にみえる人の眼のごとくに朗らかに晴れた蒼空がのぞかれた。自分は座して、四顧して、そして耳を傾けていた。木の葉が頭上でかすかに戦いだが、その音を聞いたばかりでも季節は知られた。それは春先する、おもしろそうな、笑うようなさざめきでもなく、夏のゆるやかなそよぎでもなく、永たらしい話し声でもなく、また末の秋のおどおどした、うそさぶそうなお饒舌りでもなかったが、ただようやく聞取れるか聞取れぬほどのしめやかな私語の声であった。そよ吹く風は忍ぶように木末を伝った、照ると曇るとで雨にじめつく林の中のようすが間断なく移り変わった、あるいはそこにありとある物すべて一時に微笑したように、隈なくあかみわたって、さのみ繁くもない樺のほそぼそとした幹は思いがけずも白絹めく、やさしい光沢を帯び、地上に散り布いた、細かな落ち葉はにわかに日に映じてまばゆきまでに金色を放ち、頭をかきむしったような「パアポロトニク」（蕨の類い）のみごとな茎、しかも熟えすぎた葡萄めく色を帯びたのが、際限もなくもつれからみつして目前に透かして見られた。

　あるいはまたあたり一面にわかに薄暗くなりだして、瞬く間に物のあいろも見えなくなり、樺の木立ちも、降り積ったままでまた日の眼に逢わぬ雪のように、白くおぼろに霞む——と小雨が忍びやかに、怪し気に、私語するようにバラバラと降って通った。樺の木の葉はいちじるしく光沢が褪めてもさすがになお青かった、がただそちこちに立つ稚木のみはすべて赤くも黄いろくも色づいて、おりおり日の光りが今ま雨に濡れたばかりの細枝の繁みを漏れて滑りながらに脱けてくるのをあびては、キラキラときらめいた」

　すなわちこれはツルゲーネフの書きたるものを二葉亭が訳して「あいびき」と題した短編の冒頭にある一節であって、自分がかかる落葉林の趣きを解するに至ったのはこの微妙な叙景の筆の力が多い。これはロシアの景でしかも林は樺の木で、武蔵野の林は楢の木、植物帯からいうとはなはだ異なっているが落葉林の趣は同じことである。自分はしばしば思うた、もし武蔵野の林が楢の類いでなく、松か何かであったらきわめて平凡な変化に乏しい色彩いちようなものとなってさまで珍重するに足らないだろうと。

　楢の類いだから黄葉する。黄葉するから落葉する。時雨が私語く。凩が叫ぶ。一陣の風小高い丘を襲えば、幾千万の木の葉高く大空に舞うて、小鳥の群かのごとく遠く飛び去る。木の葉落ちつくせば、数十里の方域にわたる林が一時に裸体になって、蒼ずんだ冬の空が高くこの上に垂れ、武蔵野一面が一種の沈静に入る。空気がいちだん澄み

武蔵野

わたる。遠い物音が鮮かに聞こえる。自分は十月二十六日の記に、林の奥に座して四顧し、傾聴し、睇視し、黙想すと書いた。「あいびき」にも、自分は座して、四顧して、そして耳を傾けたとある。この耳を傾けて聞くということがどんなに秋の末から冬へかけての、今の武蔵野の心に適っているだろう。秋ならば林のうちより起こる音、冬ならば林のかなた遠く響く音。鳥の羽音、囀る声。風のそよぐ、鳴る、うそぶく、叫ぶ声。叢の蔭、林の奥にすだく虫の音。空車荷車の林を廻り、坂を下り、野路を横ぎる響。蹄で落葉を蹴散らす音、これは騎兵演習の斥候か、さなくば夫婦連れで遠乗りに出かけた外国人である。何事をか声高に話しながらゆく村の者のだみ声、それもいつしか、遠ざかりゆく。独り淋しそうに道をいそぐ女の足音。遠く響く砲声。隣の林でだしぬけに起こる銃音。自分が一度犬をつれ、近処の林を訪い、切株に腰をかけて書を読んでいると、突然林の奥で物の落ちたような音がした。足もとに臥ていた犬が耳を立ててきっとそのほうを見つめた。それぎりであった。たぶん栗が落ちたのであろう、武蔵野には栗樹もずいぶん多いから。

　もしそれ時雨の音に至ってはこれほど幽寂のものはない。山家の時雨は我国でも和歌の題にまでなっているが、広い、広い、野末から野末へと林を越え、杜を越え、田を横ぎり、また林を越えて、しのびやかに通り過く時雨の音のいかにも幽かで、また鷹揚な趣きがあって、優しく懐しいのは、じつに武蔵野の時雨の特色であろう。自分がかつて北海道の深林で時雨に逢ったことがある、これはまた人跡絶無の大森林であるからその趣はさらに深いが、その代り、武蔵野の時雨のさらに人なつかしく、私語くがごとき趣はない。

　秋の中ごろから冬の初め、試みに中野あたり、あるいは渋谷、世田ヶ谷、または小金井の奥の林を訪うて、しばらく座って散歩の疲れを休めてみよ。これらの物音、たちまち起こり、たちまち止み、しだいに近づき、しだいに遠ざかり、頭上の木の葉風なきに落ちてかすかな音をし、それも止んだ時、自然の静蕭を感じ、永遠（エタルニテー）の呼吸身に迫るを覚ゆるであろう。武蔵野の冬の夜更けて星斗闌干たる時、星をも吹き落としそうな野分がすさまじく林をわたる音を、自分はしばしば日記に書いた。風の音は人の思いを遠くに誘う。自分はこのもの凄い風の音のたちまち近くたちまち遠きを聞きては、遠い昔からの武蔵野の生活を思いつづけたこともある。

　熊谷直好の和歌に、よもすから木葉かたよる音きけはしのひに風のかよふなりけりというがあれど、自分は山家の生活を知っていながら、この歌の心をげにもと感じたのは、じつに武蔵野の冬の村居の時であった。

　林に座っていて日の光のもっとも美しさを感ずるのは、春の末より夏の初めであるが、それは今ここには書くべきでない。その次は黄葉の季節である。なかば黄いろくな

かば緑な林の中に歩いていると、澄みわたった大空が梢々(こずえこずえ)の隙間からのぞかれて日の光は風に動く葉末葉末に砕け、その美しさいいつくされず。日光とか碓氷とか、天下の名所はともかく、武蔵野のような広い平原の林が隈(くま)なく染まって、日の西に傾くとともに一面の火花を放つというも特異の美観ではあるまいか。もし高きに登って一目にこの大観を占めることができるならこの上もないこと、よしそれができがたいにせよ、平原の景の単調なるだけに、人をしてその一部を見て全部の広い、ほとんど限りない光景を想像さするものである。その想像に動かされつつ夕照に向かって黄葉の中を歩けるだけ歩くことがどんなにおもしろかろう。林が尽きると野に出る。

　四十月二十五日の記に、野を歩み林を訪うと書き、また十一月四日の記には、夕暮に独り風吹く野に立てばと書いてある。そこで自分は今一度ツルゲーネフを引く。

　「自分はたちどまった、花束を拾い上げた、そして林を去ってのらへ出た。日は青々とした空に低く漂(ただよ)ッて、射す影も蒼ざめて冷やかになり、照るとはなくただジミな水色のぼかしを見るように四方に充(み)ちわたった。日没にはまだ半時間もあろうに、モウゆうやけがほの赤く天末を染めだした。黄いろくからびた刈株(かりかぶ)をわたッて烈しく吹きつける野分に催されて、そりかえった細かな落ち葉があわただしく起き上がり、林に沿うた往来を横ぎって、自分の側を駈け通ッた、のらに向かッて壁のようにたつ林の一面はすべてざわざわざわつき、細末の玉の屑を散らしたように煌(きらめ)きはしないがちらついていた。また枯れ草(くさ)、薺(はぐさ)、藁(わら)の嫌いなくそこら一面にからみついた蜘蛛(くも)の巣は風に吹き靡(なび)かされて波たっていた。

　自分はたちどまった……心細くなってきた、眼に遮(さえぎ)る物象はサッパリとはしていれど、おもしろ気もおかし気もなく、さびれはてたうちにも、どうやら間近になった冬のすさまじさが見透かされるように思われて。小心な鴉(からす)が重そうに羽ばたきをして、烈しく風を切りながら、頭上を高く飛び過ぎたが、フト首を回(めぐ)らして、横目で自分をにらめて、きゅうに飛び上がって、声をちぎるように啼(な)きわたりながら、林の向うへかくれてしまった。鳩(はと)が幾羽ともなく群をなして勢いこんで穀倉のほうから飛んできた、がフト柱を建てたように舞い昇ッて、さてパッといっせいに野面に散ッた――アア秋だ！誰だか禿山(はげやま)の向うを通るとみえて、から車の音が虚空(こくう)に響きわたッた……」

　これはロシアの野であるが、我武蔵野の野の秋から冬へかけての光景も、およそこんなものである。武蔵野にはけっして禿山はない。しかし大洋のうねりのように高低起伏している。それも外見には一面の平原のようで、むしろ高台のところどころが低く窪(くぼ)んで小さな浅い谷をなしているといったほうが適当であろう。この谷の底はたいがい水田である。畑はおもに高台にある、高台は林と畑とでさまざまの区劃をなしている。畑はすなわち野である。されば林とても数里にわたるものなく否(いな)、おそらく一里にわたる

武蔵野

ものもあるまい、畑とても一眸数里に続くものはなく一座の林の周囲は畑、一頃の畑の三方は林、というような具合で、農家がその間に散在してさらにこれを分割している。すなわち野やら林やら、ただ乱雑に入組んでいて、たちまち林に入るかと思えば、たちまち野に出るというような風である。それがまたじつに武蔵野に一種の特色を与えていて、ここに自然あり、ここに生活あり、北海道のような自然そのままの大原野大森林とは異なっていて、その趣も特異である。

　稲の熟するころとなると、谷々の水田が黄ばんでくる。稲が刈り取られて林の影が倒さに田面に映るころとなると、大根畑の盛りで、大根がそろそろ抜かれて、あちらこちらの水溜めまたは小さな流れのほとりで洗われるようになると、野は麦の新芽で青々となってくる。あるいは麦畑の一端、野原のままで残り、尾花野菊が風に吹かれている。萱原の一端がしだいに高まって、そのはてが天ぎわをかぎっていて、そこへ爪先あがりに登ってみると、林の絶え間を国境に連なる秩父の諸嶺が黒く横たわッていて、あたかも地平線上を走ってはまた地平線下に没しているようにもみえる。さてこれよりまた畑のほうへ下るべきか。あるいは畑のかなたの萱原に身を横たえ、強く吹く北風を、積み重ねた枯草で避けながら、南の空をめぐる日の微温き光に顔をさらして畑の横の林が風にざわつき煌き輝くのを眺むべきか。あるいはまたただちにかの林へとゆく路をすすむべきか。自分はかくためらったことがしばしばある。自分は困ったか否、けっして困らない。自分は武蔵野を縦横に通じている路は、どれを撰んでいっても自分を失望ささないことを久しく経験して知っているから。

五

　自分の朋友がかつてその郷里から寄せた手紙の中に「この間も一人夕方に萱原を歩みて考え申候、この野の中に縦横に通ぜる十数の径の上を何百年の昔よりこのかた朝の露さやけしといいては出で夕の雲花やかなりといいてはあこがれ何百人のあわれ知る人や逍遙しつらん相悪む人は相避けて異なる道をへだたりていき相愛する人は相合して同じ道を手に手とりつつかえりつらん」との一節があった。野原の径を歩みてはかかるいみじき想いも起こるならんが、武蔵野の路はこれとは異り、相逢わんと往くとても逢いそこね、相避けんとて歩むも林の回り角で突然出逢うことがあろう。されば路という路、右にめぐり左に転じ、林を貫き、野を横ぎり、真直なること鉄道線路のごときかと思えば、東よりすすみてまた東にかえるような迂回の路もあり、林にかくれ、谷にかくれ、野に現われ、また林にかくれ、野原の路のようによく遠くの別路ゆく人影を見ることは容易でない。しかし野原の径の想いにもまして、武蔵野の路にはいみじき実がある。

武蔵野に散歩する人は、道に迷うことを苦にしてはならない。どの路でも足の向くほうへゆけばかならずそこに見るべく、聞くべく、感ずべき獲物がある。武蔵野の美はただその縦横に通ずる数千条の路を当もなく歩くことによって始めて獲られる。春、夏、秋、冬、朝、昼、夕、夜、月にも、雪にも、風にも、霧にも、霜にも、雨にも、時雨にも、ただこの路をぶらぶら歩いて思いつきしだいに右し左すれば随処に吾らを満足さするものがある。これがじつにまた、武蔵野第一の特色だろうと自分はしみじみ感じている。武蔵野を除いて日本にこのような処がどこにあるか。北海道の原野にはむろんのこと、奈須野にもない、そのほかどこにあるか。林と野とがかくもよく入り乱れて、生活と自然とがこのように密接している処がどこにあるか。じつに武蔵野にかかる特殊の路のあるのはこのゆえである。
　されば君もし、一の小径を往き、たちまち三条に分かるる処に出たなら困るに及ばない、君の杖を立ててその倒れたほうに往きたまえ。あるいはその路が君を小さな林に導く。林の中ごろに到ってまた二つに分かれたら、その小なる路を撰んでみたまえ。あるいはその路が君を妙な処に導く。これは林の奥の古い墓地で苔むす墓が四つ五つ並んでその前にすこしばかりの空地があって、その横のほうに女郎花など咲いていることもあろう。頭の上の梢で小鳥が鳴いていたら君の幸福である。すぐ引きかえして左の路を進んでみたまえ。たちまち林が尽きて君の前に見わたしの広い野が開ける。足元からすこしだらだら下がりになり萱が一面に生え、尾花の末が日に光っている、萱原の先きが畑で、畑の先に背の低い林が一叢繁り、その林の上に遠い杉の小杜が見え、地平線の上に淡々しい雲が集まっていて雲の色にまがいそうな連山がその間にすこしずつ見える。十月小春の日の光のどかに照り、小気味よい風がそよそよと吹く。もし萱原のほうへ下りてゆくと、今まで見えた広い景色がことごとく隠れてしまって、小さな谷の底に出るだろう。思いがけなく細長い池が萱原と林との間に隠れていたのを発見する。水は清く澄んで、大空を横ぎる白雲の断片を鮮かに映している。水のほとりには枯蘆がすこしばかり生えている。この池のほとりの径をしばらくゆくとまた二つに分かれる。右にゆけば林、左にゆけば坂。君はかならず坂をのぼるだろう。とかく武蔵野を散歩するのは高い処高い処と撰びたくなるのはなんとかして広い眺望を求むるからで、それでその望みは容易に達せられない。見下ろすような眺望はけっしてできない。それは初めからあきらめたがいい。
　もし君、何かの必要で道を尋ねたく思わば、畑の真中にいる農夫にききたまえ。農夫が四十以上の人であったら、大声をあげて尋ねてみたまえ、驚いてこちらを向き、大声で教えてくれるだろう。もし少女であったら近づいて小声できたまえ。もし若者であったら、帽を取って慇懃に問いたまえ。鷹揚に教えてくれるだろう。怒ってはならない、これが東京近在の若者の癖であるから。

教えられた道をゆくと、道がまた二つに分かれる。教えてくれたほうの道はあまりに小さくてすこし変だと思ってもそのとおりにゆきたまえ、突然農家の庭先に出るだろう。はたして変だと驚いてはいけぬ。その時農家で尋ねてみたまえ、門を出るとすぐ往来ですよと、すげなく答えるだろう。農家の門を外に出てみるとはたして見覚えある往来、なるほどこれが近路だなと君は思わず微笑をもらす、その時初めて教えてくれた道のありがたさが解るだろう。

　真直な路で両側とも十分に黄葉した林が四五丁も続く処に出ることがある。この路を独り静かに歩むことのどんなに楽しかろう。右側の林の頂は夕照鮮かにかがやいている。おりおり落葉の音が聞こえるばかり、あたりはしんとしていかにも淋しい。前にも後ろにも人影見えず、誰にも遇わず。もしそれが木葉落ちつくしたころならば、路は落葉に埋れて、一足ごとにがさがさと音がする、林は奥まで見すかされ、梢の先は針のごとく細く蒼空を指している。なおさら人に遇わない。いよいよ淋しい。落葉をふむ自分の足音ばかり高く、時に一羽の山鳩あわただしく飛び去る羽音に驚かされるばかり。

　同じ路を引きかえして帰るは愚である。迷ったところが今の武蔵野にすぎない、まさかに行暮れて困ることもあるまい。帰りもやはりおよその方角をきめて、べつな路を当てもなく歩くが妙。そうすると思わず落日の美観をうることがある。日は富士の背に落ちんとしていまだまったく落ちず、富士の中腹に群がる雲は黄金色に染まって、見るがうちにさまざまの形に変ずる。連山の頂は白銀の鎖のような雪がしだいに遠く北に走って、終は暗憺たる雲のうちに没してしまう。

　日が落ちる、野は風が強く吹く、林は鳴る、武蔵野は暮れんとする、寒さが身に沁む、その時は路をいそぎたまえ、顧みて思わず新月が枯林の梢の横に寒い光を放っているのを見る。風が今にも梢から月を吹き落としそうである。突然また野に出る。君はその時、山は暮れ野は黄昏の薄かなの名句を思いだすだろう。

六

　今より三年前の夏のことであった。自分はある友と市中の寓居を出でて三崎町の停車場から境まで乗り、そこで下りて北へ真直に四五丁ゆくと桜橋という小さな橋がある、それを渡ると一軒の掛茶屋がある、この茶屋の婆さんが自分に向かって、「今時分、何にしに来ただア」と問うたことがあった。

　自分は友と顔見あわせて笑って、「散歩に来たのよ、ただ遊びに来たのだ」と答えると、婆さんも笑って、それもばかにしたような笑いかたで、「桜は春咲くこと知らねえだね」といった。そこで自分は夏の郊外の散歩のどんなにおもしろいかを婆さんの耳

にも解るように話してみたがむだであった。東京の人はのんきだという一語で消されてしまった。自分らは汗をふきふき、婆さんが剝いてくれる甜瓜を喰い、茶屋の横を流れる幅一尺ばかりの小さな溝で顔を洗いなどして、そこを立ち出でた。この溝の水はたぶん、小金井の水道から引いたものらしく、よく澄んでいて、青草の間を、さも心地よさそうに流れて、おりおりこぼこぼと鳴っては小鳥が来て翼をひたし、喉を湿おすのを待っているらしい。しかし婆さんは何とも思わないでこの水で朝夕、鍋釜を洗うようであった。

　茶屋を出て、自分らは、そろそろ小金井の堤を、水上のほうへとのぼり初めた。ああその日の散歩がどんなに楽しかったろう。なるほど小金井は桜の名所、それで夏の盛りにその堤をのこのこ歩くもよそ目には愚かにみえるだろう、しかしそれはいまだ今の武蔵野の夏の日の光を知らぬ人の話である。

　空は蒸暑い雲が湧きいでて、雲の奥に雲が隠れ、雲と雲との間の底に蒼空が現われ、雲の蒼空に接する処は白銀の色とも雪の色とも譬えがたき純白な透明な、それで何となく穏やかな淡々しい色を帯びている、そこで蒼空が一段と奥深く青々と見える。ただこれぎりなら夏らしくもないが、さて一種の濁った色の霞のようなものが、雲と雲との間をかき乱して、すべての空の模様を動揺、参差、任放、錯雑のありさまとなし、雲を劈く光線と雲より放つ陰翳とが彼方此方に交叉して、不羈奔逸の気がいずこともなく空中に微動している。林という林、梢という梢、草葉の末に至るまでが、光と熱とに溶けて、まどろんで、怠けて、うつらうつらとして酔っている。林の一角、直線に断たれてその間から広い野が見える、野良一面、糸遊上騰して永くは見つめていられない。

　自分らは汗をふきながら、大空を仰いだり、林の奥をのぞいたり、天ぎわの空、林に接するあたりを眺めたりして堤の上を喘ぎ喘ぎ辿ってゆく。苦しいか？　どうして！身うちには健康がみちあふれている。

　長堤三里の間、ほとんど人影を見ない。農家の庭先、あるいは藪の間から突然、犬が現われて、自分らを怪しそうに見て、そしてあくびをして隠れてしまう。林のかなたでは高く羽ばたきをして雄鶏が時をつくる、それが米倉の壁や杉の森や林や藪に籠って、ほがらかに聞こえる。堤の上にも家鶏の群が幾組となく桜の陰などに遊んでいる。水上を遠く眺めると、一直線に流れてくる水道の末は銀粉を撒いたような一種の陰影のうちに消え、間近くなるにつれてぎらぎら輝いて矢のごとく走ってくる。自分たちはある橋の上に立って、流れの上と流れのすそと見比べていた。光線の具合で流れの趣が絶えず変化している。水上が突然薄暗くなるかとみると、雲の影が流れとともに、瞬く間に走ってきて自分たちの上まで来て、ふと止まって、きゅうに横にそれてしま

うことがある。しばらくすると水上がまばゆく煌(かがや)いてきて、両側の林、堤上の桜、あたかも雨後の春草のように鮮かに緑の光を放ってくる。橋の下では何ともいいようのない優しい水音がする。これは水が両岸に激して発するのでもなく、また浅瀬のような音でもない。たっぷりと水量(みずかさ)があって、それで粘土質のほとんど壁を塗ったような深い溝を流れるので、水と水とがもつれからまって、揉(も)みあって、みずから音を発するのである。何たる人なつかしい音だろう！

"——Let us match
This water's pleasant tune
With some old Border song, or catch,
That suits a summer's noon."

の句も思いだされて、七十二歳の翁と少年とが、そこら桜の木蔭にでも坐っていないだろうかと見廻わしたくなる。自分はこの流れの両側に散点する農家の者を幸福(しやわせ)の人々と思った。むろん、この堤の上を麦藁帽子(むぎわらぼうし)とステッキ一本で散歩する自分たちをも。

七

　自分といっしょに小金井の堤を散歩した朋友は、今は判官になって地方に行っているが、自分の前号の文を読んで次のごとくに書いて送ってきた。自分は便利のためにこれをここに引用する必要を感ずる——武蔵野は俗にいう関八州(かん)の平野でもない。また道灌(どうかん)が傘(かさ)の代りに山吹(やまぶき)の花を貰ったという歴史的の原でもない。僕は自分で限界を定めた一種の武蔵野を有している。その限界はあたかも国境または村境が山や河や、あるいは古跡や、いろいろのもので、定めらるるようにおのずから定められたもので、その定めは次のいろいろの考えから来る。

　僕の武蔵野の範囲の中には東京がある。しかしこれはむろん省(はぶ)かなくてはならぬ、なぜならば我々は農商務省の官衙(かんが)が巍峨(ぎが)として聳(そび)えていたり、鉄管事件(てっかんじけん)の裁判があったりする八百八街によって昔の面影を想像することができない。それに僕が近ごろ知合いになったドイツ婦人の評に、東京は「新しい都」ということがあって、今日の光景ではたとえ徳川の江戸であったにしろ、この評語を適当と考えられる筋もある。このようなわけで東京はかならず武蔵野から抹殺(まっさつ)せねばならぬ。

　しかしその市の尽(つ)くる処、すなわち町外(は)ずれはかならず抹殺してはならぬ。僕が考えには武蔵野の詩趣を描くにはかならずこの町外(はず)れを一の題目(だいもく)とせねばならぬと思う。たとえば君が住まわれた渋谷の道玄坂(どうげんざか)の近傍、目黒の行人坂(ぎょうにんざか)、また君と僕と散歩したことの多い早稲田の鬼子母神(きしもじん)あたりの町、新宿、白金……

また武蔵野の味(あじ)を知るにはその野から富士山、秩父山脈国府台(こうのだい)等を眺めた考えのみでなく、またその中央に包(つつ)まれている首府東京をふり顧(かえ)った考えで眺めねばならぬ。そこで三里五里の外に出で平原を描くことの必要がある。君の一篇にも生活と自然とが密接しているということがあり、また時々いろいろなものに出あうおもしろ味が描いてあるが、いかにもさようだ。僕はかつてこういうことがある、家弟をつれて多摩川のほうへ遠足したときに、一二里行き、また半里行きて家並(やなみ)があり、また家並に離れ、また家並に出て、人や動物に接し、また草木ばかりになる、この変化のあるのでところどころに生活を点綴(てんてつ)している趣味のおもしろいことを感じて話したことがあった。この趣味を描くために武蔵野に散在せる駅、駅といかぬまでも家並、すなわち製図家の熟語でいう聯檐家屋(れんたんかおく)を描写するの必要がある。

　　また多摩川はどうしても武蔵野の範囲に入れなければならぬ。六つ玉川などと我々の先祖が名づけたことがあるが武蔵の多摩川のような川が、ほかにどこにあるか。その川が平らな田と低い林とに連接する処の趣味は、あだかも首府が郊外と連接する処の趣味とともに無限の意義がある。

　　また東のほうの平面を考えられよ。これはあまりに開けて水田が多くて地平線がすこし低いゆえ、除外せられそうなれどやはり武蔵野に相違ない。亀井戸(かめいど)の金糸堀(きんしぼり)のあたりから木下川(きねがわ)辺へかけて、水田と立木と茅屋(ぼうおく)とが趣をなしているぐあいは武蔵野の一領分(いちりょうぶん)である。ことに富士でわかる。富士を高く見せてあだかも我々が逗子(ずし)の「あぶずり」で眺むるように見せるのはこの辺にかぎる。また筑波でわかる。筑波(つくば)の影が低く遥(はる)かなるを見ると我々は関八州の一隅に武蔵野が呼吸(かん)している意味を感ずる。

　　しかし東京の南北にかけては武蔵野の領分がはなはだせまい。ほとんどないといってもよい。これは地勢(ちせい)のしからしむるところで、かつ鉄道が通じているので、すなわち「東京」がこの線路によって武蔵野を貫いて直接に他の範囲と連接しているからである。僕はどうもそう感じる。

　　そこで僕は武蔵野はまず雑司谷(ぞうしがや)から起こって線を引いてみると、それから板橋の中仙道の西側を通って川越近傍まで達し、君の一編に示された入間郡を包んで円(まる)く甲武線の立川駅に来る。この範囲の間に所沢、田無などという駅がどんなに趣味が多いか……ことに夏の緑の深いころは。さて立川からは多摩川を限界として上丸辺まで下る。八王子はけっして武蔵野には入れられない。そして丸子(まるこ)から下目黒(しもめぐろ)に返る。この範囲の間に布田、登戸、二子などのどんなに趣味が多いか。以上は西半面。

　　東の半面は亀井戸辺より小松川へかけ木下川から堀切を包んで千住近傍へ到って止まる。この範囲は異論があれば取除いてもよい。しかし一種の趣味があって武蔵野に相違ないことは前に申したとおりである――

　　自分は以上の所説にすこしの異存もない。ことに東京市の町外(まちはず)れを題目とせよと

武蔵野

　の注意はすこぶる同意であって、自分もかねて思いついていたことである。町外ずれを「武蔵野」の一部に入れるといえば、すこしおかしく聞こえるが、じつは不思議はないので、海を描くに波打ちぎわを描くも同じことである。しかし自分はこれを後廻わしにして、小金井堤上の散歩に引きつづき、まず今の武蔵野の水流を説くことにした。

　第一は多摩川、第二は隅田川、むろんこの二流のことは十分に書いてみたいが、さてこれも後廻わしにして、さらに武蔵野を流るる水流を求めてみたい。

　小金井の流れのごとき、その一である。この流れは東京近郊に及んでは千駄ヶ谷、代々木、角筈などの諸村の間を流れて新宿に入り四谷上水となる。また井頭池　善福池などより流れ出でて神田上水となるもの。目黒辺を流れて品海に入るもの。渋谷辺を流れて金杉に出ずるもの。その他名も知れぬ細流小溝に至るまで、もしこれをよそで見るならば格別の妙もなけれど、これが今の武蔵野の平地高台の嫌いなく、林をくぐり、野を横切り、隠れつ現われつして、しかも曲りくねって（小金井は取除け）流るる趣は春夏秋冬に通じて吾らの心を惹くに足るものがある。自分はもと山多き地方に生長したので、河といえばずいぶん大きな河でもその水は透明であるのを見慣れたせいか、初めは武蔵野の流れ、多摩川を除いては、ことごとく濁っているのではなはだ不快な感を惹))いたものであるが、だんだん慣れてみると、やはりこのすこし濁った流れが平原の景色に適ってみえるように思われてきた。

　自分が一度、今より四五年前の夏の夜の事であった、かの友と相携えて近郊を散歩したことを憶えている。神田上水の上流の橋の一つを、夜の八時ごろ通りかかった。この夜は月冴えて風清く、野も林も白紗につつまれしようにて、何ともいいがたき良夜であった。かの橋の上には村のもの四五人集まっていて、欄に倚って何事をか語り何事をか笑い、何事をか歌っていた。その中に一人の老翁がまざっていて、しきりに若い者の話や歌をまぜッかえしていた。月はさやかに照り、これらの光景を朦朧たる楕円形のうちに描きだして、田園詩の一節のように浮かべている。自分たちもこの画中の人に加わって欄に倚って月を眺めていると、月は緩るやかに流るる水面に澄んで映っている。羽虫が水を搏つごとに細紋起きてしばらく月の面に小皺がよるばかり。流れは林の間をくねって出てきたり、また林の間に半円を描いて隠れてしまう。林の梢に砕けた月の光が薄暗い水に落ちてきらめいて見える。水蒸気は流れの上、四五尺の処をかすめている。

　大根の時節に、近郊を散歩すると、これらの細流のほとり、いたるところで、農夫が大根の土を洗っているのを見る。

九

　かならずしも道玄坂といわず、また白金といわず、つまり東京市街の一端、あるいは甲州街道となり、あるいは青梅道となり、あるいは中原道となり、あるいは世田ヶ谷街道となりて、郊外の林地田圃に突入する処の、市街ともつかず宿駅ともつかず、一種の生活と一種の自然とを配合して一種の光景を呈しおる場処を描写することが、すこぶる自分の詩興を喚び起こすも妙ではないか。なぜかような場処が我らの感を惹くだらうか［#「だらうか」はママ］。自分は一言にして答えることができる。すなわちこのような町外れの光景は何となく人をして社会というものの縮図でも見るような思いをなさしむるからであろう。言葉を換えていえば、田舎の人にも都会の人にも感興を起こさしむるような物語、小さな物語、しかも哀れの深い物語、あるいは抱腹するような物語が二つ三つそこらの軒先に隠れていそうに思われるからであろう。さらにその特点をいえば、大都会の生活の名残と田舎の生活の余波とがここで落ちあって、緩やかにうずを巻いているようにも思われる。

　見たまえ、そこに片眼の犬が蹲っている。この犬の名の通っているかぎりがすなわちこの町外れの領分である。

　見たまえ、そこに小さな料理屋がある。泣くのとも笑うのとも分からぬ声を振立ててわめく女の影法師が障子に映っている。外は夕闇がこめて、煙の臭いとも土の臭いともわかちがたき香りが淀んでいる。大八車が二台三台と続いて通る、その空車の轍の響が喧しく起こりては絶え、絶えては起こしている。

　見たまえ、鍛冶工の前に二頭の駄馬が立っているその黒い影の横のほうで二三人の男が何事をかひそひそと話しあっているのを。鉄蹄の真赤になったのが鉄砧の上に置かれ、火花が夕闇を破って往来の中ほどまで飛んだ。話していた人々がどっと何事をか笑った。月が家並の後ろの高い樫の梢まで昇ると、向う片側の家根が白ろんできた。

　かんてらから黒い油煙が立っている、その間を村の者町の者十数人駈け廻わってわめいている。いろいろの野菜が彼方此方に積んで並べてある。これが小さな野菜市、小さな糶売場である。

　日が暮れるとすぐ寝てしまう家があるかと思うと夜の二時ごろまで店の障子に火影を映している家がある。理髪所の裏が百姓家で、牛のうなる声が往来まで聞こえる、酒屋の隣家が納豆売の老爺の住家で、毎朝早く納豆納豆と嗄声で呼んで都のほ

うへ向かって出かける。夏の短夜が間もなく明けると、もう荷車が通りはじめる。ごろごろがたがた絶え間がない。九時十時となると、蝉が往来から見える高い梢で鳴きだす、だんだん暑くなる。砂埃が馬の蹄、車の轍に煽られて虚空に舞い上がる。蝿の群が往来を横ぎって家から家、馬から馬へ飛んであるく。

　それでも十二時のどんがかすかに聞こえて、どことなく都の空のかなたで汽笛の響がする。

　【作家紹介】国木田独歩(くにきだどっぽ、1871—1908)。小説家、ジャーナリスト。1971年旧暦7月15日、銚子に生まれる。幼名亀吉。父、専八は播州龍野藩の譜代藩士。出生の事情には諸説あるが、父が函館戦争に従軍の途次、船の難破で銚子に滞在中、独歩が生まれたとする説が有力。1874年、仲御徒町の旧藩邸に移る。1876年、父の山口裁判所転任で、山口に移る。17歳まで同県内で育ち、吉田松蔭やナポレオンに憧れる。1897年、柳田国男、田山花袋らと新体詩の先駆というべき「抒情詩」を刊行。翌年の1898年、「忘れえぬ人々」「武蔵野」「ヲーズヲース訳詩集、自然の心」などを次々と発表。刊行。與謝野鉄幹と知りあい、明星に執筆するようになる。1908年6月23日、死去。37歳だった。「武蔵野」は命じ三十一年（1898）年に発表された。

良夜

饗庭篁村

　予は越後三条の生れなり。父は農と商を兼ねたり。伯父は春庵とて医師なり。余は父よりは伯父に愛せられて、幼きより手習学問のこと、皆な伯父の世話なりし。自ら言うは異な事なれど、予は物覚えよく、一を聞て二三は知るほどなりしゆえ、伯父はなお身を入れてこの子こそ穂垂という家の苗字を世に知らせ、またその生国としてこの地の名をも挙るものなれとて、いよいよ珍重して教えられ、人に逢えばその事を吹聴さるるに予も嬉しき事に思い、ますます学問に身を入れしゆえ、九歳の時に神童と言われ、十三の年に小学校の助教となれり。父の名誉、伯父の面目、予のためには三条の町の町幅も狭きようにて、この所ばかりか近郷の褒め草。ある時、県令学校を巡廻あり。予が講義を聴かれて「天晴慧しき子かな、これまで巡廻せし学校生徒のうちに比べる者なし」と校長に語られたりと。予この事を洩れ聞きてさては我はこの郷に冠たるのみならず、新潟県下第一の俊傑なりしか、この県下に第一ならば全国の英雄が集まる東京に出るとも第二流には落つまじと俄かに気強くなりて、密かに我腕を我と握りて打笑みたり。この頃の考えには学者政治家などという区別の考えはなく、豪傑英雄という字のみ予が胸にはありしなり。さりければなおさらに学問を励み、新たに来る教師には難問をかけて閉口させ、後には父にも伯父にも口を開かせぬ程になり、十五の歳新潟へ出て英学をせしが教師の教うるところ低くして予が心に満足せず。八大家文を読み論語をさえ講義し天下を経綸せんとする者が、オメオメと猿が手を持つ蟻が朧を持つの風船に乗って旅しつつ廻るのと、児戯に類する事を学ばんや。東京に出でばかかる事はあるまじ。龍は深淵にあらねば潜れず、東京へ出て我が才識を研ぎ世を驚かすほどの大功業を建てるか、天下第一の大学者とならんと一詩をのこして新潟の学校を去り在所にかえりて伯父に出京の事を語りしに、伯父は眉を顰め、「東京にて勉学の事は我も汝に望むところなり、しかしまだ早し、卑近なり」とて「字を知り語を覚ゆるだけの方便なり。今二三年は新潟にて英学をなしその上にて東京へ出でよ、学問は所にはよらじ、上磨きだけを東京にてせよ」と止められ、志を屈して一年程は独学したれど、はしる馬の如き出京の志し弱き手綱に繋ぐべきにあらず。十七の春なりし。心を決して父と伯父に乞いもし許されずは出奔せん覚悟を様子にそれと悟りてか、左まで思わば出京せよと許可を得たり。

良夜　□□□

　穂垂の息子が東京へエライ者になりに行くぞ目出とう送りてやれよとて、親族よりの餞別見送り、父はそれらに勇みを付けて笑いを作りて居られたれど、母はおろおろとして、「宜いかエ周吉、気をお付けなさいよ、早く帰ってお出よ」と同じ言を繰り返されたり。予は凱旋の将の如く得々として伯父より譲られたる銀側の時計をかけ革提を持ち、「皆様御健勝で」と言うまでは勇気ありしが、この暇乞の語を出し終りたる後は胸一杯、言うべからざる暗愁を醸し生じたり。自ら呼吸を強くし力足を踏み、町はずれまで送りし人々の影を見かえり勝ちに明神の森まで来りしが、この曲りの三股原に至り、またつとめて勇気を振い起し大願成就なさしめたまえと明神の祠を遙拝して、末覚束なき旅に上りぬ。路用として六円余、また東京へ着して三四ヶ月の分とて三十円、母が縫いて与えられし腹帯と見ゆる鬱金木綿の胴巻に入れて膚にしっかと着けたり。学校の教師朋友などが送別の意を表して墨画の蘭竹または詩など寄合書にしたる白金布の蝙蝠傘あるいは杖にしあるいは日を除け、道々も道中の気遣いを故郷の恋しさと未来の大望とか悲しみ悦び憂いをかわるがわる胸中に往来したれば、山川の景色も目にはとまらずしてその日の暮がたある宿に着きたり。宿に着きても油断せず、合客の様子、家居の間取等に心づけ、下婢が「風呂に召されよ」と言いしも「風邪の心地なれば」とて辞し、夜食早くしたためて床に入りしが、既往将来の感慨に夢も結ばず。雁の声いとど憐なりし。峠を越え山を下り野にはいろいろの春の草、峰にも尾にも咲きまじる桜、皆な愉快と悲痛と混じたる強き感じの種となりて胸につかえたる碓氷も過ぎ、中仙道を熊谷まで来たり。明日は馬車にてまっしぐら東京へ乗り込むべしと思えば心に勇みを持ち、この宿りにては風呂へ入りしが棚へ脱ぎたる衣類の間には彼の三十円あれば、据風呂の中へ入りながらも首を伸してこれを看守りたり。出立つ前に年寄の忠告にも、「旅は明日志す所へ着くというその夜は誰も安心して必ず其所で竊みに逢うものなり」とありたれば、今宵こそ大事なれとその胴巻を締めたまま臥しながらもなお幾度か目さむる度に探りたり。

　翌朝騒がしくまた慌ただしく催されて馬車に乗る。乗ればなかなか馬車は出ず。やがて九時にもならんとする頃一鞭あてて走り出せしが、そのガタガタさその危なさ腰を馬車台に打ちて宙に跳ね上りあたかも人間を鞠にして弄ぶが如し。目は眩み腹は揉める。死なざりし事を幸いとして、東京神田万世橋の傍らへ下ろされたり。この時の予はもとの新潟県下第一の豪傑穂垂周吉にあらずして、唖然たる癡呆の一書生なり。馬車の動揺に精神を撹乱し、単純なる空気を呼吸したる肺臓は砂煙りに混じたる汚濁臭穢の空気を吸い込み、馬車人力車の轟きさながらに地獄の如く、各種商店の飾りあだかも極楽の荘厳の如く恍然として東西を弁ぜず、乱雑して人語を明らめがたし。我自ら我身を顧りみれば孑然として小虫の如く、車夫の罵しられ馬丁に叱られ右に避け左にかがまりて、ようやくに志す浅草三間町へたどり着きたり。

足だまりの城として伯父より添書ありしは、浅草三間町の深沢某なり。この人元よりの東京人にてある年越後へ稼ぎに来りしが病に罹りて九死一生となり、路用も遣い果して難渋窮まりしを伯父が救いて全快させしうえ路用を与えて帰京させたれば、これを徳として年々礼儀を欠ず頼もしき者なればとて、外に知辺もなければこの人を便りとしたりしなり。尋ね着きて伯父の手紙を渡せば、その人は受取りて表書の名を見るより涙を溢して悦び、口早に女房にも告げ神仏の来臨の如く尊敬して座敷へ通し、何はさて置き伯父の安否を問い、幾度か昔救われたることを述べ、予が労れをいたわりて馳走かぎりなし。翌日は先ず観音へ案内し、次の日は上野と、三四日して「さてこれよりよき学校を聞き合せ申すべし、あなたにも心掛けたまえ、それ迄は狭くとも堪てここに居りたまえ」と頼もしく言われたり。この家は裏家なれど清く住なし何業とはなけれど豊げなり。後に聞けばその辺三四ヶ所の地所家作の差配をなす者なりとぞ。予がこの家に宿して八日目の事なりき。桜時なり、三社の祭りなり、賑い言わん方なしといえば、携え来りし着替を出し、独り夕方より観音へ参詣し、夜に入り蕎麦店へ入りて京味を試み、ゆらりゆらりと立帰りしところ、裏のうち騒がしく「さても胆太き者どもかな」と口々に言う。何事かと聞けば隣長屋に明店ありしに突然暮方二人の男来りてその家の建具類を持ち去る、大方家作主の雇いしものならんと人も疑わざりしを、深沢が見咎めて糺せば詞窮して担いかけし障子襖を其所へ捨て逃げ去りしなりというに、東京という所の凄じさ、白昼といい人家稠密といい、人々見合う中にて人の物を掠め去らんとする者あり。肌へ着けたりとて油断ならずと懐中へ手を差し入れて彼の胴巻を探るに、悲しやある事なし。気絶して其所に倒れんとするほどになり、二階に駆け上りて裸になりて改めれどなし。泣く悲しむという事は次になり、ただ茫然たるばかり、面目なきながら深沢に話せば、これも仰天し、「実は伯父ご様の御文中にも若干の学資を持たせ遣したりとあれば、それを此方へ御預かり申さんとは存ぜしが、金銭の事ゆえ思召す所を憚かりて黙止たりしが残念の事を仕りたり」と言うに、いよいよ面目なくますます心は愚にかえりて我身も頼もしからず。今さら学資をスリ取られたとは在所へ言いもやられず、この上は塾僕学僕になりてもと奮発せしかど、さる口もなく空しくこの家に厄介となり、鼻紙の事まで深沢の世話になるようになれば、深沢は頓着せぬ様子なれど女房は胸に持ちて居ずもがなの気色見えたり。余も心退けて安からねば「いかなる所にても自活の道を求めたし」と言えば、深沢も「折角我等を人がましく思いたまいて伯父ごより御添書ありしに学校へも入れ申さぬは不本意なれど、御覧の如くの体なれば何事も心に任せず、ここに新たに設けし活版所あり、しばらくこの職工となりたまいてはいかに、他の業ならねば少しは面白くも候わん」と勧むるに、この事は他の業よりは望む所に近ければただちに承知して活版職人となりぬ。
　浅草諏訪町の河岸にて木造の外だけを飾りに煉瓦に積みしなれば、暗くして湿りた

り。この活版所に入りてここに泊り朝より夕まで業に就き、夕よりまた夜業とて活字を取扱う。随分と苦しけれど間々に新聞雑誌などを読む事も出来、同僚の政治談も面白く、米国のある大学者も活版職より出たり、必竟学問を字を習い書を読む上にのみ求めんとせしは我が誤ちなりし、造化至妙の人世という活学校に入りて活字をなすべしと、弱りたる気を自ら皷舞して活発に働きしゆえ、大いに一同に愛敬せられ、思いの外の学者なりと称えられたり。

　月日の経つは活字を拾うより速かに、器械の廻るより早し。その年の夏となりしが四五月頃の気候のよき頃はさてありしも、六七月となりては西洋擬いの外見煉瓦蒸暑きこと言わん方なく、蚤の多きことさながらに足へ植えたるごとし。呉牛の喘ぎ苦しく胡馬の嘶きを願えども甲斐なし。夜はなおさら昼のホテリの残りて堪えがたければ迚も寝られぬ事ならば、今宵は月も明らかなり、夜もすがら涼み歩かんと十時ごろより立ち出で、観音へ参詣して吾妻橋の上へ来り。四方を眺むれば橋の袂に焼くもろこしの匂い、煎豆の音、氷屋の呼声かえッて熱さを加え、立売の西瓜日を視るの想あり。半ば渡りて立止り、欄干に倚りて眺むれば、両岸の家々の火、水に映じて涼しさを加え、いずこともなく聞く絃声流るるに似て清し。月あれども地上の光天をかすめて無きが如く、来往の船は自ら点す燈におのが形を示し、棹に砕けてちらめく火影櫓行く跡に白く引く波、見る者として皆な暑さを忘るる物なるに、まして川風の肌に心地よき、汗に濡れたる単衣をここに始めて乾かしたり。紅蓮の魚の仏手に掬い出されて無熱池に放されたるように我身ながら快よく思われて、造化広大の恩人も木も石も金もともに燬くるかと疑わるる炎暑の候にまたかくの如く無尽の涼味を貯えて人の取るに任すとは有難き事なりと、古人の作中、得意の詩や歌を誦するともなく謡うともなくうめきながら欄干を撫でつつ歩むともなく佇むともなく立戻おり居るに、往来の人はいぶかしみ、しばしば見かえりて何か詞をかけんとして思いかえして行く老人あり、振りかえりながら「死して再び花は咲かず」と俚歌を低声に唄うて暗に死をとどむる如く誡め行く職人もあり。老婆などはわざわざ立かえりて、「お前さんそこにそうよッかかって居ては危のうございますよ、危ないことをするものではありませんよ」と諄々と諭さるる深切。さては我をこの橋上より身を投ずる者と思いてかくねんごろには言わるるよと心付きて恥かしく、人の来るを見れば歩きてその疑いを避くるこの心遣い出来てより、涼しさ元のごとくならず。されどこの清風明月の間にしばらくなりと居た者が活版所へ戻りて半夜なりとて明かさるべきにあらねば、次第に更けて人の通りの少なくなるを心待にして西へ東へと行きかえるうち、巡行の巡査の見咎むるところとなり、「御身は何の所用ありてこの橋上を徘徊さるるぞ」と問われたり。予もこの頃は巡査に訊問さるるは何にかかわらず不快に感ずる頃なれば、「イヤ所用なければこそこの橋上を徘徊致すなれ」と、天晴よき返答と思いて答えたり。巡査は予の面を一種の眼光をもって打眺め、「そも御身は何処の者にて姓名は何と言わるる」と言い言いなお身体容貌を眺め下

したり。「何のために宿所姓名を問いたもうか、通り少きこの橋上月をながめ涼みを取るもあながち往来の邪魔にはなるまじ」とやり返せば、「御身の様子何となく疑わしく、もし投身の覚悟にやと告ぐる者ありしゆえ職務上かく問うなり」と言うに、詮方なく宿所姓名を告げ、「活版所は暑くして眠られぬまま立出し」とあらましを話せばうなずきて、「然らばよし、されど余り涼み過ると明日ダルキ者なり、夜露にかかるは為悪し早く帰られたがよからん」との言に、「御注意有り難し」と述べて左右に別れたれど予はなお橋の上を去りやらず。この応答に襟懐俗了せしを慨みたり。巡査はまた一かえりして予が未だ涼み居るを瞥視して過ぎたり。金龍山の鐘の響くを欄干に背を倚せてかぞうれば十二時なり。これより行人稀となりて両岸の火も消え漕ぎ去る船の波も平らに月の光り水にも空にも満ちて川風に音ある時となりて清涼の気味滴る計りなり。人に怪しめられ巡査に咎められ懊悩としたる気分も洗い去りて清くなりぬ。ただ看れば橋の中央の欄干に倚りて川面を覗き居る者あり。我と同感の人と頼もしく近寄れば、かの人は渡り過ぎぬ。しばしありて見ればまたその人は欄干に倚り仰いで明月は看ずして水のみ見入れるは、もしくは我が疑われたる投身の人か、我未だされる者を救いたる事なし、面白き事こそ起りたれと折しもかかる叢雲に月の光りのうすれたるを幸い、足音を忍びて近づきて見れば男ならで女なり。ますます思いせまる事ありて覚悟を極しならんと身を潜まして窺うに、幾度か欄干へ手をかけて幾度か躊躇し、やがて下駄を脱ぎすつる様子に走り倚りて抱き留めたり。振り放さんと腕くを力をきわめて欄干より引き放し、「まずまず待たれよ死ぬ事はいつでもなる」詞せわしくなだむるところへ早足に巡査の来りてともに詞を添え、ともかくもと橋際の警察署へ連れ行く。仔細を問えど女は袖を顔にあてて忍び音に泣くばかりなり。予に一通り仔細を問われしゆえ、得意になりてその様子を語りたり。警官は詞を和らげて種々に諭されしに、女もようやく心を翻し涙を収めて予に一礼したるこの時始めて顔を見しが、思いの外に年若く十四五なれば、浮きたる筋の事にはあるまじと憐れさを催しぬ。「死なんと決心せし次第は」と問われて口籠り、「ただ母が違うより親子の間よからず、私のために父母のいさかいの絶えぬを悲しく思いて」とばかりにて跡は言わず。「父母の名を言うことは許して」というに、予も詞も添え、「こおんなの願いの如くこのままに心まかせに親許へ送りかえされたし」と願い、娘にも「心得違いをなさるなよ」と一言を残して警察署を立ち出でしが、またいろいろの考え胸に浮かび何となく楽しからざれば活版所へはかえらず、再び橋の上をぶらつきたり。今度は巡行の巡査も疑わず、かえって今の功を賞してか目礼して過るようなれば心安く、行人まったく絶えて橋上に我あり天空に月あるのみ。満たる潮に、川幅常より広く涼しきといわんより冷しというほどなり。さながら人間の皮肉を脱し羽化して広寒宮裏に遊ぶ如く、蓬莱三山ほかに尋ぬるを用いず、恍然自失して物と我とを忘れしが、人間かかる清福あるに世をはかなみて自ら身を棄んとするかの小女こそいたわしけれとまたその事に思い到りて、この清浄の境に身を置きながら種々の妄想を起して再び月の薄雲に掩われたるも知らざりし。予がかくたたずみて居た

るは橋を半ば渡りこして本所に寄りたる方にて、これ川を広く見んがためなりし。折しも河岸の方より走せ来る人力車々上の人がヤヤという声とともに、車夫も心得てや、梶棒を放すが如く下に置きて予が方へ駆け寄りしが、橋に勾配あるゆえ車は跡へガタガタと下るに車夫は驚き、また跡にもどりて梶棒を押えんとするを車上の人は手にて押し止め、飛び下りる如くに車を下りたれば、車夫は予が後へ来りてシッカと抱き止めたり。

驚きながらもさてはまた投身の者と間違えられしならんと思えば「御深切忝けなし。されど我輩は自死など企つる者にあらず、放したまえ」というに、「慈悲でも情でも放す事は出来ない、マアサこちらへ」と力にまかせて引かるるに、「迷惑かぎり身投げではない」と踠けば、「さようでもあろうがそれが心得違いだ」と争うところへ、車上の人も来られ、「万吉よく止めた、まだ若いにそう世を見かぎるものではない」と、問答の中へ巡査が来られしゆえ我より「しかじかにて間違えられし」と告げれば、この巡査顔を知りたれば打笑いて、「貴公あまりこの橋の上に永くぶらつかれるからだ。この人は投身を企つる者ではござらぬ」巡査の証言にかの人も車夫も手持不沙汰なれば予は厚くその注意を謝し、今は我輩も帰るべしと巡査にも一揖して月と水とに別れたり。この夜の清風明月、予の感情を強く動かして、終に文学を以て世に立んという考えを固くさせたり。

　懐しき父母の許より手紙届きたり。それは西風楸樹を揺がすの候にして、予はまずその郵書を手にするより父の手にて記されたる我が姓名の上に涙を落したり。書中には無事を問い、無事を知らせたるほかに袷襦袢などを便りにつけて送るとの事、そのほか在所の細事を委しく記されたり。予よりは隠すべきにあらねば当時の境界を申し送り、人世を以て学校とすれば書冊の学校へ入らずも御心配あるなと、例の空想に聊か実歴たる着実らしき事を交えて書送りたり。折返して今度は伯父よりの手紙に、学資を失いて活版職工となりしよし驚き気遣うところなり、さらに学資も送るべし、また幸いに我が西京に留学せし頃の旧知今はよき人となりて下谷西町に住うよし、久しぶりにて便りを得たり、別紙を持参して諸事の指揮をその人にうけよと懇ろに予が空想に走する事を誡められたり。

　予は深沢にもその事を話し、届きたる袷に着替え、伯父よりの添書を持て下谷西町のその人を尋ねたり。黒塀に囲いて庭も広く、門より十五六歩して玄関なり。案内を乞うて来意を通ずれば、「珍しき人よりの手紙かな、こちらへと言え」と書生に命ずる主公の声聞えたり。頓て書生にいざなわれて応接所へ通りしが、しばらくしてまたこちらへとて奥まりたる座敷にいざなわれたり。雅潔なる座敷の飾りに居心落付かず、見じと思えど四方の見らるるに、葛布にて張りたる襖しとやかに明きて清げなる小女茶を運び出でたり。忝けなしと斜に敷きたる座蒲団よりすべりてその茶碗を取らんとするとき、女はオオと驚くに予も心付きてヤヤと愕きたり。「蘭の鉢を庭へ出せよ」と物柔らかに命じながら主公出で来られぬ。座を下りて平伏すれば、「イヤ御遠慮あるな伯父ごとは莫逆の友なり、足下の事は書中にて承知致したり、心置きなくまず我方に居られ

よ」と快濶なる詞有難く、「何分宜しく願い申す」と頭をあげて主公の顔を見て予は驚きたり。主公もまた我面を屹度見られたり。

　先に茶を運びし小女は、予が先夜吾妻橋にて死をとどめたる女なりし。主公は予をまた車夫に命じて抱き止めさせし人なりし。小女は浅草清島町という所の細民の娘なり。形は小さなれど年は十五にて怜悧なり。かの事ありしのち、この家へ小間使というものに来りしとなり。貧苦心配の間に成長したれど悪びれたる所なく、内気なれど情心あり。主公は朋友の懇親会に幹事となりてかの夜、木母寺の植半にて夜を更して帰途なりしとなり。その事を言い出て大いに笑われたり。予は面目なく覚えたり。小女を見知りし事は主公も知らねば、人口を憚かりてともに知らぬ顔にて居たり。

　予はこれまでにて筆を措くべし。これよりして悦び悲しみ大憂愁大歓喜の事は老後を待ちて記すべし。これよりは予一人の関係にあらず。お梅（かの女の名にして今は予が敬愛の妻なり）の苦心、折々撓まんとする予が心を勤め励まして今日あるにいたらせたる功績をも叙せざるべからず。愛情のこまやかなるを記さんとしては、思わず人の嘲笑を招くこともあるべければ、それらの情冷かになりそれらの譏遠くなりての後にまた筆を執ることを楽むべし。

【作家紹介】饗庭篁村（あえばこうそん、1855—1922）。江戸下谷竜泉寺町生まれ。読売新聞社に入社後、その才能を買われ、1886（明治19）年「当世商人気質」を連載し作家デヴュー。江戸文学の流れを継承しつつ、西洋文芸の要素を早くから取り入れた。幸田露伴をして篁村の親友・坪内逍遥とともに「明治二十年前後の二文星」と呼ばしめる。劇評家や江戸文学史研究家、翻訳家としても知られる。（大久保ゆう）。「良夜」の発表年は1889年と推測される。

高野聖

泉鏡花

一

　「参謀本部編纂の地図をまた繰開らいて見るでもなかろう、と思ったけれども、余りの道じゃから、手を触わるさえ暑くるしい、旅の法衣の袖をかかげて、表紙を附けた折本になってるのを引張出した。
　飛騨から信州へ越える深山の間道で、ちょうど立休らおうという一本の樹立も無い、右も左も山ばかりじゃ、手を伸ばすと達きそうな峰があると、その峰へ峰が乗り、巓が被さって、飛ぶ鳥も見えず、雲の形も見えぬ。
　道と空との間にただ一人我ばかり、およそ正午と覚しい極熱の太陽の色も白いほどに冴返った光線を、深々と戴いた一重の檜笠に凌いで、こう図面を見た。」
　旅僧はそういって、握拳を両方枕に乗せ、それで額を支えながら俯向いた。
　道連になった上人は、名古屋からこの越前敦賀の旅籠屋に来て、今しがた枕に就いた時まで、私が知ってる限り余り仰向けになったことのない、つまり傲然として物を見ない質の人物である。
　一体東海道掛川の宿から同じ汽車に乗り組んだと覚えている、腰掛の隅に頭を垂れて、死灰のごとく控えたから別段目にも留まらなかった。
　尾張の停車場で他の乗組員は言合せたように、残らず下りたので、函の中にはただ上人と私と二人になった。
　この汽車は新橋を昨夜九時半に発って、今夕敦賀に入ろうという、名古屋では正午だったから、飯に一折の鮨を買った。旅僧も私と同じくその鮨を求めたのであるが、蓋を開けると、ばらばらと海苔が懸かった、五目飯の下等なので。（やあ、人参と干瓢ばかりだ。）と粗忽しく絶叫した。私の顔を見て旅僧は耐え兼ねたものと見える、くっくっと笑い出した、もとより二人ばかりなり、知己にはそれからなったのだが、聞けばこれから越前へ行って、派は違うが永平寺に訪ねるものがある、但し敦賀に一泊との

こと。

　若狭へ帰省する私もおなじ処で泊まらねばならないのであるから、そこで同行の約束が出来た。

　かれは高野山に籍を置くものだといった、年配四十五六、柔和ななんらの奇も見えぬ、懐かしい、おとなしやかな風采とりなりで、羅紗の角袖の外套を着て、白のふらんねるの襟巻をしめ、土耳古形の帽を冠ぶり、毛糸の手袋を嵌め、白足袋に日和下駄で、一見、僧侶よりは世の中の宗匠というものに、それよりもむしろ俗か。

　（お泊りはどちらじゃな、）といって聞かれたから、私は一人旅の旅宿のつまらなさを、しみじみ歎息した、第一盆を持って女中が坐睡をする、番頭が空世辞をいう、廊下を歩行とじろじろ目をつける、何より最も耐え難たいのは晩飯の支度が済むと、たちまち灯を行燈に換かえて、薄暗い処でお休みなさいと命令されるが、私は夜が更けるまで寐ることが出来ないから、その間の心持といったらない、殊にこの頃は夜は長し、東京を出る時から一晩の泊が気になってならないくらい、差支えがなくば御僧とご一所に。

　快く頷いて、北陸地方を行脚の節はいつでも杖を休める香取屋というのがある、旧は一軒の旅店であったが、一人女の評判なのがなくなってからは看板を外した、けれども昔から懇意な者は断らず泊めて、老人夫婦が内端に世話をしてくれる、宜しくばそれへ、その代わりといいかけて、折を下に置いて、

　（ご馳走は人参と干瓢ばかりじゃ。）

　とからからと笑った、慎み深そうな打見よりは気の軽い。

二

　岐阜ではまだ蒼空が見えたけれども、後は名にし負う北国空、米原、長浜は薄曇、幽に日が射して、寒さが身に染みると思ったが、柳ヶ瀬では雨、汽車の窓が暗くなるに従うて、白いものがちらちら交じって来た。

　（雪ですよ。）

　（さようじゃな。）といったばかりで別に気に留めず、仰いで空を見ようともしない、この時に限らず、賤ヶ岳が、といって、古戦場を指した時も、琵琶湖の風景を語った時も、旅僧はただ頷いたばかりである。花

　敦賀で悚毛の立つほど煩わしいのは宿引の悪弊で、その日も期したるごとく、汽車を下りると停車場の出口から町端へかけて招きの提灯、印傘の堤を築き、潜抜ける隙もあらなく旅人を取囲んで、手ン手に喧しく己が家号を呼立てる、中にも烈げし

高野聖　□□□

　いのは、素早く手荷物を引手繰って、へい難有う様で、を喰らわす、頭痛持は血が上るほど耐え切れないのが、例の下を向いて悠々と小取廻に通抜ける旅僧は、誰も袖を曳かなかったから、幸いその後に跟いて町へ入って、ほっという息を吐いた。
　雪は小止なく、今は雨も交らず乾いた軽いのがさらさらと面」を打ち、宵ながら門を鎖ざした敦賀の通はひっそりして一条二条縦横に、辻の角は広々と、白く積った中を、道の程八町ばかりで、とある軒下に辿どり着いたのが名指の香取屋。
　床にも座敷にも飾ざりといっては無いが、柱立ちの見事な、畳の堅い、炉の大いなる、自在鍵の鯉こいは鱗が黄金造であるかと思わるる艶を持った、素らしい竈へついを二ツ並ならべて一斗飯は焚けそうな目覚しい釜の懸かった古家で。
　亭主は法然天窓、木綿の筒袖の中へ両手の先を竦まして、火鉢の前でも手を出さぬ、ぬうとした親仁、女房の方は愛嬌のある、ちょっと世辞のいい婆さん、件の人参と干瓢の話を旅僧が打出すと、にこにこ笑いながら、縮緬雑魚と、鰈の干物と、とろろ昆布の味噌汁とで膳を出した、物の言振取成しなんど、いかにも、上人とは別懇の間と見えて、連れの私の居心のいいといったらない。
　やがて二階に寝床を拵えてくれた、天井は低いが、梁は丸太で二抱えもあろう、屋の棟から斜めに渡って座敷の果ての廂の処では天窓に支えそうになっている、巌乗な屋造、これなら裏の山から雪崩が来てもびくともせぬ。
　特に炬燵が出来ていたから私はそのまま嬉しく入った。寝床はもう一組おなじ炬燵に敷いてあったが、旅僧はこれには来たらず、横に枕を並べて、火の気のない臥床に寝た。
　寝る時、上人は帯を解かぬ、もちろん衣服も脱がぬ、着たまま円くなって俯向形に腰からすっぽりと入って、肩に夜具の袖を掛けると手を突いて畏しこまった、その様子は我々と反対で、顔に枕をするのである。
　ほどなく寂然として寐に就きそうだから、汽車の中でもくれぐれいったのはここのこと、私は夜が更けるまで寐ることが出来ない、あわれと思ってもうしばらくつきあって、そして諸国を行脚なすった内のおもしろい談をといって打解けて幼らしくねだった。
　すると上人は頷いて、私は中年から仰向けに枕に就かぬのが癖で、寝るにもこのままではあるけれども目はまだなかなか冴えている、急に寐就かれないのはお前様とおんなじであろう。出家のいうことでも、教えだの、戒だの、説法とばかりは限らぬ、若いの、聞かっしゃい、と言って語り出した。後で聞くと宗門名誉の説教師で、六明寺の

宗朝という大和尚であったそうな。

三

　「今にもう一人ここへ来て寝るそうじゃが、お前様と同国じゃの、若狭の者で塗物の旅商人。いやこの男なぞは若いが感心に実体な好い男。
　私が今話の序開きをしたその飛騨の山越えをやった時の、麓の茶屋で一緒になった富山の売薬という奴あ、けたいの悪い、ねじねじした厭な壮佼で。
　まずこれから峠に掛かろうという日の、朝早く、もっとも先の泊りはものの三時ぐらいには発って来たので、涼しい内に六里ばかり、その茶屋までのしたのじゃが朝晴でじりじり暑いわ。
　慾張抜いて大急ぎで歩いたから咽が渇いてしようがあるまい、早速茶を飲もうと思うたが、まだ湯が沸いておらぬという。
　どうしてその時分じゃからというて、めったに人通のない山道、朝顔の咲いてる内に煙が立つ道理もなし。
　床几の前には冷たそうな小流れがあったから手桶の水を汲もうとしてちょいと気がついた。
　それというのが、時節柄暑さのため、恐ろしい悪い病が流行って、先に通った辻などという村は、から一面に石灰だらけじゃあるまいか。
　（もし、姉さん。）といって茶店の女に、
　（この水はこりゃ井戸のでござりますか。）と、きまりも悪し、もじもじ聞くとの。
　（いんね、川のでございます。）という、はて面妖なと思った。
　（山したの方には大分流行病がございますが、この水は何なにから、辻の方から流れて来るのではありませんか。）
　（そうでねえ。）と女は何気なく答えた、まず嬉しやと思うと、お聞きなさいよ。
　ここに居て、さっきから休んでござったのが、右の売薬じゃ。このまた万金丹の下廻わりと来た日には、ご存じの通り、千筋の単衣に小倉の帯、当節は時計を挟んでいます、脚絆、股引、これはもちろん、草鞋がけ、千草木綿の風呂敷包みの角ばったのを首に結えて、桐油合羽を小さく畳んでこいつを真田紐で右の包につけるか、小弁慶の木綿の蝙蝠傘を一本、おきまりだね。ちょいと見ると、いやどれもこれも克明で分別のありそうな顔をして。
　これが泊まりに着くと、大形の浴衣に変って、帯広解で焼酎をちびりちびり遣りながら、旅籠屋の女のふとった膝へ脛を上げようという輩じゃ。
　（これや、法界坊。）

なんて、天窓から誚めていら。
　（異なことをいうようだが何かね、世の中の女が出来ねえと相場がきまって、すっぺら坊主になってやっぱり生命は欲しいのかね、不思議じゃあねえか、争われねえもんだ、姉さん見ねえ、あれでまだ未練のある内がいいじゃあねえか、）といって顔を見合せて二人でからからと笑った。
　年紀は若し、お前様、私は真赤になった、手に汲んだ川の水を飲みかねて猶予っているとね。
　ポンと煙管を払いて、
　（何、遠慮をしねえで浴びるほどやんなせえ、生命が危くなりゃ、薬を遣らあ、そのために私がついてるんだぜ、なあ姉さん。おい、それだっても無銭あいけねえよ、憚りながら神方万金丹、一貼三百だ、欲しくば買いな、まだ坊主に報捨をするような罪は造らねえ、それともどうだお前いうことを肯くか。）といって茶店の女の背中を叩いた。
　私はそうそうに遁出した。
　いや、膝だの、女の背中だのといって、いけ年を仕った和尚が業体で恐入るが、話が、話じゃからそこはよろしく。」

四

「私も腹立紛れじゃ、無暗と急いで、それからどんどん山の裾を田圃道へかかる。
　半町ばかり行くと、路がこう急に高くなって、上りが一カ処、横からよく見えた、弓形でまるで土で勅使橋がかかってるような。上を見ながら、これへ足を踏懸けた時、以前の薬売がすたすたやって来て追着いたが。
　別に言葉も交さず、またものをいったからというて、返事をする気はこっちにもない。どこまでも人を凌いだ仕打な薬売は流眄にかけて故とらしゅう私を通越して、すたすた前へ出て、ぬっと小山のような路の突先へ蝙蝠傘を差して立ったが、そのまま向うへ下りて見えなくなる。
　その後から爪先上り、やがてまた太鼓の胴のような路の上へ体が乗った、それなりにまた下じゃ。
　売薬は先へ下りたが立停まってしきりに四辺をみまわしている様子、執念深く何か巧んだかと、快からず続いたが、さてよく見ると仔細があるわい。
　路はここで二条になって、一条はこれからすぐに坂になって上りも急なり、草も両

方から生茂ったのが、路傍のその角の処にある、それこそ四抱え、そうさな、五抱えもあろうという一本の檜の、背後へ蜿って切出したような大巌が二ツ三ツ四ツと並んで、上の方へ層ってその背後へ通じているが、私が見当をつけて、心組んだのはこっちではないので、やっぱり今まで歩いて来たその幅の広いなだらかな方が正しく本道、あと二里足らず行けば山になって、それからが峠になるはず。

　と見ると、どうしたことかさ、今いうその檜じゃが、そこらに何にもない路を横断って見果のつかぬ田圃の中空へ虹のように突出ている、見事な。根方の処の土が壊れて大鰻を捏たような根が幾筋ともなく露れた、その根から一筋の水がさっと落ちて、地の上へ流れるのが、取って進もうとする道の真中に流出してあたりは一面。

　田圃が湖にならぬが不思議で、どうどうと瀬になって、前途に一叢の藪が見える、それを境にしておよそ二町ばかりの間まるで川じゃ。礫はばらばら、飛石のようにひょいひょいと大跨で伝えそうにずっと見ごたえのあるのが、それでも人の手で並べたに違いはない。

　もっとも衣服を脱いで渡るほどの大事なのではないが、本街道にはちと難儀過ぎて、なかなか馬などが歩行かれる訳のものではないので。

　売薬もこれで迷ったのであろうと思う内、切放れよく向きを変えて右の坂をすたすたと上りはじめた。見る間に檜を後に潜り抜けると、私が体の上あたりへ出て下を向き、

　（おいおい、松本へ出る路はこっちだよ、）といって無造作にまた五六歩。

　岩の頭へ半身を乗出して、

　（茫然してると、木精が攫うぜ、昼間だって容赦はねえよ。）と嘲るがごとく言い棄てたが、やがて岩の陰に入って高い処の草に隠れた。

　しばらくすると見上げるほどな辺へ蝙蝠傘の先が出たが、木の枝とすれすれになって茂みの中に見えなくなった。

　（どッこいしょ、）と暢気なかけ声で、その流の石の上を飛々に伝って来たのは、茣蓙の尻当をした、何にもつけない天秤棒を片手で担いだ百姓じゃ。」

五

　「さっきの茶店からここへ来るまで、売薬の外は誰にも逢わなんだことは申上げるまでもない。

　今別れ際に声を懸けられたので、先方は道中の商売人と見ただけに、まさかと思っても気迷いがするので、今朝も立ちぎわによく見て来た、前にも申す、その図面をな、

ここでも開けて見ようとしていたところ。

　　（ちょいと伺いとう存じますが、）

　　（これは何でござりまする、）と山国の人などは殊に出家と見ると丁寧にいってくれる。

　　（いえ、お伺い申しますまでもござりませんが、道はやっぱりこれを素直に参るのでござりましょうな。）

　　（松本へ行かっしゃる？　ああああ本道じゃ、何ね、この間の梅雨に水が出て、とてつもない川さ出来たでがすよ。）

　　（まだずっとどこまでもこの水でござりましょうか。）

　　（何のお前様、見たばかりじゃ、訳はござりませぬ、水になったのは向うのあの藪までで、後はやっぱりこれと同一道筋で山までは荷車が並んで通るでがす。藪のあるのは旧大きいお邸の医者様の跡でな、ここらはこれでも一ツの村でがした、十三年前の大水の時、から一面に野良になりましたよ、人死にもいけえこと。ご坊様歩行きながらお念仏でも唱えてやってくれさっしゃい。）と問わぬことまで深切に話します。それでよく仔細が解かって確かになりはなったけれども、現に一人踏迷った者がある。

　　（こちらの道はこりゃどこへ行くので、）といって売薬の入った左手の坂を尋ねて見た。

　　（はい、これは五十年ばかり前までは人が歩行いた旧道でがす。やっぱり信州へ出まする、先は一つで七里ばかり総体近うござりますが、いや今時いまどき往来の出来るのじゃあござりませぬ。去年もご坊様、親子連れの巡礼が間違えて入ったというで、はれ大変な、乞食を見たような者じゃというで、人命に代りはねえ、追っかけて助けべえと、巡査様が三人、村の者が十二人、一組になってこれから押登って、やっと連れて戻ったくらいでがす。ご坊様も血気に逸って近道をしてはなりましねえぞ、草臥れて野宿をしてからがここを行かっしゃるよりはましでござるに。はい、気を付けて行かっしゃれ。）

　　ここで百姓に別れてその川の石の上を行こうとしたがふと猶予ったのは売薬の身の上で。

　　まさかに聞いたほどでもあるまいが、それが本当ならば見殺しじゃ、どの道私は出家の体、日が暮れるまでに宿へ着いて屋根の下に寝るには及ばぬ、追着いて引戻してやろう。罷違ごうて旧道を皆歩行いても怪しゅうはあるまい、こういう時候じゃ、狼の旬でもなく、魑魅魍魎の汐さきでもない、ままよ、と思うて、見送ると早はや深切な百姓の姿も見えぬ。

　　（よし。）

　　思切って坂道を取って懸かった、侠気があったのではござらぬ、血気に逸ったではもとよりない、今申したようではずっともう悟ったようじゃが、いやなかなかの臆病者

もの、川の水を飲むのさえ気が怯けたほど生命が大事で、なぜまたと謂わっしゃるか。
　ただ挨拶をしたばかりの男なら、私は実のところ、打棄っておいたに違いはないが、快ぬ人と思ったから、そのままで見棄てるのが、故とするようで、気が責めてならなんだから、」
　と宗朝はやはり俯向けに床に入ったまま合掌していった。
　「それでは口でいう念仏にも済まぬと思うてさ。」

六

　「さて、聞かっしゃい、私はそれから檜の裏を抜けた、岩の下から岩の上へ出た、樹の中を潜って草深い径をどこまでも、どこまでも。
　するといつの間にか今上った山は過ぎてまた一ツ山が近づいて来た、この辺しばらくの間は野が広々として、さっき通った本街道よりもっと幅の広い、なだらかな一筋道。
　心持ち西と、東と、真中に山を一ツ置いて二条並んだ路のような、いかさまこれならばを立てても行列が通ったであろう。
　この広ッ場でも目の及ぶ限り芥子粒ほどの大きさの売薬の姿も見ないで、時々焼けるような空を小さな虫が飛び歩行あるいた。
　歩行くにはこの方が心細い、あたりがぱッとしていると便りがないよ。もちろん飛騨越えと銘を打った日には、七里に一軒十里に五軒という相場、そこで粟の飯にありつけば都合も上の方ということになっております。それを覚悟のことで、足は相応に達者、いや屈っせずに進んだ進んだ。すると、だんだんまた山が両方から逼まって来て、肩に支えそうな狭いとこになった、すぐに上のぼり。
　さあ、これからが名代の天生峠と心得たから、こっちもその気になって、何しろ暑いので、喘ぎながらまず草鞋の紐を緊直した。
　ちょうどこの上口の辺に美濃の蓮大寺の本堂の床下まで吹抜けの風穴があるということを年経ってから聞きましたが、なかなかそこどころの沙汰ではない、一生懸命、景色も奇跡もあるものかい、お天気さえ晴れたか曇ったか訳が解らず、目じろぎもしないですたすたと捏ねて上ぼる。
　とお前様お聞かせ申す話は、これからじゃが、最初に申す通り路がいかにも悪い、まるで人が通いそうでない上に、恐しいのは、蛇で。両方の叢に尾と頭とを突込んで、のたりと橋を渡しているではあるまいか。
　私わしは真先に出会した時は笠を被ぶって竹杖を突いたまま、はッと息を引いて膝を折って坐わったて。
　いやもう生得大嫌、嫌いというより恐怖いのでな。

その時はまず人助けにずるずると尾を引いて、向うで鎌首かを上げたと思うと草をさらさらと渡った。

ようよう起上がって道の五六町も行くと、またおなじように、胴中を乾して尾も首も見えぬのが、ぬたり！

あッというて飛退いたが、それも隠れた。三度目に出会ったのが、いや急には動かず、しかも胴体の太さ、たとい這出したところでぬらぬらとやられてはおよそ五分間ぐらい尾を出すまでに間があろうと思う長虫と見えたので、やむことをえず私わしは跨越した、とたんに下腹が突張ってぞッと身の毛、毛穴が残らず鱗に変って、顔の色もその蛇のようになったろうと目を塞いだくらい。

絞しぼるような冷汗になる気味の悪さ、足が竦くんだというて立っていられる数ではないからびくびくしながら路を急ぐとまたしても居たよ。

しかも今度のは半分に引切ってある胴から尾ばかりの虫じゃ、切口が蒼みを帯びてそれでこう黄色な汁が流れてぴくぴくと動いたわ。

我を忘れてばらばらとあとへ遁帰ったが、気が付けば例のがまだ居るであろう、たとい殺されるまでも二度とはあれを跨ぐ気はせぬ。ああさっきのお百姓がものの間違いでも故道には蛇がこうといってくれたら、地獄へ落ちても来なかったにと照りつけられて、涙が流れた、南無阿弥陀仏、今でもぞッとする。」と額に手を。

七

「果しが無いから肝を据えた、もとより引返す分ではない。旧もの処にはやっぱり丈足らずの骸がある、遠くへ避けて草の中へ駆け抜けたが、今にもあとの半分が絡いつきそうで耐らぬから気臆れがして足が筋張と石に躓いて転んだ、その時膝節を痛めましたものと見える。

それからがくがくして歩行くのが少し難渋になったけれども、ここで倒れては温気で蒸殺されるばかりじゃと、我身で我身を激げまして首筋を取って引立てるようにして峠の方へ。

何しろ路傍の草いきれが恐ろしい、大鳥の卵見たようなものなんぞ足許にごろごろしている茂り塩梅。

また二里ばかり大蛇ちの蜿るような坂を、山懐に突当たって岩角を曲って、木の根を繞って参ったがここのことで余りの道じゃったから、参謀本部の絵図面を開いて見ました。

何やっぱり道はおんなじで聞いたにも見たのにも変かわりはない、旧道はこちらに相違はないから心遣りにも何にもならず、もとより歴っきとした図面というて、描いて

ある道はただ栗の毬の上へ赤い筋が引張ってあるばかり。

　難儀さも、蛇も、毛虫も、鳥の卵も、草いきれも、記してあるはずはないのじゃから、さっぱりと畳んで懐に入れて、うむとこの乳の下へ念仏を唱え込んで立直ったはよいが、息も引かぬ内に情無ない長虫が路を切った。

　そこでもう所詮叶わぬと思ったなり、これはこの山の霊であろうと考えて、杖を棄てて膝を曲げ、じりじりする地に両手をついて、

　（誠に済みませぬがお通しなすって下さりまし、なるたけお午睡の邪魔になりませぬようにそっと通行いたします。

　ご覧の通り杖も棄てました。）と我が折れしみじみと頼んで額を上げるとざっという凄まじい音で。

　心持よほどの大蛇と思った、三尺、四尺、五尺四方、一丈余、だんだんと草の動くのが広がって、傍の渓へ一文字にさっと靡いた、果ては峰も山も一斉に揺らいだ、恐毛を震って立竦むと涼しさが身に染みて、気が付くと山嵐よ。

　この折から聞えはじめたのはどっという山彦こだまに伝わる響き、ちょうど山の奥に風が渦巻いてそこから吹起こる穴があいたように感じられる。

　何しろ山霊感応あったか、蛇は見えなくなり暑さも凌ぎよくなったので、気も勇足も捗取ったが、ほどなく急に風が冷たくなった理由を会得することが出来た。

　というのは目の前に大森林があらわれたので。

　世の譬にも天生峠は蒼空に雨が降るという、人の話にも神代から杣が手を入れぬ森があると聞いたのに、今までは余り樹がなさ過ぎた。

　今度は蛇のかわりに蟹が歩きそうで草鞋が冷えた。しばらくすると暗くなった、杉、松、榎と処々見分けが出来るばかりに遠い処から幽に日の光の射すあたりでは、土の色が皆黒い。中には光線が森を射通工合であろう、青だの、赤だの、ひだが入いって美しい処があった。

　時々爪尖に絡らまるのは葉の雫の落溜まった糸のような流れで、これは枝を打って高い処を走るので。ともするとまた常磐木が落葉する、何の樹とも知れずばらばらと鳴り、かさかさと音がしてぱっと檜笠にかかることもある、あるいは行過ぎた背後へこぼれるのもある、それ等は枝から枝に溜まっていて何十年ぶりではじめて地の上まで落ちるのか分らぬ。」

八

　「心細さは申すまでもなかったが、卑怯なようでも修行の積まぬ身には、こういう暗い処の方がかえって観念に便りがよい。何しろ体が凌ぎよくなったために足の弱りも

忘れたので、道も大きに捗取って、まずこれで七分は森の中を越したろうと思う処で五六尺天窓の上らしかった樹の枝から、ぼたりと笠の上へ落ち留まったものがある。

　鉛の錘かとおもう心持、何か木の実ででもあるかしらんと、二三度振ってみたが附着いていてそのままには取れないから、何心なく手をやって掴むと、滑らかに冷やりと来た。

　見ると海鼠を裂いたような目も口もない者じゃが、動物には違いない。不気味で投出そうとするとずるずると辷って指の尖へ吸いてぶらりと下った、その放れた指の尖から真赤な美しい血が垂々と出たから、吃驚して目の下へ指をつけてじっと見ると、今折曲げた肱の処へつるりと垂懸かっているのは同形をした、幅が五分、丈が三寸ばかりの山海鼠。

　呆気に取られて見る見る内に、下の方から縮みながら、ぶくぶくと太って行くのは生血をしたたかに吸込むせいで、濁った黒い滑らかな肌に茶褐色の縞をもった、疣胡瓜のような血を取る動物、こいつは蛭じゃよ。

　誰たが目にも見違えるわけのものではないが、図抜けて余り大きいからちょっとは気がつかぬであった、何の畠でも、どんな履歴のある沼でも、このくらいな蛭はあろうとは思われぬ。

　肱をばさりと振るったけれども、よく喰込んだと見えてなかなか放れそうにしないから不気味ながら手で抓んで引切ると、ぷつりといってようよう取れる、しばらくも耐まったものではない、突然取って大地へ叩きつけると、これほどの奴等が何万となく巣をくって我ものにしていようという処、かねてその用意はしていると思われるばかり、日のあたらぬ森の中の土は柔かい、潰ぶれそうにもないのじゃ。

　ともはや頸のあたりがむずむずして来た、平手で扱いて見ると横撫でに蛭の背をぬるぬるとすべるという、やあ、乳の下へ潜んで帯の間にも一疋、蒼くなってソッと見ると肩の上にも一筋。

　思わず飛上って総身を震いながらこの大枝の下を一散にかけぬけて、走りながらまず心覚えの奴だけは夢中でもぎ取った。

　何にしても恐しい今の枝には蛭が生っているのであろうとあまりの事に思って振返ると、見返った樹の何の枝か知らずやっぱり幾つということもない蛭の皮じゃ。

　これはと思う、右も、左も、前の枝も、何の事はないまるで充満。

　私は思わず恐怖の声を立てて叫んだ、すると何と？ この時は目に見えて、上からぼたりぼたりと真黒な痩せた筋の入った雨が体へ降かかって来たではないか。

　草鞋を穿いた足の甲へも落ちた上へまた累かさなり、並んだ傍へまた附着いて爪先も分らなくなった、そうして活きてると思うだけ脈を打って血を吸うような、思いなし

か一ツ一ツ伸縮をするようなのを見るから気が遠くなって、その時不思議な考えが起きた。

この恐しい山蛭は神代の古いにしえからここに屯をしていて、人の来るのを待ちつけて、永い久しい間にどのくらい何斛かの血を吸うと、そこでこの虫の望みが叶う、その時はありったけの蛭が残らず吸っただけの人間の血を吐出すと、それがために土がとけて山一ツ一面に血と泥との大沼にかわるであろう、それと同時にここに日の光を遮って昼もなお暗い大木が切々に一ツ一ツ蛭になってしまうのに相違ないと、いや、全くの事で。」

九

「およそ人間が滅びるのは、地球の薄皮が破れて空から火が降るのでもなければ、大海が押被るのでもない、飛騨国の樹林が蛭になるのが最初で、しまいには皆血と泥の中に筋の黒い虫が泳ぐ、それが代がわりの世界であろうと、ぼんやり。

なるほどこの森も入口では何の事もなかったのに、中へ来るとこの通り、もっと奥深く進んだら早残らず立樹の根の方から朽ちて山蛭になっていよう、助かるまい、ここで取殺される因縁らしい、取留のない考えが浮んだのも人が知死期に近づいたからだとふと気が付いた。

どの道死ぬるものなら一足でも前へ進んで、世間の者が夢にも知らぬ血と泥の大沼の片端でも見ておこうと、そう覚悟がきまっては気味の悪いも何もあったものじゃない、体中珠数生になったのを手当たり次第に掻い除けむしり棄て、抜き取りなどして、手を挙げ足を踏んで、まるで躍り狂う形で歩行き出した。

はじめの中は一廻も太ったように思われて痒さが耐らなかったが、しまいにはげっそり痩せたと感じられてずきずき痛んでならぬ、その上を容赦なく歩行く内にも入交に襲いおった。

既に目も眩んで倒れそうになると、禍いはこの辺が絶頂であったと見えて、隧道を抜けたように、遥かに一輪のかすれた月を拝んだのは、蛭の林の出口なので。

いや蒼空の下へ出た時には、何のことも忘れて、砕けろ、微塵になれと横なぐりに体を山路へ打倒した。それでからもう砂利でも針でもあれと地へこすりつけて、十余りも蛭の死骸を引っくりかえした上から、五六間けん向うへ飛んで身顫いをして突立った。

人を馬鹿にしているではありませんか。あたりの山では処々茅蜩殿、血と泥の大沼になろうという森を控えて鳴いている、日は斜め、渓底はもう暗い。

まずこれならば狼の餌食になってもそれは一思いに死なれるからと、路はちょうど

だらだら下りなり、小僧さん、調子はずれに竹の杖を肩にかついで、すたこら遁たわ。

　これで蛭に悩まされて痛いのか、痒いのか、それとも擽ったいのか得えもいわれぬ苦しみさえなかったら、嬉しさに独り飛騨山越えの間道で、お経に節をつけて外道踊りをやったであろう、ちょっと清心丹でも嚙砕いて疵口へつけたらどうだと、だいぶ世の中の事に気がついて来たわ。抓っても確かに活返ったのじゃが、それにしても富山の薬売はどうしたろう、あの様子ではとうに血になって泥沼に。皮ばかりの死骸は森の中の暗い処、おまけに意地の汚い下司な動物が骨までしゃぶろうと何百という数でのしかかっていた日には、酢をぶちまけても分る気遣いはあるまい。

　こう思っている間、件のだらだら坂は大分長かった。

　それを下くだり切ると流が聞えて、とんだ処に長さ一間ばかりの土橋がかかっている。

　はやその谷川の音を聞くと我身で持余蛭の吸殻を真逆さまに投込んで、水に浸したらさぞいい心地であろうと思うくらい、何の渡りかけて壊れたらそれなりけり。

　危いとも思わずにずっと懸かる、少しぐらぐらしたが難なく越した。向うからまた坂じゃ、今度は上ぼりさ、ご苦労千万。」

十

　「とてもこの疲れようでは、坂を上るわけには行くまいと思ったが、ふと前途に、ヒイインと馬の嘶くのが谺して聞えた。

　馬士が戻るのか小荷駄が通るか、今朝一人の百姓に別れてから時の経ったは僅かじゃが、三年も五年も同一ものをいう人間とは中を隔てた。馬が居るようではともかくも人里に縁があると、これがために気が勇んで、ええやっと今一揉。

　一軒の山家の前へ来たのには、さまで難儀は感じなかった。夏のことで戸障子のしまりもせず、殊に一軒家、あけ開いたなり門というてもない、突然破縁になって男が一人、私わしはもう何の見境もなく、

　（頼みます、頼みます、）というさえ助けを呼ぶような調子で、取縋らぬばかりにした。

　（ご免なさいまし、）といったがものもいわない、首筋をぐったりと、耳を肩で塞ぐほど顔を横にしたまま小児らしい、意味のない、しかもぼっちりした目で、じろじろと門に立ったものを瞻つめる、その瞳を動かすさえ、おっくうらしい、気の抜けた身の持方。裾短で袖は肱より少い、糊気のある、ちゃんちゃんを着て、胸のあたりで紐で結えたが、一ツ身のものを着たように出ッ腹の太り肉じし、太鼓を張ったくらいに、すべす

べとふくれてしかも出臍という奴、南瓜の蔕ほどな異形な者を片手でいじくりながら幽霊の手つきで、片手を宙にぶらり。

　足は忘れたか投出した、腰がなくば暖簾を立てたように畳まれそうな、年紀がそれでいて二十二三、口をあんぐりやった上唇で巻込めよう、鼻の低さ、出額。五分刈りの伸びたのが前は鶏冠のごとくになって、頸脚へ撥て耳に被った、唖しか、白痴か、これから蛙になろうとするような少年。私は驚いた、こっちの生命に別条はないが、先方様の形相。いや、大別条。

　（ちょいとお願い申します。）

　それでもしかたがないからまた言葉をかけたが少しも通ぜず、ばたりというと僅かに首の位置をかえて今度は左の肩を枕にした、口の開いてること旧のごとし。

　こういうのは、悪くすると突然ふんづかまえて臍を捻りながら返事のかわりに罾めようも知れぬ。

　私は一足退すさったが、いかに深山だといってもこれを一人で置くという法はあるまい、と足を爪立てて少し声高に、

　（どなたぞ、ご免なさい、）といった。

　背戸と思うあたりで再び馬の嘶く声。

　（どなた、）と納戸の方でいったのは女じゃから、南無三宝、この白い首には鱗が生えて、体は床を這って尾をずるずると引いて出ようと、また退さった。

　（おお、お坊様。）と立顕れたのは小造りの美しい、声も清しい、ものやさしい。

　私は大息を吐いて、何にもいわず、

　（はい。）と頭を下げましたよ。

　婦人は膝をついて坐わったが、前へ伸上がるようにして、黄昏にしょんぼり立った私が姿を透して見て、

　（何か用でござんすかい。）

　休めともいわずはじめから宿の常世は留守るすらしい、人を泊めないときめたもののように見える。

　いい後れてはかえって出そびれて頼むにも頼まれぬ仕誼にもなることと、つかつかと前へ出た。

　丁寧に腰を屈めて、

　（私は、山越で信州へ参ります者ですが旅籠のございます処まではまだどのくらいでございましょう。）

十一

　（あなたまだ八里余でございますよ。）

高野聖

　（その他に別に泊めてくれます家もないのでしょうか。）

　　（それはございません。）といいながら目またたきもしないで清ずしい目で私の顔をつくづく見ていた。

　　（いえもう何でございます、実はこの先一町行け、そうすれば上段の室に寝かして一晩扇いでいてそれで功徳のためにする家があると承りましても、全くのところ一足も歩行けますのではございません、どこの物置きでも馬小屋の隅でもよいのでございますから後生でございます。）とさっき馬が嘶いたのは此家より外にはないと思ったから言った。

　　婦人はしばらく考えていたが、ふと傍を向いて布の袋を取って、膝のあたりに置いた桶の中へざらざらと一幅、水を溢ぼすようにあけて縁をおさえて、手で掬くって俯向いて見たが、

　　（ああ、お泊め申しましょう、ちょうど炊いてあげますほどお米もございますから、それに夏のことで、山家は冷えましても夜のものにご不自由もござんすまい。さあ、ともかくもあなた、お上り遊ばして。）

　というと言葉の切れぬ先にどっかと腰を落した。婦人はつと身を起して立って来て、

　　（お坊様、それでござんすがちょっとお断り申しておかねばなりません。）

　はっきりいわれたので私はびくびくもので、

　　（はい、はい。）

　　（いいえ、別のことじゃござんせぬが、私は癖として都の話を聞くのが病でございます、口に蓋をしておいでなさいましても無理やりに聞こうといたしますが、あなた忘れてもその時聞かして下さいますな、ようござんすかい、私は無理にお尋ね申します、あなたはどうしてもお話しなさいませぬ、それを是非にと申しましても断っておっしゃらないようにきっと念を入れておきますよ。）

　と仔細ありげなことをいった。

　　山の高さも谷の深さも底の知れない一軒家の婦人の言葉とは思うたが保つにむずかしい戒でもなし、私はただ頷くばかり。

　　（はい、よろしゅうございます、何事もおっしゃりつけは背きますまい。）

　婦人は言下に打解けて、

　　（さあさあ汚きたのうございますが早くこちらへ、お寛ぎなさいまし、そうしてお洗足を上げましょうかえ。）

　　（いえ、それには及びませぬ、雑巾をお貸し下さいまし。ああ、それからもしそのお雑巾次手にずっぷりお絞んなすって下さると助かります、途中で大変な目に逢いましたので体を打棄っちゃりたいほど気味が悪うございますので、一ツ背中を拭こうと存じますが、恐入りますな。）

　　（そう、汗におなりなさいました、さぞまあ、お暑うござんしたでしょう、お待ち

なさいまし、旅籠へお着き遊ばして湯にお入りなさいますのが、旅するお方には何よりご馳走だと申しますね、湯どころか、お茶さえ碌におもてなしもいたされませんが、あの、この裏の崖を下りますと、綺麗な流れがございますからいっそそれへいらっしゃってお流しがよろしゅうございましょう。）

聞いただけでも飛んでも行きたい。

（ええ、それは何より結構でございますな。）

（さあ、それではご案内申しましょう、どれ、ちょうど私も米を磨ぎに参ります。）と件の桶を小脇に抱えて、縁側から、藁草履を穿いて出たが、屈んで板縁の下を覗いて、引出したのは一足の古下駄で、かちりと合わして埃を払って揃えてくれた。

（お穿きなさいまし、草鞋はここにお置きなすって、）

私は手をあげて、一礼して、

（恐入ります、これはどうも、）

（お泊め申すとなりましたら、あの、他生の縁とやらでござんす、あなたご遠慮を遊ばしますなよ。）まず恐しく調子がいいじゃて。」

<h2 style="text-align:center">十二</h2>

「（さあ、私に跟いてこちらへ、）と件の米磨桶を引抱えて手拭いを細い帯に挟んで立った。

髪は房っさりとするのを束ねてな、櫛くしをはさんで簪で留めている、その姿の佳さというてはなかった。

私も手早く草鞋を解いたから、早速古下駄を頂戴して、縁から立つ時ちょいと見ると、それ例の白痴殿じゃ。

同じく私が方をじろりと見たっけよ、舌不足ずが饒舌るような、愚にもつかぬ声を出して、

（姉や、こえ、こえ。）といいながら気けだるそうに手を持上げてその蓬々と生えた天窓を撫でた。

（坊さま、坊さま？）

すると婦人が、下ぶくれな顔にえくぼを刻んで、三ツばかりはきはきと続けて頷いた。

少年はうむといったが、ぐたりとしてまた臍をくりくりくり。

私は余り気の毒さに顔も上げられないでそっと盗むようにして見ると、婦人は何事も別に気に懸けてはおらぬ様子、そのまま後へ跟いて出ようとする時、紫陽花の花の蔭からぬいと出た一名の親仁がある。

背戸から廻って来たらしい、草鞋を穿いたなりで、胴乱の根付けを紐長にぶらりと提げ、銜煙管をしながら並んで立停まった。

（和尚様おいでなさい。）
　婦人はそなたを振向いて、
　（おじ様どうでござんした。）
　（さればさの、頓馬で間の抜けたというのはあのことかい。根ッから早や狐でなければ乗せ得そうにもない奴じゃが、そこはおらが口じゃ、うまく仲人して、二月ふたつきや三月みつきはお嬢様がご不自由のねえように、翌日はものにしてうんとここへ担ぎ込みます。）
　（お頼み申しますよ。）
　（承知、承知、おお、嬢様どこさ行かっしゃる。）
　（崖の水までちょいと。）
　（若い坊様連れて川へ落っこちさっしゃるな、おらここに眼張って待っとるに、）と横様に縁にのさり。
　（貴僧、あんなことを申しますよ。）と顔を見て微笑んだ。
　（一人で参りましょう、）と傍へ退くと、親仁はくっくっと笑って、
　（はははは、さあ、早くいってござらっせえ。）
　（おじ様、今日はお前、珍しいお客がお二方ござんした、こういう時はあとからまた見えようも知れません、次郎さんばかりでは来た者が弱んなさろう、私が帰るまでそこに休んでいておくれでないか。）
　（いいとものう。）といいかけて、親仁は少年の傍へにじり寄って、鉄挺を見たような拳で、背中をどんとくらわした、白痴の腹ぶりとして、べそをかくような口つきで、にやりと笑う。
　私はぞっとして面を背けたが、婦人は何気ない体であった。
　親仁は大口を開いて、
　（留守におらがこの亭主を盗むぞよ。）
　（はい、ならば手柄でござんす、さあ、貴僧あなた参りましょうか。）
　背後から親仁が見るように思ったが、導かるるままに壁について、かの紫陽花のある方ではない。
　やがて背戸と思う処で左に馬小屋を見た、ことことという音は羽目を蹴けるのであろう、もうその辺から薄暗くなって来る。
　（貴僧、ここから下りるのでございます、辷りはいたしませぬが、道が酷うございますからお静かに、）という。」

十三

　「そこから下りるのだと思われる、松の木の細くッて度外れに背の高い、ひょろひょろしたおよそ五六間上までは小枝一ツもないのがある。その中を潜ったが、仰ぐと梢に出て白い、月の形はここでも別にかわりは無かった、浮世はどこにあるか十三夜で。

先へ立った婦人の姿が目さきを放れたから、松の幹に掴まって覗くと、つい下に居た。
　仰向いて、
　（急に低くなりますから気をつけて。こりゃ貴僧には足駄では無理でございましたかしら、宜よろしくば草履とお取交え申しましょう。）
　立後れたのを歩行悩んだと察した様子、何がさて転げ落ちても早く行って蛭ひるの垢を落したさ。
　（何、いけませんければ跣足はだしになります分のこと、どうぞお構いなく、嬢様にご心配をかけては済みません。）
　（あれ、嬢様ですって、）とやや調子を高めて、艶麗に笑った。
　（はい、ただいまあの爺様が、さよう申しましたように存じますが、夫人でございますか。）
　（何にしても貴僧には叔母さんくらいな年紀ですよ。まあ、お早くいらっしゃい、草履もようござんすけれど、刺がささりますといけません、それにじくじく湿れていてお気味が悪うございましょうから。）と向う向きでいいながら衣服の片褄をぐいとあげた。真白なのが暗まぎれ、歩行くと霜が消えて行くような。
　ずんずんずんずんと道を下りる、傍らの叢から、のさのさと出たのは蟇で。
　（あれ、気味が悪いよ。）というと婦人は背後へ高々と踵を上げて向うへ飛んだ。
　（お客様がいらっしゃるではないかね、人の足になんか搦まって、贅沢じゃあないか、お前達は虫を吸っていればたくさんだよ。
　貴僧ずんずんいらっしゃいましな、どうもしはしません。こう云う処ですからあんなものまで人懐しゅうございます、厭じゃないかね、お前達と友達をみたようで愧ずかしい、あれいけませんよ。）
　蟇はのさのさとまた草を分けて入った、婦人はむこうへずいと。
　（さあこの上へ乗るんです、土が柔かで壊くえますから地面は歩行かれません。）
　いかにも大木の僵れたのが草がくれにその幹をあらわしている、乗ると足駄穿きで差支えがない、丸木だけれどもおそろしく太いので、もっともこれを渡り果てるとたちまち流れの音が耳に激げしきした、それまでにはよほどの間。
　仰いで見ると松の樹はもう影も見えない、十三夜の月はずっと低うなったが、今下りた山の頂に半ばかかって、手が届きそうにあざやかだけれども、高さはおよそ計り知られぬ。
　（貴僧、こちらへ。）
　といった婦人はもう一息、目の下に立って待っていた。
　そこは早や一面の岩で、岩の上へ谷川の水がかかってここによどみを作っている、川幅は一間ばかり、水に臨めば音はさまでにもないが、美しさは玉を解いて流したよ

う、かえって遠くの方で凄まじく岩に砕ける響きがする。

　向う岸はまた一座の山の裾で、頂の方は真暗だが、山の端からその山腹を射る月の光に照し出された辺からは大石小石、栄螺のようなの、六尺角に切出したの、剣のようなのやら、鞠の形をしたのやら、目の届く限り残らず岩で、次第に大きく水に

<h2 style="text-align:center">十四</h2>

　「（いい塩梅に今日は水がふえておりますから、中へ入りませんでもこの上でようございます。）と甲を浸して爪先を屈めながら、雪のような素足で石の盤の上に立っていた。

　自分達が立った側は、かえってこっちの山の裾が水に迫って、ちょうど切穴の形になって、そこへこの石を嵌めたような誂。川上も下流も見えぬが、向うのあの岩山、九十九折つづらおりのような形、流は五尺、三尺、一間ばかりずつ上流の方がだんだん遠く、飛々に岩にかがったように隠見して、いずれも月光を浴びた、銀の鎧の姿、目のあたり近いのはゆるぎ糸を捌くがごとく真白に翻って。

　（結構な流れでございますな。）

　（はい、この水は源が滝でございます、この山を旅するお方は皆大風のような音をどこかで聞きます、貴僧はこちらへいらっしゃる道でお心着はなさいませんかい。）

　さればこそ山蛭の大藪へ入ろうという少し前からその音を。

　（あれは林へ風の当るのではございませんので？）

　（いえ、誰でもそう申します、あの森から三里ばかり傍道へ入りました処に大滝があるのでございます、それはそれは日本一だそうですが、路が嶮しゅうござんすので、十人に一人参ったものはございません。その滝が荒れましたと申しまして、ちょうど今から十三年前、恐ろしい洪水がございました、こんな高い処まで川の底になりましてね、麓の村も山も家も残らず流れてしまいました。この上かみの洞も、はじめは二十軒ばかりあったのでござんす、この流れもその時から出来ました、ご覧なさいましな、この通り皆な石が流れたのでございますよ。）

　婦人はいつかもう米を精げ果てて、衣紋の乱れた、乳の端もほの見ゆる、膨らかな胸を反して立った、鼻高く口を結んで目を恍惚と上を向いて頂を仰いだが、月はなお半腹のその累々たる巌を照すばかり。

　（今でもこうやって見ますと恐いようでございます。）と屈んで二にの腕うでの処を洗っていると。

　（あれ、貴僧、そんな行儀のいいことをしていらっしってはお召しが濡れます、気味が悪うございますよ、すっぱり裸体になってお洗いなさいまし、私が流して上げましょう。）

(いえ、)

　　(いえじゃあござんせぬ、それ、それ、お法衣(ころも)の袖が浸るではありませんか、)というと突然背後から帯に手をかけて、身悶(みもだえ)をして縮むのを、邪慳らしくすっぱり脱いで取った。

　　私は師匠が厳しかったし、経を読む身体じゃ、肌さえ脱いだことはついぞ覚えぬ。しかも婦人の前、蝸牛(かたつむり)まいまいつぶろが城を明け渡したようで、口を利くさえ、まして手足のあがきも出来ず、背中を円くして、膝を合せて、縮かまると、婦人は脱がした法衣を傍らの枝へふわりとかけた。

　　(お召はこうやっておきましょう、さあお背なを、あれさ、じっとして。お嬢様とおっしゃって下さいましたお礼に、叔母さんが世話を焼くのでござんす、お人の悪い。)といって片袖を前歯で引上げ、玉のような二の腕をあからさまに背中に乗せたが、じっと見て、

　　(まあ、)

　　(どうかいたしておりますか。)

　　(痣(あざ)のようになって、一面に。)

　　(ええ、それでございます、酷い目に逢いました。)

　　思い出してもぞッとするて。」

十五

　「婦人は驚いた顔をして、(それでは森の中で、大変でございますこと。旅をする人が、飛騨の山では蛭が降るというのはあすこでござんす。貴僧は抜道をご存じないから正面に蛭の巣をお通りなさいましたのでございますよ。お生命(みょうが)も冥加なくらい、馬でも牛でも吸い殺すのでございますもの。しかし疼(うず)くようにお痒いのでござんしょうね。)

　　(ただいまではもう痛みますばかりになりました。)

　　(それではこんなものでこすりましては柔かいお肌が擦剥けましょう。)というと手が綿のように障わった。

　　それから両方の肩から、背、横腹、臀いしき、さらさら水をかけてはさすってくれる。

　　それがさ、骨に通って冷たいかというとそうではなかった。暑い時分じゃが、理窟をいうとこうではあるまい、私わしの血が沸いたせいか、婦人の温気(ぬくみ)か、手で洗ってくれる水がいい工合に身に染みる、もっとも質の佳い水は柔かじゃそうな。

　　その心地の得もいわれなさで、眠気がさしたでもあるまいが、うとうとする様子で、疵(きず)の痛みがなくなって気が遠くなって、ひたと附くっついている婦人の身体で、私は花びらの中へ包まれたような工合。

山家の者には肖合にあわぬ、都にも希な器量はいうに及ばぬが弱々しそうな風采、背中を流す中にもはッはッと内証で呼吸(いき)がはずむから、もう断ろう断ろうと思いながら、例の恍惚で、気はつきながら洗わした。
　その上、山の気か、女の香か、ほんのりと佳い薫りがする、私は背後でつく息じゃろうと思った。」
　上人はちょっと句切って、
　「いや、お前様お手近じゃ、その明を掻き立ってもらいたい、暗いと怪しからぬ話じゃ、ここらから一番野面(のづな)で遣っつけよう。」
　枕を並べた上人の姿も朧げに明は暗くなっていた、早速燈心を明くすると、上人は微笑みながら続けたのである。
　「さあ、そうやっていつの間にやら現うつつとも無しに、こう、その不思議な、結構な薫のする暖かい花の中へ柔かに包まれて、足、腰、手、肩、頸から次第に天窓まで一面に被ぶったから吃驚、石に尻餅を搗いて、足を水の中に投げ出したから落ちたと思うとたんに、女の手が背後から肩越しに胸をおさえたのでしっかりつかまった。
　（貴僧、お傍に居て汗臭そうはござんせぬかい、とんだ暑がりなんでございますから、こうやっておりましてもこんなでございますよ。）という胸にある手を取ったのを、慌てて放して棒のように立った。
　（失礼、）
　（いいえ誰も見てはおりはしませんよ。）と澄まして言う、婦人もいつの間にか衣服(きもの)を脱いで全身を練絹(ねりぎぬ)のように露(あらわ)していたのじゃ。
　何と驚くまいことか。
　（こんなに太っておりますから、もうお愧ずかしいほど暑いのでございます、今時は毎日二度も三度も来てはこうやって汗を流します、この水がございませんかったらどういたしましょう、貴僧、お手拭。）といって絞ったのを寄越した。
　（それでおみ足をお拭きなさいまし。）
　いつの間にか、体はちゃんと拭いてあった、お話し申すも恐れ多いが、ははははは。」

十六

　「なるほど見たところ、衣服を着た時の姿とは違ごうて肉(しし)つきの豊な、ふっくりとした膚はだえ。
　（さっき小屋へ入って世話をしましたので、ぬらぬらした馬の鼻息が体中にかかって気味が悪うござんす。ちょうどようございますから私も体を拭きましょう。）
　と姉弟(きょうだい)が内端話(うちわ)をするような調子。手をあげて黒髪をおさえながら腋の下を手拭でぐいと拭き、あとを両手で絞りながら立った姿、ただこれ雪のようなのをかかる霊水で清めた、こういう女の汗は薄紅(うすくれない)になって流れよう。

ちょいちょいと櫛を入れて、

（まあ、女がこんなお転婆をいたしまして、川へ落っこちたらどうしましょう、川下へ流れて出ましたら、村里の者が何といって見ましょうね。）

（白桃の花だと思います。）とふと心付いて何の気もなしにいうと、顔が合うた。

すると、さも嬉しそうに莞爾してその時だけは初々しゅう年紀も七ツ八ツ若やぐばかり、処女の羞を含んで下を向いた。

私わしはそのまま目を外したが、その一段の婦人の姿が月を浴びて、薄い煙に包まれながら向う岸のしぶきに濡れて黒い、滑らかな大きな石へ蒼味を帯びて透通って映るように見えた。

するとね、夜目で判然とは目に入いらなんだが地体何でも洞穴があるとみえる。ひらひらと、こちらからもひらひらと、ものの鳥ほどはあろうという大蝙蝠が目を遮った。

（あれ、いけないよ、お客様があるじゃないかね。）

不意を打たれたように叫んで身悶をしたのは婦人。

（どうかなさいましたか、）もうちゃんと法衣を着たから気丈夫に尋たずねる。

（いいえ、）

といったばかりできまりが悪そうに、くるりと後向きになった。

その時小犬ほどな鼠色の小坊主が、ちょこちょことやって来て、あなやと思うと、崖から横に宙をひょいと、背後から婦人の背中へぴったり。

裸体の立姿は腰から消えたようになって、抱きついたものがある。

（畜生、お客様が見えないかい。）

と声に怒いかりを帯びたが、

（お前達は生意気だよ、）と激しくいいさま、腋の下から覗ぞこうとした件くだんの動物の天窓を振返りさまにくらわしたで。

キッキッというて奇声を放った、件の小坊主はそのまま後飛うしろとびにまた宙を飛んで、今まで法衣をかけておいた、枝の尖へ長い手で釣るし下さがったと思うと、くるりと釣瓶覆つるべがえしに上へ乗って、それなりさらさらと木登をしたのは、何と猿じゃあるまいか。

枝から枝を伝うと見えて、見上げるように高い木の、やがて梢まで、かさかさがさり。

まばらに葉の中を透かして月は山の端を放れた、その梢のあたり。

婦人はものに拗たよう、今の悪戯いたずら、いや、毎々、蟇ひきと蝙蝠こうもりと、お猿で三度じゃ。

その悪戯に多いたく機嫌を損ねた形、あまり子供がはしゃぎ過ぎると、若い母様おふくろには得えてある図じゃ。

本当に怒り出す。

といった風情で面倒臭そうに衣服を着ていたから、私は何にも問わずに小さくなっ

て黙って控えた。」

十七

「優しいなかに強みのある、気軽に見えてもどこにか落着のある、馴々しくて犯し易からぬ品のいい、いかなることにもいざとなれば驚くに足らぬという身に応えのあるといったような風の婦人、かく嬌瞋を発してはきっといいことはあるまい、今この婦人に邪慳にされては木から落ちた猿同然じゃと、おっかなびっくりで、おずおず控えていたが、いや案ずるより産むが安い。

（貴僧、さぞおかしかったでござんしょうね、）と自分でも思い出したように快く微笑みながら、

（しようがないのでございますよ。）

以前と変らず心安くなった、帯も早やしめたので、

（それでは家うちへ帰りましょう。）と米磨桶を小脇にして、草履を引ひっかけてつと崖へ上のぼった。

（お危のうござんすから。）

（いえ、もうだいぶ勝手が分っております。）

ずッと心得た意じゃったが、さて上あがる時見ると思いの外ほか上までは大層高い。

やがてまた例の木の丸太を渡るのじゃが、さっきもいった通り草のなかに横倒れになっている木地がこうちょうど鱗うろこのようで、譬にもよくいうが松の木は蟒に似ているで。

殊に崖を、上の方へ、いい塩梅に蜿った様子が、とんだものに持って来いなり、およそこのくらいな胴中の長虫がと思うと、頭と尾を草に隠して、月あかりに歴然とそれ。

山路の時を思い出すと我ながら足が竦くむ。

婦人は深切に後うしを気遣こうては気を付けてくれる。

（それをお渡りなさいます時、下を見てはなりません。ちょうどちゅうとでよッぽど谷が深いのでございますから、目が廻うと悪うござんす。）

（はい。）

愚図愚図してはいられぬから、我身を笑いつけて、まず乗った。引っかかるよう、刻が入れてあるのじゃから、気さえ確かなら足駄でも歩行かれる。

それがさ、一件じゃから耐まらぬて、乗るとこうぐらぐらして柔かにずるずると這いそうじゃから、わッというう引跨ひんまたいで腰をどさり。

（ああ、意気地はございませんねえ。足駄では無理でございましょう、これとお穿き換えなさいまし、あれさ、ちゃんということを肯くんですよ。）

私わしはそのさっきから何なんとなくこの婦人に畏敬の念が生じて善か悪か、どの

道命令されるように心得たから、いわるるままに草履を穿いた。
　するとお聞きなさい、婦人は足駄を穿きながら手を取ってくれます。
　たちまち身が軽くなったように覚えて、訳なく後に従って、ひょいとあの孤家(ひとつや)の背戸の端へ出た。
　出会頭に声を懸けたものがある。
　(やあ、大分手間が取れると思ったに、ご坊様旧もとの体で帰らっしゃったの。)
　(何をいうんだね、小父様家の番(はどうおし)だ。)
　(もういい時分じゃ、また私も遅うなっては道が困るで、そろそろ青を引出して支度しておこうと思うてよ。)
　(それはお待遠でござんした。)
　(何さ、行ってみさっしゃいご亭主は無事じゃ、いやなかなか私が手には口説落されなんだ、ははははは。)と意味もないことを大笑いして、親仁は厩(うまや)の方へてくてくと行った。
　白痴はおなじ処になお形を存している、海月(くらげ)も日にあたらねば解けぬとみえる。」

十八

　「ヒイイン！　しっ、どうどうどうと背戸を廻わる鰭爪(ひづめ)の音が縁へ響びいて親仁は一頭の馬を門前へ引き出した。
　轡頭(くつわづら)を取って立ちはだかり、
　(嬢様そんならこのままで私参りやする、はい、ご坊様にたくさんご馳走ちそうして上げなされ。)
　婦人は炉縁(ろぶち)に行燈(あんどん)を引附け、俯向いて鍋の下を燻(いぶ)ていたが、振仰ぎ、鉄の火箸を持った手を膝に置いて、
　(ご苦労でござんす。)
　(いんえご懇ねんごろには及びましねえ。しっ！)と荒縄の綱を引く。青で蘆毛、裸馬(たくま)で逞しいが、鬣(たてがみ)の薄い牡(おす)じゃわい。
　その馬がさ、私も別に馬は珍しゅうもないが、白痴殿の背後に畏しこまって手持不沙汰じゃから今引いて行こうとする時縁側へひらりと出て、
　(その馬はどこへ。)
　(おお、諏訪(すわ)の湖の辺まで馬市へ出しやすのじゃ、これから明朝お坊様が歩行っしゃる山路を越えて行きやす。)
　(もし、それへ乗って今からお遁遊ばすお意つもりではないかい。)
　婦人は慌しく遮って声を懸けた。
　(いえ、もったいない、修行の身が馬で足休めをしましょうなぞとは存じませぬ。)
　(何でも人間を乗っけられそうな馬じゃあござらぬ。お坊様は命拾いをなされたの

じゃで、大人しゅうして嬢様の袖その中で、今夜は助けて貰もわっしゃい。さようならちょっくら行って参りますよ。）

（あい。）

（畜生。）といったが馬は出ないわ。びくびくと蠢いて見える大きな鼻面をこちらへ捻じ向けてしきりに私等が居る方を見る様子。

（どうどうどう、畜生これあだけた獣じゃ、やい！）

右左にして綱を引張ったが、脚から根をつけたごとくにぬっくと立っていてびくともせぬ。

親仁大いに苛立って、叩いたり、打ぶったり、馬の胴体について二三度ぐるぐると廻ったが少しも歩かぬ。肩でぶッつかるようにして横腹へ体たいをあてた時、ようよう前足を上げたばかりまた四脚よつあしを突張り抜く。

（嬢様嬢様。）

と親仁が喚くと、婦人はちょっと立って白い爪さきをちょろちょろと真黒に煤けた太い柱を楯に取って、馬の目の届かぬほどに小隠れた。

その内腰に挟さんだ、煮染たような、なえなえの手拭いを抜いて克明に刻んだ額の皺の汗を拭いて、親仁はこれでよしという気組み、再び前へ廻ったが、旧によって貧乏動ぎもしないので、綱に両手をかけて足を揃えて反返えるようにして、うむと総身に力を入れた。とたんにどうじゃい。

凄さまじく嘶いて前足を両方中空へ翻したから、小さな親仁は仰向けに引っくりかえった、ずどんどう、月夜に砂煙がぱっと立つ。

白痴にもこれは可笑しかったろう、この時ばかりじゃ、真直に首を据えて厚い唇をばくりと開けた、大粒な歯を露出して、あの宙へ下げている手を風で煽るように、はらりはらり。

（世話が焼けることねえ、）

婦人は投げるようにいって草履を突ッかけて土間へついと出る。

（嬢様勘違がいさっしゃるな、これはお前様ではないぞ、何でもはじめからそこなお坊様に目をつけたっけよ、畜生俗縁があるだッぺいわさ。）

俗縁は驚いたい。

すると婦人が、

（貴僧ここへいらっしゃる路で誰にかお逢いなさりはしませんか。）」

十九

「（はい、辻の手前で富山の反魂丹売りに逢いましたが、一足先にやっぱりこの路へ入りました。）

（ああ、そう。）と会心の笑えみを洩らして婦人は蘆毛の方を見た、およそ耐まらなく可笑しいといったはしたない風采とりなりで。

極めて与くみし易やすう見えたので、
　（もしや此家へ参りませなんだでございましょうか。）
　（いいえ、存じません。）という時たちまち犯すべからざる者になったから、私わしは口をつぐむと、婦人は、匙を投げての塵を払うている馬の前足の下に小さな親仁を見向いて、
　（しょうがないねえ、）といいながら、かなぐるようにして、その細帯を解きかけた、片端が土へ引こうとするのを、掻取ってちょいと猶予う。
　（ああ、ああ。）と濁った声を出して白痴が件のひょろりとした手を差向けたので、婦人は解いたのを渡してやると、風呂敷を寛げたような、他愛のない、力のない、膝の上へわがねて宝物を守護するようじゃ。
　婦人は衣紋を抱き合せ、乳の下でおさえながら静かに土間を出て馬の傍へつつと寄った。
　私はただ呆気に取られて見ていると、爪立をして伸び上り、手をしなやかに空ざまにして、二三度鬣を撫でたが。
　大きな鼻頭の正面にすっくりと立った。丈もすらすらと急に高くなったように見えた、婦人は目を据え、口を結び、眉を開いて恍惚となった有様、愛嬌も嬌態しなも、世話らしい打解けた風はとみに失うせて、神か、魔かと思われる。
　その時裏の山、向うの峰、左右前後にすくすくとあるのが、一ツ一ツ嘴を向け、頭を擡げて、この一落の別天地、親仁を下手しもてに控え、馬に面してイたたずんだ月下の美女の姿を差覗くがごとく、陰々として深山の気が籠って来た。
　生ぬるい風のような気勢がすると思うと、左の肩から片膚を脱いだが、右の手を脱して、前へ廻し、ふくらんだ胸のあたりで着ていたその単衣を円まるげて持ち、霞も絡わぬ姿になった。
　馬は背せな、腹の皮を弛めて汗もしとどに流れんばかり、突張った脚もなよなよとして身震いをしたが、鼻面を地につけて一掴の白泡を吹出したと思うと前足を折ろうとする。
　その時、頤の下へ手をかけて、片手で持っていた単衣をふわりと投げて馬の目を蔽うが否や、兎うは躍って、仰向けざまに身を翻し、妖気を籠めて朦朧とした月あかりに、前足の間に膚が挟さまったと思うと、衣きぬを脱して掻取りながら下腹をつと潜って横に抜けて出た。
　親仁は差心得たものと見える、この機に手綱を引いたから、馬はすたすたと健脚を山路に上げた、しゃん、しゃん、しゃん、しゃんしゃん、しゃんしゃん、──見る間に眼界を遠ざかる。
　婦人は早や衣服きものを引っかけて縁側へ入って来て、突然帯を取ろうとすると、白痴は惜しそうに押えて放さず、手を上げて、婦人の胸を圧えようとした。
　邪慳に払い退けて、きっと睨んで見せると、そのままがっくりと頭を垂れた、すべ

ての光景は行燈の火も幽に幻のように見えたが、炉にくべた柴がひらひらと炎先を立てたので、婦人はつと走って入る。空の月のうらを行くと思うあたり遥かに馬子歌が聞えたて。」

二十

「さて、それからご飯の時じゃ、膳には山家の香の物、生姜の漬つけたのと、わかめを茹でたの、塩漬の名も知らぬ蕈の味噌汁、いやなかなか人参と干瓢どころではござらぬ。

品物は侘びしいが、なかなかのお手料理、餓えてはいるし、冥加至極なお給仕、盆を膝に構えてその上に肱をついて、頬を支えながら、嬉しそうに見ていたわ。

縁側に居た白痴は誰も取合わぬ徒然に堪えられなくなったものか、ぐたぐたと膝行出して、婦人の傍へその便々たる腹を持って来たが、崩れたように胡坐して、しきりにこう我が膳を視めて、指さしをした。

（ううう、ううう。）

（何でございますね、あとでお食あがんなさい、お客様じゃあありませんか。）

白痴は情ない顔をして口を曲めながら頭かぶりを掉った。

（厭？ しょうがありませんね、それじゃご一所に召しあがれ。貴僧、ご免めんを蒙りますよ。）

私わしは思わず箸を置いて、

（さあどうぞお構いなく、とんだご雑作を頂きます。）

（いえ、何の貴僧。お前さん後に私と一所にお食べなさればいいのに。困った人でございますよ。）とそらさぬ愛想、手早くおなじような膳を拵えてならべて出した。

飯のつけようも効々しい女房ぶり、しかも何となく奥床しい、上品な、高家の風がある。

白痴はどんよりした目をあげて膳の上を睨めていたが、

（あれを、ああ、ああ、あれ。）といってきょろきょろと四辺をみまわす。

婦人はじっと瞻まもって、

（まあ、いいじゃないか。そんなものはいつでも食られます、今夜はお客様がありますよ。）

（うむ、いや、いや。）と肩腹を揺ったが、べそを掻いて泣出しそう。

婦人は困こうじ果てたらしい、傍らのものの気の毒さ。

（嬢様、何か存じませんが、おっしゃる通りになすったがよいではござりませんか。私にお気遣いはかえって心苦しゅうござります。）と慇懃にいうた。

婦人はまたもう一度、

（厭かい、これでは悪いのかい。）

白痴が泣出しそうにすると、さも怨めしげに流眄に見ながら、こわれごわれにな

った戸棚の中から、鉢に入ったのを取り出して手早く白痴の膳につけた。
　（はい。）と故とらしく、すねたようにいって笑顔造。

　はてさて迷惑な、こりゃ目の前で黄色蛇あおだいしょうの旨煮か、腹籠りの猿の蒸焼きか、災難が軽うても、赤蛙の干物を大口にしゃぶるであろうと、そっと見ていると、片手に椀を持ちながら掴出したのは老沢庵。

　それもさ、刻んだのではないで、一本三ツ切にしたろうという握太なのを横銜えにしてやらかすのじゃ。

　婦人はよくよくあしらいかねたか、盗むように私を見てさっと顔を赭めて初心らしい、そんな質ではあるまいに、羞ずかしげに膝なる手拭いの端は口にあてた。

　なるほどこの少年はこれであろう、身体は沢庵色にふとっている。やがてわけもなく餌食を平げて湯ともいわず、ふッふッと大儀そうに呼吸を向うへ吐くわさ。

　（何でございますか、私は胸に支えましたようで、ちっとも欲しくございませんから、また後に頂きましょう、）

　と婦人自分は箸も取らずに二ツの膳を片づけてな。」

二十一

「しばらくしょんぼりしていたっけ。
　（貴僧、さぞお疲労、すぐにお休ませ申しましょうか。）
　（難有う存じます、まだちっとも眠くはござりません、さっき体を洗いましたので草臥れもすっかり復りました。）
　（あの流れはどんな病にでもよく利きます、私が苦労をいたしまして骨と皮ばかりに体が朽れましても、半日あすこにつかっておりますと、水々しくなるのでございますよ。もっともあのこれから冬になりまして山がまるで氷ってしまい、川も崖も残らず雪になりましても、貴僧が行水を遊ばしたあすこばかりは水が隠れません、そうしていきりが立ちます。

　鉄砲疵のございます猿だの、貴僧、足を折った五位鷺、種々なものが浴みに参りますからその足跡で崖の路が出来ますくらい、きっとそれが利いたのでございましょう。

　そんなにございませんければこうやってお話をなすって下さいまし、寂しくってなりません、本当にお愧ずかしゅうございますが、こんな山の中に引籠っておりますと、ものをいうことも忘れましたようで、心細いのでございますよ。

　貴僧、それでもお眠ければご遠慮なさいますなえ。別にお寝室と申してもございませんがその代り蚊は一ツも居ませんよ、町方ではね、上の洞の者は、里へ泊りに来た時蚊帳を釣って寝かそうとすると、どうして入るのか解らないので、梯子を貸せいと喚いたと申して嬲るのでございます。

　たんと朝寐を遊ばしても鐘は聞えず、鶏も鳴きません、犬だっておりませんからお心安うござんしょう。

　この人も生れ落ちるとこの山で育ったので、何にも存じません代り、気のいい人で

ちっともお心置きはないのでござんす。
　それでも風俗のかわった方がいらっしゃいますと、大事にしてお辞儀をすることだけは知ってでございますが、まだご挨拶をいたしませんね。この頃は体がだるいと見えてお惰けさんになんなすったよ。いいえ、まるで愚かなのではございません、何でもちゃんと心得ております。
　さあ、ご坊様にご挨拶をなすって下さい。まあ、お辞儀をお忘れかい。）と親しげに身を寄せて、顔を差し覗いて、いそいそしていうと、白痴はふらふらと両手をついて、ぜんまいが切れたようにがっくり一礼。
　（はい、）といって私わしも何か胸が迫まって頭を下げた。
　そのままその俯向いた拍子に筋が抜けたらしい、横に流れようとするのを、婦人は優しゅう扶け起して、
　（おお、よくしたねえ。）
　天晴（あっぱれ）といいたそうな顔色で、
　（貴僧、申せば何でも出来ましょうと思いますけれども、この人の病ばかりはお医者の手でもあの水でも復りませんなだ、両足が立ちませんのでございますから、何を覚えさしましても役には立ちません。それにご覧なさいまし、お辞儀一ツいたしますさえ、あの通り大儀らしい。
　ものを教えますと覚えますのにさぞ骨が折れて切のうござんしょう、体を苦しませるだけだと存じて何にもさせないで置きますから、だんだん、手を動かす働はたらきも、ものをいうことも忘れました。それでもあの、謡うたが唄うたえますわ。二ツ三ツ今でも知っておりますよ。さあお客様に一ツお聞かせなさいましなね。）
　白痴ばは婦人を見て、また私が顔をじろじろ見て、人見知りをするといった形で首を振った。」

二十二

　「左右とこうして、婦人が、励はげますように、賺（すか）すようにして勧めると、白痴は首を曲げてかの臍を弄（もてあそ）びながら唄った。
　木曽（きそ）の御嶽山は夏でも寒い、
　袷遣りたや足袋添えて。
　（よく知っておりましょう、）と婦人おんなは聞き澄して莞爾する。
　不思議や、唄った時の白痴の声はこの話をお聞きなさるお前様はもとよりじゃが、私も推量したとは月（げ）っ鼈雲泥（べつうんでい）、天地の相違、節廻、あげさげ、呼吸の続くところから、第一その清らかな涼しい声という者は、到底この少年の咽喉から出たものではない。まず前さきの世のこの白痴の身が、冥土から管でそのふくれた腹へ通わして寄越すほどに聞えましたよ。
　私は畏しこまって聞き果てると、膝に手をついたッきりどうしても顔を上げてそこ

な男女ふたりを見ることが出来ぬ、何か胸がキヤキヤして、はらはらと落涙らくるいした。
　婦人は目早く見つけたそうで、
（おや、貴僧、どうかなさいましたか。）
急にものもいわれなんだが漸々ようよう、
（はい、なあに、変ったことでもござりませぬ、私も嬢様のことは別にお尋ね申しませんから、貴女も何にも問うては下さりますな。）
　と仔細は語らずただ思い入ってそう言うたが、実は以前から様子でも知れる、金釵きんさ玉ぎょくさん簪きんさぎょくさんをかざし、蝶衣ちょういを纏まとうて、珠履しゅりを穿うがたば、正まさに驪山りさんに入って、相抱あいいだくべき豊肥妖艶(ほうひようえん)の人が、その男に対する取廻しの優しさ、隔へだてなさ、深切しんせつさに、人事ながら嬉しくて、思わず涙が流れたのじゃ。
　すると人の腹の中を読みかねるような婦人ではない、たちまち様子を悟ったかして、
（貴僧はほんとうにお優しい。）といって、得も謂われぬ色を目に湛えて、じっと見た。私も首を低れた、むこうでも差俯向。
　いや、行燈がまた薄暗くなって参ったようじゃが、恐らくこりゃ白痴のせいじゃて。
　その時よ。
　座が白けて、しばらく言葉が途絶えたうちに所在がないので、唄うたいの太夫たゆう、退屈をしたとみえて、顔の前の行燈を吸い込むような大欠伸をしたから。
　身動きをしてな、
（寝ようちゃあ、寝ようちゃあ、）とよたよた体を持扱うわい。
（眠うなったのかい、もうお寝か。）といったが坐り直ってふと気がついたように四辺あたりをみまわした。戸外はあたかも真昼のよう、月の光は開け拡げた家の内へはらはらとさして、紫陽花の色も鮮麗やかに蒼かった。
（貴僧ももうお休みなさいますか。）
（はい、ご厄介にあいなりまする。）
（まあ、いま宿を寝かします、おゆっくりなさいましな。戸外へは近うござんすが、夏は広い方が結句宜ようございましょう、私どもは納戸へ臥せりますから、貴僧はここへお広くお寛ぎがようござんす、ちょいと待って。）といいかけてつッと立ち、つかつかと足早に土間へ下りた、余り身のこなしが活溌であったので、その拍子に黒髪が先を巻いたまま項へ崩れた。
　鬢をおさえて戸につかまって、戸外を透かしたが、独言をした。
（おやおやさっきの騒ぎで櫛を落したそうな。）
　いかさま馬の腹を潜った時じゃ。」

二十三

　この折から下の廊下に跫音がして、静かに大跨に歩行あるいたのが、寂としているからよく。
　やがて小用を達した様子、雨戸をばたりと開けるのが聞えた、手水鉢へ柄杓の響き。
　「おお、積った、積った。」と呟やいたのは、旅籠屋の亭主の声である。
　「ほほう、この若狭の商人はどこかへ泊ったと見える、何か愉快い夢でも見ているかな。」
　「どうぞその後を、それから。」と聞く身には他事をいううちが牴牾もどかしく、膠にべもなく続きを促した。
　「さて、夜も更けました、」といって旅僧はまた語出した。
　「たいてい推量もなさるであろうが、いかに草臥れておっても申上げたような深山の孤家で、眠られるものではない、それに少し気になって、はじめの内私を寝かさなかった事もあるし、目は冴えて、まじまじしていたが、さすがに、疲れが酷いから、心は少しぼんやりして来た、何しろ夜の白むのが待遠でならぬ。
　そこではじめの内は我ともなく鐘の音の聞えるのを心頼みにして、今鳴るか、もう鳴るか、はて時刻はたっぷり経ったものをと、怪しんだが、やがて気が付いて、こういう処じゃ山寺どころではないと思うと、にわかに心細くなった。
　その時は早や、夜がものに譬ると谷の底じゃ、白痴がだらしのない寐息も聞えなくなると、たちまち戸の外にものの気勢がしてきた。
　獣の跫音のようで、さまで遠くの方から歩行いて来たのではないよう、猿も、蟇も、居る処と、気休めにまず考えたが、なかなかどうして。
　しばらくすると今そやつが正面の戸に近づいたなと思ったのが、羊の鳴声になる。
　私はその方を枕にしていたのじゃから、つまり枕頭の戸外じゃな。しばらくすると、右手めてのかの紫陽花が咲いていたその花の下あたりで、鳥の羽ばたきする音。
　むささびか知らぬがきッきッといって屋の棟へ、やがておよそ小山ほどあろうと気取られるのが胸を圧すほどに近づいて来て、牛が鳴いた、遠くの彼方からひたひたと小刻に駈けて来るのは、二本足に草鞋を穿いた獣と思われた、いやさまざまにむらむらと家のぐるりを取巻いたようで、二十三十のものの鼻息、羽音、中には囁やいているのがある。あたかも何よ、それ畜生道の地獄の絵を、月夜に映したような怪しの姿が板戸一枚、魑魅魍魎というのであろうか、ざわざわと木の葉が戦そよぐ気色だった。

　息を凝らすと、納戸なんどで、
　（うむ、）といって長く呼吸を引いて一声、魘うなされたのは婦人じゃ。
　（今夜はお客様があるよ。）と叫んだ。
　（お客様があるじゃないか。）
　としばらく経って二度目のははっきりと清しい声。

極めて低声で、
　（お客様があるよ。）といって寝返る音がした、更らに寝返る音がした。
　戸の外のものの気勢は動揺めきを造るがごとく、ぐらぐらと家が揺らめいた。
　私は陀羅尼を呪した。
　若不順我呪にゃくふじゅんがしゅ　悩乱説法者のうらんせっぽうじゃ
　頭破作七分ずはさしちぶん　如阿梨樹枝にょありじゅし
　如殺父母罪にょしぶもざい　亦如厭油殃やくにょおうゆおう
　斗秤欺誑人としょうごおうにん　調達破僧罪じょうだつはそうざい
　犯此法師者ほんしほっししゃ　当獲如是殃とうぎゃくにょぜおう
　と一心不乱、さっと木の葉を捲いて風が南へ吹いたが、たちまち静まり返った、夫婦が閨もひッそりした。」

二十四

　「翌日また正午頃、里近く、滝のある処で、昨日馬を売りに行った親仁の帰りに逢おうた。
　ちょうど私わしが修行に出るのを止よして孤家に引返して、婦人と一所いっしょに生涯を送ろうと思っていたところで。
　実を申すとここへ来る途中でもその事ばかり考える、蛇の橋も幸いになし、蛭の林もなかったが、道が難渋なにつけても、汗が流れて心持が悪いにつけても、今更行脚もつまらない。紫の袈裟けさをかけて、七堂伽藍がらんに住んだところで何ほどのこともあるまい、活仏様じゃというて、わあわあ拝まれれば人いきれで胸が悪くなるばかりか。
　ちとお話もいかがじゃから、さっきはことを分けていいませなんだが、昨夜も白痴を寐かしつけると、婦人がまた炉のある処へやって来て、世の中へ苦労をしに出ようより、夏は涼しく、冬は暖い、この流れに一所に私の傍においでなさいというてくれるし、まだまだそればかりでは自分に魔が魅さしたようじゃけれども、ここに我身で我身に言訳が出来るというのは、しきりに婦人が不便でならぬ、深山の孤家に白痴の伽とぎをして言葉も通ぜず、日を経るに従うてものをいうことさえ忘れるような気がするというは何たる事！
　殊に今朝も東雲しののめに袂を振り切って別れようとすると、お名残惜しや、かような処にこうやって老朽くちる身の、再びお目にはかかられまい、いささ小川の水になりとも、どこぞで白桃の花が流れるのをご覧になったら、私の体が谷川に沈んで、ちぎれちぎれになったことと思え、といって悄れながら、なお深切に、道はただこの谷川の流れに沿うて行きさえすれば、どれほど遠くても里に出らるる、目の下近く水が躍って、滝になって落つるのを見たら、人家が近づいたと心を安んずるように、と気をつけて、孤家の見えなくなった辺で、指さしをしてくれた。
　その手と手を取交わすには及ばずとも、傍につき添って、朝夕の話対手はなしあい

て、蕈の汁でご膳を食べたり、私が榾を焚いて、婦人が鍋をかけて、私が木の実を拾って、婦人が皮を剥いて、それから障子の内と外で、話をしたり、笑ったり、それから谷川で二人して、その時の婦人が裸体になって私が背中へ呼吸が通って、微妙な薫の花びらに暖かに包まれたら、そのまま命が失せてもいい！

　滝の水を見るにつけても耐え難たいのはその事であった、いや、冷汗が流れますて。

　その上、もう気がたるみ、筋が弛るんで、早はや歩行くのに飽きが来て、喜ばねばならぬ人家が近づいたのも、たかがよくされて口の臭い婆さんに渋茶を振舞われるのが関の山と、里へ入るのも厭になったから、石の上へ膝を懸けた、ちょうど目の下にある滝じゃった、これがさ、後に聞くと女夫滝と言うそうで。

　真中にまず鰐鮫が口をあいたような先のとがった黒い大巌が突出ていると、上から流れて来るさっと瀬の早い谷川が、これに当って両に岐かれて、およそ四丈ばかりの滝になってどっと落ちて、また暗碧に白布を織って矢を射るように里へ出るのじゃが、その巌にせかれた方は六尺ばかり、これは川の一幅を裂いて糸も乱れず、一方は幅が狭い、三尺くらい、この下には雑多な岩が並ぶとみえて、ちらちらちらちらと玉の簾を百千に砕いたよう、件の鰐鮫の巌に、すれつ、縺もつれつ。」

二十五

　「ただ一筋でも巌を越して男滝に縋りつこうとする形、それでも中を隔てられて末までは雫も通わぬので、揉まれ、揺られて具つぶさに辛苦を嘗めるという風情、この方は姿も褻れ容も細って、流るる音さえ別様に、泣くか、怨むかとも思われるが、あわれにも優しい女滝じゃ。

　男滝の方はうらはらで、石を砕き、地を貫く勢い、堂々たる有様じゃ、これが二つ件の巌に当って左右に分れて二筋となって落ちるのが身に浸みて、女滝の心を砕く姿は、男の膝に取ついて美女が泣いて身を震わすようで、岸に居てさえ体がわななく、肉が跳る。ましてこの水上は、昨日孤家の婦人と水を浴びた処と思うと、気のせいかその女滝の中に絵のようなかの婦人の姿が歴々、と浮いて出ると巻込まれて、沈んだと思うとまた浮いて、千筋に乱るる水とともにその膚えが粉に砕けて、花片が散込むような。あなやと思うと更に、もとの顔も、胸も、乳も、手足も全き姿となって、浮いつ沈みつ、ぱッと刻まれ、あッと見る間にまたあらわれる。私は耐まらず真逆さまに滝の中へ飛込んで、女滝をしかと抱いたとまで思った。気がつくと男滝の方はどうどうと地響き打たせて、山彦を呼んで轟いて流れている。ああその力をもってなぜ救わぬ、儘まよ！

　滝に身を投げて死のうより、旧の孤家へ引返せ。汚わしい欲のあればこそこうなった上に躊躇するわ、その顔を見て声を聞けば、かれら夫婦が同衾するのに枕を並べて

差支えぬ、それでも汗になって修行をして、坊主で果てるよりはよほどのましじゃと、思切って戻ろうとして、石を放れて身を起した、背後から一ツ背中を叩いて、

（やあ、ご坊様。）といわれたから、時が時なり、心も心、後暗いので喫驚して見ると、閻王の使いではない、これが親仁。

馬は売ったか、身軽になって、小さな包みを肩にかけて、手に一尾の鯉の、鱗は金色なる、溌剌として尾の動きそうな、鮮しい、その丈三尺ばかりなのを、顎に藁を通して、ぶらりと提げていた。何んにも言わず急にものもいわれないで瞻まもると、親仁はじっと顔を見たよ。そうしてにやにやと、また一通りの笑い方ではないて、薄気味の悪い北曳笑みをして、

（何をしてござる、ご修行の身が、このくらいの暑さで、岸に休んでいさっしゃる分ではあんめえ、一生懸命に歩行あるかっしゃりや、昨夜の泊まりからここまではたった五里、もう里へ行って地蔵様を拝まっしゃる時刻じゃ。

何じゃの、己が嬢様に念が懸かって煩悩が起きたのじゃの。うんにゃ、秘さっしゃるな、おらが目は赤くッても、白いか黒いかはちゃんと見える。

地体並のものならば、嬢様の手が触わってあの水を振舞われて、今まで人間でいようはずがない。

牛か馬か、猿か、蟇か、蝙蝠か、何にせい飛んだか跳ねたかせねばならぬ。谷川から上って来さっした時、手足も顔も人じゃから、おらあ魂消たくらい、お前様それでも感心に志が堅固じゃから助かったようなものよ。

何と、おらが曳いて行った馬を見さっしたろう。それで、孤家へ来さっしゃる山路で富山とやまの反魂丹売りに逢わしったというではないか、それみさっせい、あの助平野郎、とうに馬になって、それ馬市で銭になって、お銭が、そうらこの鯉に化けた。大好物で晩飯の菜になさる、お嬢様を一体何じゃと思わっしゃるの。

私は思わず遮った。

「お上人？」

二十六

上人は頷きながら呟やいて、

「いや、まず聞かっしゃい、かの孤家の婦人というは、旧な、これも私には何かの縁があった、あの恐しい魔処へ入ろうという岐道の水が溢れた往来で、百姓が教えて、あすこはその以前医者の家であったというたが、その家の嬢様じゃ。

何でも飛騨一円当時変ったことも珍しいこともなかったが、ただ取り出いでていう不思議はこの医者の娘で、生まれると玉のよう。

母親殿は頬板のふくれた、眦じりの下った、鼻の低い、俗にさし乳というあの毒々しい左右の胸の房を含んで、どうしてあれほど美しく育ったものだろうという。

昔から物語の本にもある、屋の棟へ白羽の征矢が立つか、さもなければ狩倉の時

高野聖

　貴人のお目に留まって御殿に召出されるのは、あんなのじゃと噂が高かった。

　父親の医者というのは、頬骨のとがった髯の生えた、見得坊で傲慢、その癖でもじゃ、もちろん田舎には刈入れの時よく稲の穂が目に入ると、それから煩らう、脂目、赤目、流行目が多いから、先生眼病の方は少し遣ったが、内科と来てはからッぺた。外科なんと来た日にゃあ、鬢附けへ水を垂らしてひやりと疵につけるくらいなところ。

　鰯の天窓も信心から、それでも命数の尽きぬ輩やからは本復するから、外に竹庵養仙木斎の居ない土地、相応に繁盛した。

　殊に娘が十六七、女盛となって来た時分には、薬師様が人助けに先生様の内へ生れてござったというて、信心渇仰の善男善女？　病男病女が我も我もと詰め懸ける。

　それというのが、はじまりはかの嬢様が、それ、馴染みの病人には毎日顔を合せるところから愛想の一つも、あなたお手が痛みますかい、どんなでございます、といって手先へ柔かな掌が障わると第一番に次作兄という若いのの（りょうまちす）が全快、お苦しそうなといって腹をさすってやると水あたりの差込みの留まったのがある、初手しょては若い男ばかりに利いたが、だんだん老人にも及ぼして、後には婦人の病人もこれで復る、復らぬまでも苦痛が薄らぐ、根太の膿を切って出すさえ、錆た小刀で引裂く医者殿が腕前じゃ、病人は七顛八倒して悲鳴を上げるのが、娘が来て背中へぴったりと胸をあてて肩を押えていると、我慢が出来るといったようなわけであったそうな。

　ひとしきりあの藪の前にある枇杷の古木へ熊蜂が来て恐しい大きな巣をかけた。

　すると医者の内弟子で薬局、拭掃除もすれば総菜畠の芋も掘る、近い所へは車夫も勤めた、下男兼帯の熊蔵という、その頃二十四五歳さい、稀塩散に単舎利別を混ぜたのを瓶に盗んで、内が吝嗇から見附かると叱られる、これを股引きや袴と一所いっしょに戸棚の上に載せておいて、隙さえあればちびりちびり飲んでた男が、庭掃除をするといって、件の蜂の巣を見つけたっけ。

　縁側へやって来て、お嬢様面白いことをしてお目に懸けましょう、無躾でござりますが、私のこの手を握って下さりますと、あの蜂の中へ突込んで、蜂を掴んで見せましょう。お手が障った所だけは螫しましても痛みませぬ、竹箒で引払いては八方へ散らばって体中に集たかられてはそれは凌げませぬ即死でございますがと、微笑んで控える手で無理に握ってもらい、つかつかと行くと、凄まじい虫の唸り、やがて取って返した左の手に熊蜂が七ツ八ツ、羽ばたきをするのがある、脚を振うのがある、中には掴んだ指の股へ這出しているのがあった。

　さあ、あの神様の手が障れば鉄砲玉でも通るまいと、蜘蛛の巣のように評判が八方へ。

　その頃からいつとなく感得したものとみえて、仔細あって、あの白痴に身を任せて山に籠ってからは神変不思議、年を経ふるに従うて神通自在じゃ。はじめは体を押つけたのが、足ばかりとなり、手さきとなり、果はては間を隔てていても、道を迷うた旅人

は嬢様が思うままはッという呼吸で変ずるわ。

　と親仁がその時物語って、ご坊は、孤家の周囲ぐるりで、猿を見たろう、蟇を見たろう、蝙蝠を見たであろう、兎も蛇も皆嬢様に谷川の水を浴びせられて畜生にされたる輩やから！

　あわれあの時あの婦人が、蟇に絡られたのも、猿に抱かれたのも、蝙蝠に吸われたのも、夜中に魑魅魍魎に魘われたのも、思い出して、私はひしひしと胸に当った。

　なお親仁のいうよう。

　今の白痴も、件（くだん）の評判の高かった頃、医者の内へ来た病人、その頃はまだ子供、朴訥（ぼくとつ）な父親が附添い、髪の長い、兄貴がおぶって山から出て来た。脚に難渋な腫物があった、その療治を頼んだので。

　もとより一室を借受けて、逗留をしておったが、かほどの悩やみは大事じゃ、血も大分に出さねばならぬ、殊に子供、手を下ろすには体に精分をつけてからと、まず一日に三ツずつ鶏卵を飲まして、気休めに膏薬を貼っておく。

　その膏薬を剥がすにも親や兄、また傍のものが手を懸けると、堅くなって硬（こわ）ばったのが、めりめりと肉ッついて取れる、ひいひいと泣くのじゃが、娘が手をかけてやれば黙って耐こらえた。

　一体は医者殿、手のつけようがなくって身の衰えをいい立てに一日延ばしにしたのじゃが三日経つと、兄を残して、克明な父親は股引の膝でずって、あとさがりに玄関から土間へ、草鞋を穿いてまた地に手をついて、次男坊の生命の扶かりまするように、ねえねえ、というて山へ帰った。

　それでもなかなか捗取らず、七日も経ったので、後に残って附添っていた兄者人が、ちょうど刈入で、この節は手が八本も欲しいほど忙しいそがしい、お天気模様も雨のよう、長雨にでもなりますと、山畠（やまばたけ）にかけがえのない、稲が腐っては、餓死にでござりまする、総領の私は、一番の働手、こうしてはおられませぬから、と辞をいって、やれ泣くでねえぞ、としんみり子供にいい聞かせて病人を置いて行った。

　後には子供一人、その時が、戸長様の帳面前年紀六ツ、親六十で児（こ）が二十なら徴兵はお目こぼしと何を間違えたか届が五年遅うして本当は十一、それでも奥山で育ったから村の言葉も碌には知らぬが、怜悧な生れで聞分（ききわけ）があるから、三ツずつあいかわらず鶏卵を吸わせられる汁つゆも、今に療治の時残らず血になって出ることと推量して、べそを掻いても、兄者が泣くなといわしったと、耐えていた心の内。

　娘の情で内と一所に膳を並べて食事をさせると、沢庵の切れをくわえて隅の方へ引込むいじらしさ。

　いよいよ明日が手術という夜は、皆みんな寐静まってから、しくしく蚊のように泣いているのを、手水（ちょうず）に起きた娘が見つけてあまり不便さに抱いて寝てやった。

　さて治療となると例のごとく娘が背後から抱いていたから、脂汗を流しながら切れものが入るのを、感心にじっと耐えたのに、どこを切違えたか、それから流れ出した血が留まらず、見る見る内に色が変って、危なくなった。

医者も蒼くなって、騒いだが、神の扶けかようよう生命は取留めたより、三日ばかりで血も留ったが、とうとう腰が抜けた、もとより不具かたわ。

　これが引摺って、足を見ながら情なそうな顔をする。蟋蟀きりぎりすがもがれた脚を口に銜えて泣くのを見るよう、目もあてられたものではない。

　しまいには泣出すと、外聞もあり、少焦で、医者は恐ろしい顔をして睨つけると、あわれがって抱きあげる娘の胸に顔をかくして縋るさまに、年来随分と人を手にかけた医者も我がを折って腕組みをして、はッという溜息。

　やがて父親が迎えにござった、因果と断念めて、別に不足はいわなんだが、何分小児が娘の手を放れようといわぬので、医者も幸い、言訳かたがた、親兄の心をなだめるため、そこで娘に小児を家まで送らせることにした。

　送って来たのが孤家で。

　その時分はまだ一個の荘、家も小二十軒あったのが、娘が来て一日二日、ついほだされて逗留した五日目から大雨が降出した。滝を覆すようで小歇もなく家に居ながら皆簑笠で凌いだくらい、茅葺の繕いをすることはさて置いて、表の戸もあけられず、内から内、隣同士、おうおうと声をかけ合ってわずかにまだ人種の世に尽きぬのを知るばかり、八日を八百年と雨の中に籠もると九日目の真夜中から大風が吹出してその風の勢ここが峠というところでたちまち泥海。

　この洪水で生残ったのは、不思議にも娘と小児とそれにその時村から供をしたこの親仁ばかり。

　おなじ水で医者の内も死絶えた、さればかような美女が片田舎に生れたのも国が世がわり、代がわりの前兆であろうと、土地のものは言い伝えた。

　嬢様は帰るに家なく、世にただ一人となって小児と一所に山に留まったのはご坊が見らるる通り、またあの白痴につきそって行届いた世話も見らるる通り、洪水の時から十三年、いまになるまで一日もかわりはない。

　といい果てて親仁はまた気味の悪い北叟笑み。

　（こう身の上を話したら、嬢様を不便がって、薪を折ったり水を汲む手助けでもしてやりたいと、情が懸かろう。本来の好心、いい加減な慈悲じゃとか、情じゃとかいう名につけて、いっそ山へ帰りたかんべい、はて措かっしゃい。あの白痴殿の女房になって世の中へは目もやらぬ換わりにゃあ、嬢様は如意自在、男はより取って、飽けば、息をかけて獣にするわ、殊にその洪水以来、山を穿ったこの流は天道様がお授けの、男を誘いざなう怪やしの水、生命を取られぬものはないのじゃ。

　天狗道にも三熱の苦悩、髪が乱れ、色が蒼ざめ、胸が痩せて手足が細れば、谷川を浴びると旧の通り、それこそ水が垂るばかり、招けば活きた魚も来る、睨らめば美しい木この実も落つる、を翳かざせば雨も降るなり、眉を開けば風も吹くぞよ。

　しかもうまれつきの色好み、殊にまた若いのが好きじゃで、何かご坊にいうたであろうが、それを実としたところで、やがて飽かれると尾が出来る、耳が動く、足がのびる、たちまち形が変ずるばかりじゃ。

いややがて、この鯉を料理して、大胡坐で飲む時の魔神の姿が見せたいな。

　妄念は起さずに早うここを退かっしゃい、助けられたが不思議なくらい、嬢様別してのお情じゃわ、生命冥加な、お若いの、きっと修行をさっしゃりませ。）とまた一ツ背中を叩いた、親仁は鯉を提げたまま見向きもしないで、山路を上の方。

　見送ると小さくなって、一座の大山の背後へかくれたと思うと、油旱(ひでり)の焼けるような空に、その山の巓から、すくすくと雲が出た、滝の音も静まるばかり殷々として雷の響き。

　藻抜けのように立っていた、私が魂(たましい)は身に戻った、そなたを拝むと斉しく、杖をかい込み、小笠を傾け、踵(くびす)を返すと慌しく一散に駆け下りたが、里に着いた時分に山は驟雨、親仁が婦人に齎(もたら)した鯉もこのために活きて孤家に着いたろうと思う大雨であった。」

　高野聖はこのことについて、あえて別に註して教えを与えはしなかったが、翌朝袂を分って、雪中山越えにかかるのを、名残惜しく見送ると、ちらちらと雪の降るなかを次第に高く坂道を上る聖の姿、あたかも雲に駕(が)して行くように見えたのである。

（明治三十三年）

【作家紹介】泉鏡花（1873—1939）。尾崎紅葉のもとで小説修業をし、「夜行巡査」「外科室」の 2 作が評価を得て、本格的な作家生活に入った。幽玄華麗な独特の文体と巧緻を尽くした作風は、川端康成、石川淳、三島由紀夫らに影響を与えた。「高野聖」は明治三十三年（1900 年）に発表された中短篇小説である。

少女病

田山花袋

一

　山手線の朝の七時二十分の上り汽車が、代々木の電車停留場の崖下を地響きさせて通るころ、千駄ヶ谷の田畷をてくてくと歩いていく男がある。この男の通らぬことはいかな日にもないので、雨の日には泥濘の深い田畷道に古い長靴を引きずっていくし、風の吹く朝には帽子を阿弥陀にかぶって塵埃を避けるようにして通るし、沿道の家々の人は、遠くからその姿を見知って、もうあの人が通ったから、あなたお役所が遅くなりますなどと春眠いぎたなき主人を揺り起こす軍人の細君もあるくらいだ。
　この男の姿のこの田畷道にあらわれ出したのは、今からふた月ほど前、近郊の地が開けて、新しい家作がかなたの森の角、こなたの丘の上にでき上がって、某少将の邸宅、某会社重役の邸宅などの大きな構えが、武蔵野のなごりの櫟の大並木の間からちらちらと画のように見えるころであったが、その櫟の並木のかなたに、貸家建ての家屋が五、六軒並んであるというから、なんでもそこらに移転して来た人だろうとのもっぱらの評判であった。
　何も人間が通るのに、評判を立てるほどのこともないのだが、淋しい田舎で人珍しいのと、それにこの男の姿がいかにも特色があって、そして鶩の歩くような変てこな形をするので、なんともいえぬ不調和——その不調和が路傍の人々の閑な眼を惹くもととなった。
　年のころ三十七、八、猫背で、獅子鼻で、反歯で、色が浅黒くッて、頬髯が煩そうに顔の半面を蔽って、ちょっと見ると恐ろしい容貌、若い女などは昼間出逢っても気味悪く思うほどだが、それにも似合わず、眼には柔和なやさしいところがあって、絶えず何物をか見て憧れているかのように見えた。足のコンパスは思い切って広く、トットと小きざみに歩くその早さ！　演習に朝出る兵隊さんもこれにはいつも三舎を避けた。
　たいてい洋服で、それもスコッチの毛の摩れてなくなった鳶色の古背広、上にはおったインバネスも羊羹色に黄ばんで、右の手には犬の頭のすぐ取れる安ステッキをつき、柄にない海老茶色の風呂敷き包みをかかえながら、左の手はポッケトに入れてい

る。

　四ツ目め垣の外を通りかかると、
「今お出かけだ！」
と、田舎の角の植木屋の主婦が口の中で言った。
　その植木屋も新建ちの一軒家で、売り物のひょろ松やら樫やら黄楊やら八ツ手やらがその周囲にだらしなく植え付けられてあるが、その向こうには千駄谷の街道を持っている新開の屋敷町が参差として連なって、二階のガラス窓には朝日の光がきらきらと輝き渡った。左は角筈の工場の幾棟、細い煙筒からはもう労働に取りかかった朝の煙がくろく低く靡いている。晴れた空には林を越して電信柱が頭だけ見える。
　男はてくてくと歩いていく。
　田畝を越すと、二間幅の石ころ道、柴垣、樫垣、要垣、その絶え間絶え間にガラス障子、冠木門、ガス燈と順序よく並んでいて、庭の松に霜よけの縄のまだ取られずについているのも見える。一、二丁行くと千駄谷通りで、毎朝、演習の兵隊が駆け足で通っていくのに邂逅する。西洋人の大きな洋館、新築の医者の構えの大きな門、駄菓子を売る古い茅葺の家、ここまで来ると、もう代々木の停留場の高い線路が見えて、新宿あたりで、ポーと電笛の鳴る音でも耳に入ると、男はその大きな体を先へのめらせて、見栄も何もかまわずに、一散に走るのが例だ。
　今日もそこに来て耳をそばだてたが、電車の来たような気勢もないので、同じ歩調ですたすたと歩いていったが、高い線路に突き当たって曲がる角で、ふと栗梅の縮緬の羽織をぞろりと着た恰好の好い庇髪の女の後ろ姿を見た。鶯色のリボン、繻珍の鼻緒、おろし立ての白足袋、それを見ると、もうその胸はなんとなくときめいて、そのくせどうのこうのと言うのでもないが、ただ嬉しく、そわそわして、その先へ追い越すのがなんだか惜しいような気がする様子である。男はこの女を既に見知っているので、少なくとも五、六度はその女と同じ電車に乗ったことがある。それどころか、冬の寒い夕暮れ、わざわざ廻わり路をしてその女の家を突き留めたことがある。千駄谷の田畝の西の隅で、樫の木で取り囲んだ奥の大きな家、その総領娘であることをよく知っている。眉の美しい、色の白い頬の豊かな、笑う時言うに言われぬ表情をその眉と眼との間にあらわす娘だ。
　「もうどうしても二十二、三、学校に通っているのではなし……それは毎朝逢わぬのでもわかるが、それにしてもどこへ行くのだろう」と思ったが、その思ったのが既に愉快なので、眼の前にちらつく美しい着物の色彩が言い知らず胸をそそる。「もう嫁に行くんだろう？」と続いて思ったが、今度はそれがなんだか侘しいような惜しいような気がして、「己も今少し若ければ……」と二の矢を継いでたが、「なんだばかばかしい、己は幾歳だ、女房もあれば子供もある」と思い返した。思い返したが、なんとなく

少女病 □□□

悲しい、なんとなく嬉しい。
　代々木の停留場に上る階段のところで、それでも追い越して、衣きぬずれの音、白粉おしろいの香においに胸を躍らしたが、今度は振り返りもせず、大足に、しかも駆けるようにして、階段を上った。
　停留場の駅長が赤い回数切符を切って返した。この駅長もその他の駅夫も皆この大男に熟している。せっかちで、あわて者で、早口であるということをも知っている。
　板囲いの待合所に入ろうとして、男はまたその前に兼ねて見知り越しの女学生の立っているのをめざとくも見た。
　肉づきのいい、頬の桃色の、輪郭の丸い、それはかわいい娘だ。はでな縞物しまものに、海老茶の袴はかまをはいて、右手に女持ちの細い蝙蝠傘こうもりがさ、左の手に、紫の風呂敷包みを抱えているが、今日はリボンがいつものと違って白いと男はすぐ思った。
　この娘は自分を忘れはすまい、むろん知ってる！　と続いて思った。そして娘の方を見たが、娘は知らぬ顔をして、あっちを向いている。あのくらいのうちは恥ずかしいんだろう、と思うとたまらなくかわいくなったらしい。見ぬようなふりをして幾度となく見る、しきりに見る。——そしてまた眼をそらして、今度は階段のところで追い越した女の後ろ姿に見入った。
　電車の来るのも知らぬというように——。

二

　この娘は自分を忘れはすまいとこの男が思ったのは、理由のあることで、それにはおもしろいエピソードがあるのだ。この娘とはいつでも同時刻に代々木から電車に乗って、牛込うしごめまで行くので、以前からよくその姿を見知っていたが、それといってあえて口をきいたというのではない。ただ相対して乗っている、よく肥った娘だなあと思う。あの頬の肉の豊かなこと、乳の大きなこと、りっぱな娘だなどと続いて思う。それがたび重なると、笑顔の美しいことも、耳の下に小さい黒子ほくろのあることも、こみ合った電車の吊皮つりかわにすらりとのべた腕の白いことも、信濃町しなのまちから同じ学校の女学生とおりおり邂逅してはすっぱに会話を交じゆることも、なにもかもよく知るようになって、どこの娘かしらん？　などとその家、その家庭が知りたくなる。
　でもあとをつけるほど気にも入らなかったとみえて、あえてそれを知ろうともしなかったが、ある日のこと、男は例の帽子、例のインバネス、例の背広、例の靴くつで、例の道を例のごとく千駄谷せんだがやの田畝たんぼにかかってくると、ふと前からその肥った娘が、羽織りの上に白い前懸まえかけをだらしなくしめて、半ば解きかけた髪を右の手で押さえながら、友達らしい娘と何ごとかを語り合いながら歩いてきた。いつも逢う顔に違ったところで逢うと、なんだか他人でないような気がするものだが、男もそう思ったとみえて、もう少しで会釈をするような態度をして、急いだ歩調をはたと留めた。娘もちらとこっちを見て、これも、「ああああの人だナ、いつも電車に乗る人だナ」と思ったらしかったが、

・63・

会釈をするわけもないので、黙ってすれ違ってしまった。男はすれ違いざまに、「今日は学校に行かぬのかしらん？　そうか、試験休みか春休みか」と我知らず口に出して言って、五、六間無意識にてくてくと歩いていくと、ふと黒い柔かい美しい春の土に、ちょうど金屏風に銀で画かいた松の葉のようにそっと落ちているアルミニウムの留針。

　娘のだ！

　いきなり、振り返って、大きな声で、

　「もし、もし、もし」

と連呼した。

　娘はまだ十間ほど行ったばかりだから、むろんこの声は耳に入ったのであるが、今すれ違った大男に声をかけられるとは思わぬので、振り返りもせずに、友達の娘と肩を並べて静かに語りながら歩いていく。朝日が美しく野の農夫の鋤の刃に光る。

　「もし、もし、もし」

と男は韻を押ふんだように再び叫んだ。

　で、娘も振り返る。見るとその男は両手を高く挙げて、こっちを向いておもしろい恰好をしている。ふと、気がついて、頭に手をやると、留針がない。はっと思って、「あら、私、嫌よ、留針を落としてよ」と友達に言うでもなく言って、そのまま、ばたばたとかけ出した。

　男は手を挙げたまま、そのアルミニウムの留針を持って待っている。娘はいきせき駆けてくる。やがてそばに近寄った。

　「どうもありがとう……」

と、娘は恥ずかしそうに顔を赧くして、礼を言った。四角の輪廓をした大きな顔は、さも嬉しそうににこにこと笑って、娘の白い美しい手にその留針を渡した。

　「どうもありがとうございました」

と、再びていねいに娘は礼を述べて、そして踵をめぐらした。

　男は嬉しくてしかたがない。愉快でたまらない。これであの娘、己の顔を見覚えたナ……と思う。これから電車で邂逅しても、あの人が私の留針を拾ってくれた人だと思うに相違ない。もし己が年が若くって、娘が今少し別嬪で、それでこういう幕を演ずると、おもしろい小説ができるんだなどと、とりとめもないことを種々に考える。聯想は聯想を生んで、その身のいたずらに青年時代を浪費してしまったことや、恋人で娶った細君の老いてしまったことや、子供の多いことや、自分の生活の荒涼としていることや、時勢におくれて将来に発達の見込のないことや、いろいろなことが乱れた糸のように縺れ合って、こんがらがって、ほとんど際限がない。ふと、その勤めている某雑誌社のむずかしい編集長の顔が空想の中にありありと浮かんだ。と、急に空想を捨てて路を急ぎ出した。

三

　　この男はどこから来るかと言うと、千駄谷の田畝を越して、櫟の並木の向こうを通って、新建ちのりっぱな邸宅の門をつらねている間を抜けて、牛の鳴き声の聞こえる牧場、樫の大樹に連なっている小径こみち——その向こうをだらだらと下った丘陵の蔭の一軒家、毎朝かれはそこから出てくるので、丈の低い要垣を周囲に取りまわして、三間くらいと思われる家の構造つくり、床の低いのと屋根の低いのを見ても、貸家建ての粗雑ぞんざいな普請であることがわかる。小さな門を中に入らなくとも、路から庭や座敷がすっかり見えて、篠竹の五、六本生えている下に、沈丁花の小さいのが二、三株咲いているが、そのそばには鉢植の花ものが五つ六つだらしなく並べられてある。細君らしい二十五、六の女がかいがいしく襷掛になって働いていると、四歳くらいの男の児こと六歳くらいの女の児とが、座敷の次の間の縁側の日当たりの好いところに出て、しきりに何ごとをか言って遊んでいる。

　　家の南側に、釣瓶を伏せた井戸があるが、十時ころになると、天気さえよければ、細君はそこに盥を持ち出して、しきりに洗濯をやる。着物を洗う水の音がざぶざぶとのどかに聞こえて、隣の白蓮の美しく春の日に光るのが、なんとも言えぬ平和な趣をあたりに展げる。細君はなるほどもう色は衰えているが、娘盛りにはこれでも十人並み以上であったろうと思われる。やや旧派の束髪に結って、ふっくりとした前髪を取ってあるが、着物は木綿の縞物を着て、海老茶色の帯の末端が地について、帯揚げのところが、洗濯の手を動かすたびにかすかに揺うごく。しばらくすると、末の男の児が、かアちゃんかアちゃんと遠くから呼んできて、そばに来ると、いきなり懐の乳を探った。まアお待ちよと言ったが、なかなか言うことを聞きそうにもないので、洗濯の手を前垂でそそくさと拭いて、前の縁側に腰をかけて、子供を抱いてやった。そこへ総領の女の児も来て立っている。

　　客間兼帯の書斎は六畳で、ガラスの嵌まった小さい西洋書箱が西の壁につけて置かれてあって、栗の木の机がそれと反対の側に据すえられてある。床の間には春蘭の鉢が置かれて、幅物は偽物の文晁の山水だ。春の日が室の中までさし込むので、実に暖かい、気持ちが好い。机の上には二、三の雑誌、硯箱は能代塗りの黄いろい木地の木目が出ているもの、そしてそこに社の原稿紙らしい紙が春風に吹かれている。

　　この主人公は名を杉田古城といって言うまでもなく文学者。若いころには、相応に名も出て、二、三の作品はずいぶん喝采されたこともある。いや、三十七歳の今日、こうしてつまらぬ雑誌社の社員になって、毎日毎日通っていって、つまらぬ雑誌の校正までして、平凡に文壇の地平線以下に沈没してしまおうとはみずからも思わなかったであろうし、人も思わなかった。けれどこうなったのには原因がある。この男は昔からそう

だが、どうも若い女に憧れるという悪い癖がある。若い美しい女を見ると、平生は割合に鋭い観察眼もすっかり権威を失ってしまう。若い時分、盛んにいわゆる少女小説を書いて、一時はずいぶん青年を魅せしめたものだが、観察も思想もないあくがれ小説がそういつまで人に飽きられずにいることができよう。ついにはこの男と少女ということが文壇の笑い草の種となって、書く小説も文章も皆笑い声の中に没却されてしまった。それに、その容貌が前にも言ったとおり、このうえもなく蛮なので、いよいよそれが好いコントラストをなして、あの顔で、どうしてああだろう、打ち見たところは、いかな猛獣とでも闘うというような風采と体格とを持っているのに……。これも造化の戯れの一つであろうという評判であった。
　ある時、友人間でその噂があった時、一人は言った。
　「どうも不思議だ。一種の病気かもしれんよ。先生のはただ、あくがれるというばかりなのだからね。美しいと思う、ただそれだけなのだ。我々なら、そういう時には、すぐ本能の力が首を出してきて、ただ、あくがれるくらいではどうしても満足ができんがね」
　「そうとも、生理的に、どこか陥落（ロスト）しているんじゃないかしらん」
　と言ったものがある。
　「生理的と言うよりも性質じゃないかしらん」
　「いや、僕はそうは思わん。先生、若い時分、あまりにほしいままなことをしたんじゃないかと思うね」
　「ほしいままとは？」
　「言わずともわかるじゃないか……。ひとりであまり身を傷つけたのさ。その習慣が長く続くと、生理的に、ある方面がロストしてしまって、肉と霊とがしっくり合わんそうだ」
　「ばかな……」
　と笑ったものがある。
　「だって、子供ができるじゃないか」
　と誰かが言った。
　「それは子供はできるさ……」と前の男は受けて、「僕は医者に聞いたんだが、その結果はいろいろあるそうだ。はげしいのは、生殖の途が絶たれてしまうそうだが、中には先生のようになるのもあるということだ。よく例があるって……僕にいろいろ教えてくれたよ。僕はきっとそうだと思う。僕の鑑定は誤（あやま）らんさ」
　「僕は性質だと思うがね」
　「いや、病気ですよ、少し海岸にでも行っていい空気でも吸って、節慾（せつよく）しなければいかんと思う」
　「だって、あまりおかしい、それも十八、九とか二十二、三とかなら、そういうこともあるかもしれんが、細君があって、子供が二人まであって、そして年は三十八にもなろうというんじゃないか。君の言うことは生理学万能で、どうも断定すぎるよ」
　「いや、それは説明ができる。十八、九でなければそういうことはあるまいと言う

けれど、それはいくらもある。先生、きっと今でもやっているに相違ない。若い時、ああいうふうで、むやみに恋愛神聖論者を気どって、口ではきれいなことを言っていても、本能が承知しないから、ついみずから傷つけて快を取るというようなことになる。そしてそれが習慣になると、病的になって、本能の充分の働きをすることができなくなる。先生のはきっとそれだ。つまり、前にも言ったが、肉と霊とがしっくり調和することができんのだよ。それにしてもおもしろいじゃないか、健全をもってみずからも任じ、人も許していたものが、今では不健全も不健全、デカダンの標本になったのは、これというのも本能をないがしろにしたからだ。君たちは僕が本能万能説を抱いているのをいつも攻撃するけれど、実際、人間は本能がたいせつだよ。本能に従わん奴は生存しておられんさ」と滔々として弁じた。

四

　電車は代々木を出た。
　春の朝は心地ここちが好い。日がうらうらと照り渡って、空気はめずらしくくっきりと透き徹っている。富士の美しく霞んだ下に大きい櫟林が黒く並んで、千駄谷の凹地に新築の家屋の参差として連なっているのが走馬燈のように早く行き過ぎる。けれどこの無言の自然よりも美しい少女の姿の方が好いので、男は前に相対した二人の娘の顔と姿とにほとんど魂を打ち込んでいた。けれど無言の自然を見るよりも活きた人間を眺めるのは困難なもので、あまりしげしげ見て、悟られてはという気があるので、わきを見ているような顔をして、そして電光のように早く鋭くながし眼を遣つかう。誰だか言った、電車で女を見るのは正面ではあまりまばゆくっていけない、そうかと言って、あまり離れてもきわだって人に怪しまれる恐れがある、七分くらいに斜はすに対して座を占めるのが一番便利だと。男は少女にあこがれるのが病であるほどであるから、むろん、このくらいの秘訣は人に教わるまでもなく、自然にその呼吸を自覚していて、いつでもその便利な機会を攫むことを過あやまらない。
　年上の方の娘の眼の表情がいかにも美しい。星——天上の星もこれに比べたならその光を失うであろうと思われた。縮緬のすらりとした膝のあたりから、華奢な藤色の裾、白足袋をつまだてた三枚襲の雪駄、ことに色の白い襟首から、あのむっちりと胸が高くなっているあたりが美しい乳房だと思うと、総身が掻きむしられるような気がする。一人の肥った方の娘は懐からノートブックを出して、しきりにそれを読み始めた。
　すぐ千駄谷駅に来た。
　かれの知りおる限りにおいては、ここから、少なくとも三人の少女が乗るのが例だ。けれど今日は、どうしたのか、時刻が後れたのか早いのか、見知っている三人の一人だも乗らぬ。その代わりに、それは不器量な、二目とは見られぬような若い女が乗った。この男は若い女なら、たいていな醜い顔にも、眼が好いとか、鼻が好いとか、色が

白いとか、襟首が美しいとか、膝の肥り具合が好いとか、何かしらの美を発見して、それを見て楽しむのであるが、今乗った女は、さがしても、発見されるような美は一か所も持っておらなかった。反歯、ちぢれ毛、色黒、見ただけでも不愉快なのが、いきなりかれの隣に来て座を取った。

　信濃町の停留場は、割合に乗る少女の少ないところで、かつて一度すばらしく美しい、華族の令嬢かと思われるような少女と膝を並べて牛込まで乗った記憶があるばかり、その後、今一度どうかして逢いたいもの、見たいものと願っているけれど、今日までついぞかれの望は遂げられなかった。電車は紳士やら軍人やら商人やら学生やらを多く載せて、そして飛竜のごとく駛り出した。

　トンネルを出て、電車の速力がやや緩くなったころから、かれはしきりに首を停車場の待合所の方に注いでいたが、ふと見馴れたリボンの色を見得たとみえて、その顔は晴れ晴れしく輝いて胸は躍った。四ツ谷からお茶の水の高等女学校に通う十八歳くらいの少女、身装もきれいに、ことにあでやかな容色きりょう、美しいといってこれほど美しい娘は東京にもたくさんはあるまいと思われる。丈はすらりとしているし、眼は鈴を張ったようにぱっちりしているし、口は緊って肉は痩せず肥らず、晴れ晴れした顔には常に紅が漲っている。今日はあいにく乗客が多いので、そのまま扉のそばに立ったが、「こみ合いますから前の方へ詰めてください」と車掌の言葉に余儀なくされて、男のすぐ前のところに来て、下げ皮に白い腕を延べた。男は立って代わってやりたいとは思わぬではないが、そうするとその白い腕が見られぬばかりではなく、上から見おろすのは、いかにも不便なので、そのまま席を立とうともしなかった。

　こみ合った電車の中の美しい娘、これほどかれに趣味深くうれしく感ぜられるものはないので、今までにも既に幾度となくその嬉しさを経験した。柔かい着物が触る。えならぬ香水のかおりがする。温あたたかい肉の触感が言うに言われぬ思いをそそる。ことに、女の髪の匂いにおいというものは、一種のはげしい望みを男に起こさせるもので、それがなんとも名状せられぬ愉快をかれに与えるのであった。

　市谷、牛込、飯田町と早く過ぎた。代々木から乗った娘は二人とも牛込でおりた。電車は新陳代謝して、ますます混雑を極わめる。それにもかかわらず、かれは魂を失った人のように、前の美しい顔にのみあくがれ渡っている。

　やがてお茶の水に着く。

五

　この男の勤めている雑誌社は、神田の錦町で、青年社という、正則英語学校のすぐ次の通りで、街道に面したガラス戸の前には、新刊の書籍の看板が五つ六つも並べられてあって、戸を開けて中に入ると、雑誌書籍のらちもなく取り散らされた室の帳場には社主のむずかしい顔が控えている。編集室は奥の二階で、十畳の一室、西と南とが塞がっているので、陰気なことおびただしい。編集員の机が五脚ほど並べられてあるが、

かれの机はその最も壁に近い暗いところで、雨の降る日などは、ランプがほしいくらいである。それに、電話がすぐそばにあるので、間断ひっきりなしに鳴ってくる電鈴が実に煩(うるさ)い。先生、お茶の水から外濠線(そとぼりせん)に乗り換えて錦町三丁目の角(かど)まで来ておりると、楽しかった空想はすっかり覚めてしまったような侘わびしい気がして、編集長とその陰気な机とがすぐ眼に浮かぶ。今日も一日苦しまなければならぬかナアと思う。生活というものはつらいものだとすぐあとを続ける。と、この世も何もないような厭な気になって、街道の塵埃が黄いろく眼の前に舞う。校正の穴埋めの厭なこと、雑誌の編集の無意味なることがありありと頭に浮かんでくる。ほとんど留め度がない。そればかりならまだいいが、半ば覚めてまだ覚め切らない電車の美しい影が、その侘しい黄いろい塵埃の間におぼつかなく見えて、それがなんだかこう自分の唯一の楽しみを破壊してしまうように思われるので、いよいよつらい。

編集長がまた皮肉な男で、人を冷やかすことをなんとも思わぬ。骨折って美文でも書くと、杉田君、またおのろけが出ましたねと突っ込む。なんぞというと、少女を持ち出して笑われる。で、おりおりはむっとして、己は子供じゃない、三十七だ、人をばかにするにも程があると憤慨する。けれどそれはすぐ消えてしまうので、懲りることもなく、艶(つや)っぽい歌を詠(よ)み、新体詩を作る。

すなわちかれの快楽というのは電車の中の美しい姿と、美文新体詩を作ることで、社にいる間は、用事さえないと、原稿紙を延べて、一生懸命に美しい文を書いている。少女に関する感想の多いのはむろんのことだ。

その日は校正が多いので、先生一人それに忙殺されたが、午後二時ころ、少し片づいたので一息吐(つ)いていると、

「杉田君」

と編集長が呼んだ。

「え？」

とそっちを向くと、

「君の近作を読みましたよ」と言って、笑っている。

「そうですか」

「あいかわらず、美しいねえ、どうしてああきれいに書けるだろう。実際、君を好男子と思うのは無理はないよ。なんとかいう記者は、君の大きな体格を見て、その予想外なのに驚いたというからね」

「そうですかナ」

と、杉田はしかたなしに笑う。

「少女万歳ですな！」

と編集員の一人が相槌を打って冷やかした。

杉田はむっとしたが、くだらん奴を相手にしてもと思って、他方(わき)を向いてしまった。実に癪(しゃく)にさわる、三十七の己おれを冷やかす気が知れぬと思った。

薄暗い陰気な室はどう考えてみても侘しさに耐えかねて巻き煙草を吸うと、青い紫

の煙がすうと長く靡く。見つめていると、代々木の娘、女学生、四谷の美しい姿などが、ごっちゃになって、縺れ合って、それが一人の姿のように思われる。ばかばかしいと思わぬではないが、しかし愉快でないこともない様子だ。
　午後三時過ぎ、退出時刻が近くなると、家のことを思う。妻のことを思う。つまらんな、年を老ってしまったとつくづく慨嘆する。若い青年時代をくだらなく過ごして、今になって後悔したとてなんの役にたつ、ほんとうにつまらんなアと繰り返す。若い時に、なぜはげしい恋をしなかった？　なぜ充分に肉のかおりをも嗅がなかった？　今時分思ったとて、なんの反響がある？　もう三十七だ。こう思うと、気がいらいらして、髪の毛をむしりたくなる。
　社のガラス戸を開けて戸外に出る。終日の労働で頭脳はすっかり労つかれて、なんだか脳天が痛いような気がする。西風に舞い上がる黄いろい塵埃、侘しい、侘しい。なぜか今日はことさらに侘しくつらい。いくら美しい少女の髪の香に憧れたからって、もう自分らが恋をする時代ではない。また恋をしたいたって、美しい鳥を誘う羽翼をもう持っておらない。と思うと、もう生きている価値がない、死んだ方が好い、死んだ方が好い、死んだ方が好い、とかれは大きな体格を運びながら考えた。
　顔色かおつきが悪い。眼の濁っているのはその心の暗いことを示している。妻や子供や平和な家庭のことを念頭に置かぬではないが、そんなことはもう非常に縁故が遠いように思われる。死んだ方が好い？　死んだら、妻や子はどうする？　この念はもうかすかになって、反響を与えぬほどその心は神経的に陥落してしまった。寂しさ、寂しさ、寂しさ、この寂しさを救ってくれるものはないか、美しい姿の唯一つでいいから、白い腕にこの身を巻いてくれるものはないか。そうしたら、きっと復活する。希望、奮闘、勉励、必ずそこに生命を発見する。この濁った血が新しくなれると思う。けれどこの男は実際それによって、新しい勇気を恢復することができるかどうかはもちろん疑問だ。
　外濠の電車が来たのでかれは乗った。敏捷な眼はすぐ美しい着物の色を求めたが、あいにくそれにはかれの願いを満足させるようなものは乗っておらなかった。けれど電車に乗ったということだけで心が落ちついて、これからが——家に帰るまでが、自分の極楽境のように、気がゆったりとなる。路側のさまざまの商店やら招牌やらが走馬燈のように眼の前を通るが、それがさまざまの美しい記憶を思い起こさせるので好い心地がするのであった。
　お茶の水から甲武線に乗り換えると、おりからの博覧会で電車はほとんど満員、それを無理に車掌のいる所に割り込んで、とにかく右の扉の外に立って、しっかりと真鍮の丸棒を攫んだ。ふと車中を見たかれははッとして驚いた。そのガラス窓を隔ててすぐそこに、信濃町で同乗した、今一度ぜひ逢いたい、見たいと願っていた美しい令嬢が、中折れ帽や角帽やインバネスにほとんど圧しつけられるようになって、ちょうど烏の群れに取り巻かれた鳩といったようなふうになって乗っている。

少女病　□□□

　美しい眼、美しい手、美しい髪、どうして俗悪なこの世の中に、こんなきれいな娘がいるかとすぐ思った。誰の細君になるのだろう、誰の腕に巻かれるのであろうと思うと、たまらなく口惜しく情けなくなってその結婚の日はいつだか知らぬが、その日は呪のろうべき日だと思った。白い襟首えりくび、黒い髪、鶯茶のリボン、白魚のようなきれいな指、宝石入りの金の指輪——乗客が混み合っているのとガラス越しになっているのとを都合のよいことにして、かれは心ゆくまでその美しい姿に魂たましいを打ち込んでしまった。

　水道橋、飯田町、乗客はいよいよ多い。牛込に来ると、ほとんど車台の外に押し出されそうになった。かれは真鍮の棒につかまって、しかも眼を令嬢の姿から離さず、うっとりとしてみずからわれを忘れるというふうであったが、市谷に来た時、また五、六の乗客があったので、押しつけて押しかえしてはいるけれど、ややともすると、身が車外に突き出されそうになる。電線のうなりが遠くから聞こえてきて、なんとなくあたりが騒々しい。ピイと発車の笛が鳴って、車台が一、二間ほど出て、急にまたその速力が早められた時、どうした機会はずみか少なくとも横にいた乗客の二、三が中心を失って倒れかかってきたためでもあろうが、令嬢の美にうっとりとしていたかれの手が真鍮しんちゅうの棒から離れたと同時に、その大きな体はみごとにとんぼがえりを打って、なんのことはない大きな毬まりのように、ころころと線路の上に転がり落ちた。危ないと車掌が絶叫したのも遅おそし早し、上りの電車が運悪く地を撼うごかしてやってきたので、たちまちその黒い大きい一塊物は、あなやという間に、三、四間ずるずると引き摺られて、紅血が一線長くレールを染めた。

　非常警笛が空気を劈つんざいてけたたましく鳴った。

【作家紹介】田山花袋（たやまかだい、1872—1930）は、日本の小説家。本名、録弥（ろくや）。群馬県（当時は栃木県）生れ。1902 年に「重右衛門の最後」を発表し、これで作家としての力量を認められる。1907 年（明治 40 年）に、中年作家の女弟子への複雑な感情を描いた「蒲団」を発表。この作品によって、日本の自然主義文学の方向が決まった。自然主義文学の分野を自覚し、評論「露骨なる描写」や小説「少女病」を発表し、新しい文学の担い手として活躍することになる。さらに「生」「妻」「縁」の長編 3 部作、長編小説「田舎教師」を書き、藤村と並んで代表的な自然主義作家となった。また紀行文も秀逸で、「南船北馬」「山行水行」などがある。博文館の「日本名勝地誌」の執筆に参加し、後に田山花袋編として「新撰名勝地誌」全 12 巻の監修をおこなった。晩年は宗教的心境に至り、精神主義的な作品を多く残した。1930 年 5 月 13 日、東京府代々幡町の自宅で死去した。戒名は高樹院晴誉残雪花袋居士（島崎藤村の撰）。藤村の書を刻んだ墓は多磨霊園にある。遺志により土葬されたという。

　本作「少女病」は 1907 年に、雑誌「太陽」に発表された自然主義傾向の作品である。

夢十夜

夏目漱石

第一夜

こんな夢を見た。

腕組をして枕元に坐っていると、仰向に寝た女が、静かな声でもう死にますと云う。女は長い髪を枕に敷いて、輪郭の柔らかな瓜実顔をその中に横たえている。真白な頬の底に温かい血の色がほどよく差して、唇の色は無論赤い。とうてい死にそうには見えない。しかし女は静かな声で、もう死にますと判然云った。自分も確にこれは死ぬなと思った。そこで、そうかね、もう死ぬのかね、と上から覗き込むようにして聞いて見た。死にますとも、と云いながら、女はぱっちりと眼を開けた。大きな潤のある眼で、長い睫に包まれた中は、ただ一面に真黒であった。その真黒な眸の奥に、自分の姿が鮮に浮かんでいる。

自分は透き徹るほど深く見えるこの黒眼の色沢を眺めて、これでも死ぬのかと思った。それで、ねんごろに枕の傍へ口を付けて、死ぬんじゃなかろうね、大丈夫だろうね、とまた聞き返した。すると女は黒い眼を眠そうにたまま、やっぱり静かな声で、でも、死ぬんですもの、仕方がないわと云った。

じゃ、私の顔が見えるかいと一心に聞くと、見えるかいって、そら、そこに、写ってるじゃありませんかと、にこりと笑って見せた。自分は黙って、顔を枕から離した。腕組をしながら、どうしても死ぬのかなと思った。

しばらくして、女がまたこう云った。

「死んだら、埋めて下さい。大きな真珠貝で穴を掘って。そうして天から落ちて来る星の破片を墓標に置いて下さい。そうして墓の傍に待っていて下さい。また逢いに来ますから」

自分は、いつ逢いに来るかねと聞いた。

「日が出るでしょう。それから日が沈むでしょう。それからまた出るでしょう、そうしてまた沈むでしょう。——赤い日が東から西へ、東から西へと落ちて行くうちに、——あなた、待っていられますか」

· 72 ·

自分は黙って首肯いた。女は静かな調子を一段張り上げて、
「百年待っていて下さい」と思い切った声で云った。
「百年、私の墓の傍に坐って待っていて下さい。きっと逢いに来ますから」
　自分はただ待っていると答えた。すると、黒い眸のなかに鮮に見えた自分の姿が、ぼうっと崩れて来た。静かな水が動いて写る影を乱したように、流れ出したと思ったら、女の眼がぱちりと閉じた。長い睫の間から涙が頬へ垂れた。——もう死んでいた。
　自分はそれから庭へ下りて、真珠貝で穴を掘った。真珠貝は大きな滑かな縁の鋭どい貝であった。土をすくうたびに、貝の裏に月の光が差してきらきらした。湿った土の匂もした。穴はしばらくして掘れた。女をその中に入れた。そうして柔らかい土を、上からそっと掛けた。掛けるたびに真珠貝の裏に月の光が差した。
　それから星の破片の落ちたのを拾って来て、かろく土の上へ乗せた。星の破片は丸かった。長い間大空を落ちている間に、角が取れて滑かになったんだろうと思った。抱き上げて土の上へ置くうちに、自分の胸と手が少し暖くなった。
　自分は苔の上に坐った。これから百年の間こうして待っているんだなと考えながら、腕組をして、丸い墓石を眺めていた。そのうちに、女の云った通り日が東から出た。大きな赤い日であった。それがまた女の云った通り、やがて西へ落ちた。赤いまんまでのっと落ちて行った。一つと自分は勘定した。
　しばらくするとまた唐紅の天道がのそりと上って来た。そうして黙って沈んでしまった。二つとまた勘定した。
　自分はこう云う風に一つ二つと勘定して行くうちに、赤い日をいくつ見たか分らない。勘定しても、勘定しても、しつくせないほど赤い日が頭の上を通り越して行った。それでも百年がまだ来ない。しまいには、苔の生えた丸い石を眺めて、自分は女に欺されたのではなかろうかと思い出した。
　すると石の下から斜に自分の方へ向いて青い茎が伸びて来た。見る間に長くなってちょうど自分の胸のあたりまで来て留まった。と思うと、すらりと揺ぐ茎の頂に、心持首を傾けていた細長い一輪の蕾が、ふっくらと弁を開いた。真白な百合が鼻の先で骨に徹えるほど匂った。そこへ遥の上から、ぽたりと露が落ちたので、花は自分の重みでふらふらと動いた。自分は首を前へ出して冷たい露の滴る、白い花弁に接吻した。自分が百合から顔を離す拍子に思わず、遠い空を見たら、暁の星がたった一つ瞬いていた。
「百年はもう来ていたんだな」とこの時始めて気がついた。

第二夜

こんな夢を見た。

和尚の室を退がって、廊下伝いに自分の部屋へ帰ると行灯がぼんやり点っている。片膝を座蒲団の上に突いて、灯心を掻き立てたとき、花のような丁子がぱたりと朱塗の台に落ちた。同時に部屋がぱっと明かるくなった。

襖の画は蕪村の筆である。黒い柳を濃く薄く、遠近とかいて、寒むそうな漁夫が笠を傾けて土手の上を通る。床には海中文殊の軸が懸っている。焚き残した線香が暗い方でいまだに臭っている。広い寺だから森閑として、人気がない。黒い天井に差す丸行灯の丸い影が、仰向く途端に生きてるように見えた。

立膝をしたまま、左の手で座蒲団を捲って、右を差し込んで見ると、思った所に、ちゃんとあった。あれば安心だから、蒲団をもとのごとく直して、その上にどっかり坐った。

お前は侍である。侍なら悟れぬはずはなかろうと和尚が云った。そういつまでも悟れぬところをもって見ると、御前は侍ではあるまいと言った。人間の屑じゃと言った。ははあ怒ったなと云って笑った。口惜しければ悟った証拠を持って来いと云ってぷいと向をむいた。怪しからん。

隣の広間の床に据えてある置時計が次の刻を打つまでには、きっと悟って見せる。悟った上で、今夜また入室する。そうして和尚の首と悟りと引替にしてやる。悟らなければ、和尚の命が取れない。どうしても悟らなければならない。自分は侍である。

もし悟れなければ自刃する。侍が辱しめられて、生きている訳には行かない。綺麗に死んでしまう。

こう考えた時、自分の手はまた思わず布団の下へ這入った。そうして朱鞘の短刀を引き摺り出した。ぐっと束を握って、赤い鞘を向へ払ったら、冷たい刃が一度に暗い部屋で光った。凄いものが手元から、すうすうと逃げて行くように思われる。そうして、ことごとく切先へ集まって、殺気を一点に籠めている。自分はこの鋭い刃が、無念にも針の頭のように縮められて、九寸五分の先へ来てやむをえず尖ってるのを見て、たちまちぐさりとやりたくなった。身体の血が右の手首の方へ流れて来て、握っている束がにちゃにちゃする。唇が顫えた。

短刀を鞘へ収めて右脇へ引きつけておいて、それから全伽を組んだ。――趙州曰

く無と。無とは何だ。糞坊主めとはがみをした。

奥歯を強く咬み締めたので、鼻から熱い息が荒く出る。こめかみが釣って痛い。眼は普通の倍も大きく開けてやった。

懸物が見える。行灯が見える。畳が見える。和尚の薬缶頭がありありと見える。鰐口を開いて嘲笑った声まで聞える。怪しからん坊主だ。どうしてもあの薬缶を首にしなくてはならん。悟ってやる。無だ、無だと舌の根で念じた。無だと云うのにやっぱり線香の香がした。何だ線香のくせに。

自分はいきなり拳骨を固めて自分の頭をいやと云うほど擲った。そうして奥歯をぎりぎりと噛んだ。両腋から汗が出る。背中が棒のようになった。膝の接目が急に痛くなった。膝が折れたってどうあるものかと思った。けれども痛い。苦しい。無はなかなか出て来ない。出て来ると思うとすぐ痛くなる。腹が立つ。無念になる。非常に口惜しくなる。涙がほろほろ出る。ひと思に身を巨巌の上にぶつけて、骨も肉もめちゃめちゃに砕いてしまいたくなる。

それでも我慢してじっと坐っていた。堪えがたいほど切ないものを胸に盛れて忍んでいた。その切ないものが身体中の筋肉を下から持上げて、毛穴から外へ吹き出よう吹き出ようと焦るけれども、どこも一面に塞がって、まるで出口がないような残刻極まる状態であった。

そのうちに頭が変になった。行灯も蕪村の画も、畳も、違棚も有って無いような、無くって有るように見えた。と云って無はちっとも現前しない。ただ好加減に坐っていたようである。ところへ忽然隣座敷の時計がチーンと鳴り始めた。

はっと思った。右の手をすぐ短刀にかけた。時計が二つ目をチーンと打った。

第三夜

こんな夢を見た。

六つになる子供を負ってる。たしかに自分の子である。ただ不思議な事にはいつの間にか眼が潰れて、青坊主になっている。自分が御前の眼はいつ潰れたのかいと聞くと、なに昔からさと答えた。声は子供の声に相違ないが、言葉つきはまるで大人である。しかも対等だ。

左右は青田である。路は細い。鷺の影が時々闇に差す。

「田圃へかかったね」と背中で云った。

「どうして解る」と顔を後ろへ振り向けるようにして聞いたら、

「だって鷺が鳴くじゃないか」と答えた。

すると鷺がはたして二声ほど鳴いた。

自分は我子ながら少し怖くなった。こんなものを背負っていては、この先どうなるか分らない。どこか打遣る所はなかろうかと向うを見ると闇の中に大きな森が見えた。あすこならばと考え出す途端に、背中で、

「ふふん」と云う声がした。

「何を笑うんだ」

子供は返事をしなかった。ただ

「御父さん、重いかい」と聞いた。

「重かあない」と答えると

「今に重くなるよ」と云った。

自分は黙って森を目標にあるいて行った。田の中の路が不規則にうねってなかなか思うように出られない。しばらくすると二股になった。自分は股の根に立って、ちょっと休んだ。

「石が立ってるはずだがな」と小僧が云った。

なるほど八寸角の石が腰ほどの高さに立っている。表には左り日ヶ窪、右堀田原とある。闇だのに赤い字が明かに見えた。赤い字は井守の腹のような色であった。

「左が好いだろう」と小僧が命令した。左を見るとさっきの森が闇の影を、高い空から自分らの頭の上へ抛げかけていた。自分はちょっと躊躇した。

「遠慮しないでもいい」と小僧がまた云った。自分は仕方なしに森の方へ歩き出した。腹の中では、よく盲目のくせに何でも知ってるなと考えながら一筋道を森へ近づいてくると、背中で、「どうも盲目は不自由でいけないね」と云った。

「だから負ってやるからいいじゃないか」

「負ぶって貰ってすまないが、どうも人に馬鹿にされていけない。親にまで馬鹿にされるからいけない」

何だか厭になった。早く森へ行って捨ててしまおうと思って急いだ。

「もう少し行くと解る。——ちょうどこんな晩だったな」と背中で独言のように云っている。

「何が」と際どい声を出して聞いた。

「何がって、知ってるじゃないか」と子供は嘲けるように答えた。すると何だか知ってるような気がし出した。けれども判然とは分らない。ただこんな晩であったように思える。そうしてもう少し行けば分るように思える。分っては大変だから、分らないうちに早く捨ててしまって、安心しなくってはならないように思える。自分はますます足

を早めた。

　雨はさっきから降っている。路はだんだん暗くなる。ほとんど夢中である。ただ背中に小さい小僧がくっついていて、その小僧が自分の過去、現在、未来をことごとく照して、寸分の事実も洩らさない鏡のように光っている。しかもそれが自分の子である。そうして盲目である。自分はたまらなくなった。

　「ここだ、ここだ。ちょうどその杉の根の処だ」

　雨の中で小僧の声は判然聞えた。自分は覚えず留った。いつしか森の中へ這入っていた。一間ばかり先にある黒いものはたしかに小僧の云う通り杉の木と見えた。

　「御父さん、その杉の根の処だったね」

　「うん、そうだ」と思わず答えてしまった。

　「文化五年辰年だろう」

　なるほど文化五年辰年らしく思われた。

　「御前がおれを殺したのは今からちょうど百年前だね」

　自分はこの言葉を聞くや否や、今から百年前文化五年の辰年のこんな闇の晩に、この杉の根で、一人の盲目を殺したと云う自覚が、忽然として頭の中に起った。おれは人殺であったんだなと始めて気がついた途端に、背中の子が急に石地蔵のように重くなった。

第四夜

　広い土間の真中に涼み台のようなものを据えて、その周囲に小さい床几が並べてある。台は黒光りに光っている。片隅には四角な膳を前に置いて爺さんが一人で酒を飲んでいる。肴は煮しめらしい。

　爺さんは酒の加減でなかなか赤くなっている。その上顔中つやつやして皺と云うほどのものはどこにも見当らない。ただ白い髯をありたけ生やしているから年寄と云う事だけはわかる。自分は子供ながら、この爺さんの年はいくつなんだろうと思った。ところへ裏の筧から手桶に水を汲んで来た神さんが、前垂で手を拭きながら、

　「御爺さんはいくつかね」と聞いた。爺さんは頬張った煮〆を呑み込んで、「いくつか忘れたよ」と澄ましていた。神さんは拭いた手を、細い帯の間に挟んで横から爺さんの顔を見て立っていた。爺さんは茶碗のような大きなもので酒をぐいと飲んで、そうして、ふうと長い息を白い髯の間から吹き出した。すると神さんが、

　「御爺さんの家はどこかね」と聞いた。爺さんは長い息を途中で切って、

　「臍の奥だよ」と云った。神さんは手を細い帯の間に突込んだまま、

「どこへ行くかね」とまた聞いた。すると爺さんが、また茶碗のような大きなもので熱い酒をぐいと飲んで前のような息をふうと吹いて、
「あっちへ行くよ」と云った。
「真直かい」と神さんが聞いた時、ふうと吹いた息が、障子を通り越して柳の下を抜けて、河原の方へ真直に行った。

爺さんが表へ出た。自分も後から出た。爺さんの腰に小さい瓢箪がぶら下がっている。肩から四角な箱を腋の下へ釣るしている。浅黄の股引を穿いて、浅黄の袖無しを着ている。足袋だけが黄色い。何だか皮で作った足袋のように見えた。

爺さんが真直に柳の下まで来た。柳の下に子供が三四人いた。爺さんは笑いながら腰から浅黄の手拭を出した。それを肝心綯のように細長く綯った。そうして地面の真中に置いた。それから手拭の周囲に、大きな丸い輪を描いた。しまいに肩にかけた箱の中から真鍮で製らえた飴屋の笛を出した。

「今にその手拭が蛇になるから、見ておろう。見ておろう」と繰返して云った。
子供は一生懸命に手拭を見ていた。自分も見ていた。
「見ておろう、見ておろう、好いか」と云いながら爺さんが笛を吹いて、輪の上をぐるぐる廻り出した。自分は手拭ばかり見ていた。けれども手拭はいっこう動かなかった。

爺さんは笛をぴいぴい吹いた。そうして輪の上を何遍も廻った。草鞋を爪立てるように、抜足をするように、手拭に遠慮をするように、廻った。怖そうにも見えた。面白そうにもあった。

やがて爺さんは笛をぴたりとやめた。そうして、肩に掛けた箱の口を開けて、手拭の首を、ちょいと撮んで、ぽっと放り込んだ。
「こうしておくと、箱の中で蛇になる。今に見せてやる。今に見せてやる」と云いながら、爺さんが真直に歩き出した。柳の下を抜けて、細い路を真直に下りて行った。自分は蛇が見たいから、細い道をどこまでも追いて行った。爺さんは時々「今になる」と云ったり、「蛇になる」と云ったりして歩いて行く。しまいには、
「今になる、蛇になる、
　きっとなる、笛が鳴る、」
と唄いながら、とうとう河の岸へ出た。橋も舟もないから、ここで休んで箱の中の蛇を見せるだろうと思っていると、爺さんはざぶざぶ河の中へ這入り出した。始めは膝くらいの深さであったが、だんだん腰から、胸の方まで水に浸って見えなくなる。それでも爺さんは
「深くなる、夜になる、
　真直になる」

と唄いながら、どこまでも真直に歩いて行った。そうして髯も顔も頭も頭巾もまるで見えなくなってしまった。

　自分は爺さんが向岸へ上がった時に、蛇を見せるだろうと思って、蘆の鳴る所に立って、たった一人いつまでも待っていた。けれども爺さんは、とうとう上がって来なかった。

第五夜

　こんな夢を見た。

　何でもよほど古い事で、神代に近い昔と思われるが、自分が軍をして運悪く敗北たために、生擒になって、敵の大将の前に引き据えられた。

　その頃の人はみんな背が高かった。そうして、みんな長い髯を生やしていた。革の帯を締めて、それへ棒のような剣を釣るしていた。弓は藤蔓の太いのをそのまま用いたように見えた。漆も塗ってなければ磨きもかけてない。極めて素樸なものであった。

　敵の大将は、弓の真中を右の手で握って、その弓を草の上へ突いて、酒甕を伏せたようなものの上に腰をかけていた。その顔を見ると、鼻の上で、左右の眉が太く接続っている。その頃髪剃と云うものは無論なかった。

　自分は虜だから、腰をかける訳に行かない。草の上に胡坐をかいていた。足には大きな藁沓を穿いていた。この時代の藁沓は深いものであった。立つと膝頭まで来た。その端の所は藁を少し編残して、房のように下げて、歩くとばらばら動くようにして、飾りとしていた。

　大将は篝火で自分の顔を見て、死ぬか生きるかと聞いた。これはその頃の習慣で、捕虜にはだれでも一応はこう聞いたものである。生きると答えると降参した意味で、死ぬと云うと屈服しないと云う事になる。自分は一言死ぬと答えた。大将は草の上に突いていた弓を向うへ抛げて、腰に釣るした棒のような剣をするりと抜きかけた。それへ風に靡いた篝火が横から吹きつけた。自分は右の手を楓のように開いて、掌を大将の方へ向けて、眼の上へ差し上げた。待てと云う相図である。大将は太い剣をかちゃりと鞘に収めた。

　その頃でも恋はあった。自分は死ぬ前に一目思う女に逢いたいと云った。大将は夜が開けて鶏が鳴くまでなら待つと云った。鶏が鳴くまでに女をここへ呼ばなければならない。鶏が鳴いても女が来なければ、自分は逢わずに殺されてしまう。

大将は腰をかけたまま、篝火を眺めている。自分は大きな藁沓を組み合わしたまま、草の上で女を待っている。夜はだんだん更ける。

　時々篝火の崩れる音がする。崩れるたびに狼狽えたように焔が大将になだれかかる。真黒な眉の下で、大将の眼がぴかぴかと光っている。すると誰やら来て、新しい枝をたくさん火の中へ抛げ込んで行く。しばらくすると、火がぱちぱちと鳴る。暗闇を弾き返すような勇ましい音であった。

　この時女は、裏の楢の木に繋いである、白い馬を引き出した。鬣を三度撫でて高い背にひらりと飛び乗った。鞍もない鐙もない裸馬であった。長く白い足で、太腹を蹴ると、馬はいっさんに駆け出した。誰かが篝りを継ぎ足したので、遠くの空が薄明るく見える。馬はこの明るいものを目懸けて闇の中を飛んで来る。鼻から火の柱のような息を二本出して飛んで来る。それでも女は細い足でしきりなしに馬の腹を蹴っている。馬は蹄の音が宙で鳴るほど早く飛んで来る。女の髪は吹流しのように闇の中に尾を曳いた。それでもまだ篝のある所まで来られない。

　すると真闇な道の傍で、たちまちこけこっこうという鶏の声がした。女は身を空様に、両手に握った手綱をうんと控えた。馬は前足の蹄を堅い岩の上に発矢と刻み込んだ。

　こけこっこうと鶏がまた一声鳴いた。

　女はあっと云って、緊めた手綱を一度に緩めた。馬は諸膝を折る。乗った人と共に真向へ前へのめった。岩の下は深い淵であった。

　蹄の跡はいまだに岩の上に残っている。鶏の鳴く真似をしたものは天探女である。この蹄の痕の岩に刻みつけられている間、天探女は自分の敵である。

第六夜

　運慶が護国寺の山門で仁王を刻んでいると云う評判だから、散歩ながら行って見ると、自分より先にもう大勢集まって、しきりに下馬評をやっていた。

　山門の前五六間の所には、大きな赤松があって、その幹が斜めに山門の甍を隠して、遠い青空まで伸びている。松の緑と朱塗の門が互いに照り合ってみごとに見える。その上松の位地が好い。門の左の端を眼障にならないように、斜に切って行って、上になるほど幅を広く屋根まで突出しているのが何となく古風である。鎌倉時代とも思われる。

ところが見ているものは、みんな自分と同じく、明治の人間である。その中でも車夫が一番多い。辻待をして退屈だから立っているに相違ない。
　「大きなもんだなあ」と云っている。
　「人間を拵えるよりもよっぽど骨が折れるだろう」とも云っている。
　そうかと思うと、「へえ仁王だね。今でも仁王を彫るのかね。へえそうかね。私ゃまた仁王はみんな古いのばかりかと思ってた」と云った男がある。
　「どうも強そうですね。なんだってえますぜ。昔から誰が強いって、仁王ほど強い人あ無いって云いますぜ。何でも日本武尊よりも強いんだってえからね」と話しかけた男もある。この男は尻を端折って、帽子を被らずにいた。よほど無教育な男と見える。
　運慶は見物人の評判には委細頓着なく鑿と槌を動かしている。いっこう振り向きもしない。高い所に乗って、仁王の顔の辺をしきりに彫り抜いて行く。
　運慶は頭に小さい烏帽子のようなものを乗せて、素袍だか何だかわからない大きな袖を背中で括っている。その様子がいかにも古くさい。わいわい云ってる見物人とはまるで釣り合が取れないようである。自分はどうして今時分まで運慶が生きているのかなと思った。どうも不思議な事があるものだと考えながら、やはり立って見ていた。
　しかし運慶の方では不思議とも奇体とももとんと感じ得ない様子で一生懸命に彫っている。仰向いてこの態度を眺めていた一人の若い男が、自分の方を振り向いて、
　「さすがは運慶だな。眼中に我々なしだ。天下の英雄はただ仁王と我れとあるのみと云う態度だ。天晴れだ」と云って賞め出した。
　自分はこの言葉を面白いと思った。それでちょっと若い男の方を見ると、若い男は、すかさず、
　「あの鑿と槌の使い方を見たまえ。大自在の妙境に達している」と云った。
　運慶は今太い眉を一寸の高さに横へ彫り抜いて、鑿の歯を堅に返すや否や斜に、上から槌を打ち下した。堅い木を一と刻みに削って、厚い木屑が槌の声に応じて飛んだと思ったら、小鼻のおっ開いた怒り鼻の側面がたちまち浮き上がって来た。その刀の入れ方がいかにも無遠慮であった。そうして少しも疑念を挾んでおらんように見えた。
　「よくああ無造作に鑿を使って、思うような眉や鼻ができるものだな」と自分はあんまり感心したから独言のように言った。するとさっきの若い男が、
　「なに、あれは眉や鼻を鑿で作るんじゃない。あの通りの眉や鼻が木の中に埋っているのを、鑿と槌の力で掘り出すまでだ。まるで土の中から石を掘り出すようなもの

だからけっして間違うはずはない」と云った。

　自分はこの時始めて彫刻とはそんなものかと思い出した。はたしてそうなら誰にでもできる事だと思い出した。それで急に自分も仁王が彫ってみたくなったから見物をやめてさっそく家へ帰った。

　道具箱から鑿と金槌を持ち出して、裏へ出て見ると、せんだっての暴風で倒れた樫を、薪にするつもりで、木挽に挽かせた手頃な奴が、たくさん積んであった。

　自分は一番大きいのを選んで、勢いよく彫り始めて見たが、不幸にして、仁王は見当らなかった。その次のにも運悪く掘り当てる事ができなかった。三番目のにも仁王はいなかった。自分は積んである薪を片っ端から彫って見たが、どれもこれも仁王を蔵しているのはなかった。ついに明治の木にはとうてい仁王は埋っていないものだと悟った。それで運慶が今日まで生きている理由もほぼ解った。

第七夜

　何でも大きな船に乗っている。

　この船が毎日毎夜すこしの絶間なく黒い煙を吐いて浪を切って進んで行く。凄じい音である。けれどもどこへ行くんだか分らない。ただ波の底から焼火箸のような太陽が出る。それが高い帆柱の真上まで来てしばらく挂っているかと思うと、いつの間にか大きな船を追い越して、先へ行ってしまう。そうして、しまいには焼火箸のようにじゅっといってまた波の底に沈んで行く。そのたんびに蒼い波が遠くの向うで、蘇枋の色に沸き返る。すると船は凄じい音を立ててその跡を追かけて行く。けれども決して追つかない。

　ある時自分は、船の男を捕まえて聞いて見た。

　「この船は西へ行くんですか」

　船の男は怪訝な顔をして、しばらく自分を見ていたが、やがて、

　「なぜ」と問い返した。

　「落ちて行く日を追かけるようだから」

　船の男はからからと笑った。そうして向うの方へ行ってしまった。

　「西へ行く日の、果は東か。それは本真か。東出る日の、御里は西か。それも本真か。身は波の上。。流せ流せ」と囃している。舳へ行って見たら、水夫が大勢寄って、太い帆綱を手繰っていた。

　自分は大変心細くなった。いつ陸へ上がれる事か分らない。そうしてどこへ行くのだか知れない。ただ黒い煙を吐いて波を切って行く事だけはたしかである。その波は

すこぶる広いものであった。際限もなく蒼く見える。時には紫にもなった。ただ船の動く周囲だけはいつでも真白に泡を吹いていた。自分は大変心細かった。こんな船にいるよりいっそ身を投げて死んでしまおうかと思った。

　乗合はたくさんいた。たいていは異人のようであった。しかしいろいろな顔をしていた。空が曇って船が揺れた時、一人の女が欄に倚りかかって、しきりに泣いていた。眼を拭く手巾の色が白く見えた。しかし身体には更紗のような洋服を着ていた。この女を見た時に、悲しいのは自分ばかりではないのだと気がついた。

　ある晩甲板の上に出て、一人で星を眺めていたら、一人の異人が来て、天文学を知ってるかと尋ねた。自分はつまらないから死のうとさえ思っている。天文学などを知る必要がない。黙っていた。するとその異人が金牛宮の頂にある七星の話をして聞かせた。そうして星も海もみんな神の作ったものだと云った。最後に自分に神を信仰するかと尋ねた。自分は空を見て黙っていた。

　或時サローンに這入ったら派手な衣裳を着た若い女が向うむきになって、洋琴を弾いていた。その傍に背の高い立派な男が立って、唱歌を唄っている。その口が大変大きく見えた。けれども二人は二人以外の事にはまるで頓着していない様子であった。船に乗っている事さえ忘れているようであった。

　自分はますますつまらなくなった。とうとう死ぬ事に決心した。それである晩、あたりに人のいない時分、思い切って海の中へ飛び込んだ。ところが——自分の足が甲板を離れて、船と縁が切れたその刹那に、急に命が惜しくなった。心の底からよせばよかったと思った。けれども、もう遅い。自分は厭でも応でも海の中へ這入らなければならない。ただ大変高くできていた船と見えて、身体は船を離れたけれども、足は容易に水に着かない。しかし捕まえるものがないから、しだいしだいに水に近づいて来る。いくら足を縮めても近づいて来る。水の色は黒かった。

　そのうち船は例の通り黒い煙を吐いて、通り過ぎてしまった。自分はどこへ行くんだか判らない船でも、やっぱり乗っている方がよかったと始めて悟りながら、しかもその悟りを利用する事ができずに、無限の後悔と恐怖とを抱いて黒い波の方へ静かに落ちて行った。

第八夜

　床屋の敷居を跨いだら、白い着物を着てかたまっていた三四人が、一度にいらっしゃいと云った。

　真中に立って見廻すと、四角な部屋である。窓が二方に開いて、残る二方に鏡が懸

っている。鏡の数を勘定したら六つあった。

　自分はその一つの前へ来て腰をおろした。すると御尻がぶくりと云った。よほど坐り心地が好くできた椅子である。鏡には自分の顔が立派に映った。顔の後には窓が見えた。それから帳場格子が斜に見えた。格子の中には人がいなかった。窓の外を通る往来の人の腰から上がよく見えた。

　庄太郎が女を連れて通る。庄太郎はいつの間にかパナマの帽子を買って被っている。女もいつの間に拵らえたものやら。ちょっと解らない。双方とも得意のようであった。よく女の顔を見ようと思ううちに通り過ぎてしまった。

　豆腐屋が喇叭を吹いて通った。喇叭を口へあてがっているんで、頬ぺたが蜂に螫されたように膨れていた。膨れたまんまで通り越したものだから、気がかりでたまらない。生涯蜂に螫されているように思う。

　芸者が出た。まだ御化粧をしていない。島田の根が緩んで、何だか頭に締りがない。顔も寝ぼけている。色沢が気の毒なほど悪い。それで御辞儀をして、どうも何とかですと云ったが、相手はどうしても鏡の中へ出て来ない。

　すると白い着物を着た大きな男が、自分の後ろへ来て、鋏と櫛を持って自分の頭を眺め出した。自分は薄い髭を捩って、どうだろう物になるだろうかと尋ねた。白い男は、何にも云わずに、手に持った琥珀色の櫛で軽く自分の頭を叩いた。

　「さあ、頭もだが、どうだろう、物になるだろうか」と自分は白い男に聞いた。白い男はやはり何も答えずに、ちゃきちゃきと鋏を鳴らし始めた。

　鏡に映る影を一つ残らず見るつもりで眼をっていたが、鋏の鳴るたんびに黒い毛が飛んで来るので、恐ろしくなって、やがて眼を閉じた。すると白い男が、こう云った。

　「旦那は表の金魚売を御覧なすったか」

　自分は見ないと云った。白い男はそれぎりで、しきりと鋏を鳴らしていた。すると突然大きな声で危険と云ったものがある。はっと眼を開けると、白い男の袖の下に自転車の輪が見えた。人力の梶棒が見えた。と思うと、白い男が両手で自分の頭を押えてうんと横へ向けた。自転車と人力車はまるで見えなくなった。鋏の音がちゃきちゃきする。

　やがて、白い男は自分の横へ廻って、耳の所を刈り始めた。毛が前の方へ飛ばなくなったから、安心して眼を開けた。粟餅や、餅やあ、餅や、と云う声がすぐ、そこでする。小さい杵をわざと臼へあてて、拍子を取って餅を搗いている。粟餅屋は子供の時に見たばかりだから、ちょっと様子が見たい。けれども粟餅屋はけっして鏡の中に出て来ない。ただ餅を搗く音だけする。

自分はあるたけの視力で鏡の角を覗き込むようにして見た。すると帳場格子のうちに、いつの間にか一人の女が坐っている。色の浅黒い眉毛の濃い大柄な女で、髪を銀杏返しに結って、黒繻子の半襟のかかった素袷で、立膝のまま、札の勘定をしている。札は十円札らしい。女は長い睫を伏せて薄い唇を結んで一生懸命に、札の数を読んでいるが、その読み方がいかにも早い。しかも札の数はどこまで行っても尽きる様子がない。膝の上に乗っているのはたかだか百枚ぐらいだが、その百枚がいつまで勘定しても百枚である。

　自分は茫然としてこの女の顔と十円札を見つめていた。すると耳の元で白い男が大きな声で「洗いましょう」と云った。ちょうどうまい折だから、椅子から立ち上がるや否や、帳場格子の方をふり返って見た。けれども格子のうちには女も札も何にも見えなかった。

　代を払って表へ出ると、門口の左側に、小判なりの桶が五つばかり並べてあって、その中に赤い金魚や、斑入の金魚や、痩せた金魚や、肥った金魚がたくさん入れてあった。そうして金魚売がその後にいた。金魚売は自分の前に並べた金魚を見つめたまま、頬杖を突いて、じっとしている。騒がしい往来の活動にはほとんど心を留めていない。自分はしばらく立ってこの金魚売を眺めていた。けれども自分が眺めている間、金魚売はちっとも動かなかった。

第九夜

　世の中が何となくざわつき始めた。今にも戦争が起りそうに見える。焼け出された裸馬が、夜昼となく、屋敷の周囲を暴れ廻ると、それを夜昼となく足軽共が犇きながら追かけているような心持がする。それでいて家のうちは森として静かである。

　家には若い母と三つになる子供がいる。父はどこかへ行った。父がどこかへ行ったのは、月の出ていない夜中であった。床の上で草鞋を穿いて、黒い頭巾を被って、勝手口から出て行った。その時母の持っていた雪洞の灯が暗い闇に細長く射して、生垣の手前にある古い檜を照らした。

　父はそれきり帰って来なかった。母は毎日三つになる子供に「御父様は」と聞いている。子供は何とも云わなかった。しばらくしてから「あっち」と答えるようになった。母が「いつ御帰り」と聞いてもやはり「あっち」と答えて笑っていた。その時は母も笑った。そうして「今に御帰り」と云う言葉を何遍となく繰返して教えた。けれども子供は「今に」だけを覚えたのみである。時々は「御父様はどこ」と聞かれて「今に」と答える事もあった。

夜になって、四隣が静まると、母は帯を締め直して、鮫鞘の短刀を帯の間へ差して、子供を細帯で背中へ背負って、そっと潜りから出て行く。母はいつでも草履を穿いていた。子供はこの草履の音を聞きながら母の背中で寝てしまう事もあった。
　土塀の続いている屋敷町を西へ下って、だらだら坂を降り尽くすと、大きな銀杏がある。この銀杏を目標に右に切れると、一丁ばかり奥に石の鳥居がある。片側は田圃で、片側は熊笹ばかりの中を鳥居まで来て、それを潜り抜けると、暗い杉の木立になる。それから二十間ばかり敷石伝いに突き当ると、古い拝殿の階段の下に出る。鼠色に洗い出された賽銭箱の上に、大きな鈴の紐がぶら下がって昼間見ると、その鈴の傍に八幡宮と云う額が懸っている。八の字が、鳩が二羽向いあったような書体にできているのが面白い。そのほかにもいろいろの額がある。たいていは家中のものの射抜いた金的を、射抜いたものの名前に添えたのが多い。たまには太刀を納めたのもある。
　鳥居を潜ると杉の梢でいつでも梟が鳴いている。そうして、冷飯草履の音がぴちゃぴちゃする。それが拝殿の前でやむと、母はまず鈴を鳴らしておいて、すぐにしゃがんで柏手を打つ。たいていはこの時梟が急に鳴かなくなる。それから母は一心不乱に夫の無事を祈る。母の考えでは、夫が侍であるから、弓矢の神の八幡へ、こうやって是非ない願をかけたら、よもや聴かれぬ道理はなかろうと一図に思いつめている。
　子供はよくこの鈴の音で眼を覚まして、四辺を見ると真暗だものだから、急に背中で泣き出す事がある。その時母は口の内で何か祈りながら、背を振ってあやそうとする。すると旨く泣きやむ事もある。またますます烈しく泣き立てる事もある。いずれにしても母は容易に立たない。
　一通り夫の身の上を祈ってしまうと、今度は細帯を解いて、背中の子を摺りおろすように、背中から前へ廻して、両手に抱きながら拝殿を上って行って、「好い子だから、少しの間、待っておいでよ」ときっと自分の頬を子供の頬へ擦りつける。そうして細帯を長くして、子供を縛っておいて、その片端を拝殿の欄干に括りつける。それから段々を下りて来て二十間の敷石を往ったり来たり御百度を踏む。
　拝殿に括りつけられた子は、暗闇の中で、細帯の丈のゆるす限り、広縁の上を這い廻っている。そう云う時は母にとって、はなはだ楽な夜である。けれども縛った子にひいひい泣かれると、母は気が気でない。御百度の足が非常に早くなる。大変息が切れる。仕方のない時は、中途で拝殿へ上って来て、いろいろすかしておいて、また御百度を踏み直す事もある。
　こう云う風に、幾晩となく母が気を揉んで、夜の目も寝ずに心配していた父は、と

くの昔に浪士のために殺されていたのである。

こんな悲い話を、夢の中で母から聞いた。

第十夜

庄太郎が女に攫われてから七日目の晩にふらりと帰って来て、急に熱が出てどっと、床に就いていると云って健さんが知らせに来た。

庄太郎は町内一の好男子で、至極善良な正直者である。ただ一つの道楽がある。パナマの帽子を被って、夕方になると水菓子屋の店先へ腰をかけて、往来の女の顔を眺めている。そうしてしきりに感心している。そのほかにはこれと云うほどの特色もない。

あまり女が通らない時は、往来を見ないで水菓子を見ている。水菓子にはいろいろある。水蜜桃や、林檎や、枇杷や、バナナを綺麗に籠に盛って、すぐ見舞物に持って行けるように二列に並べてある。庄太郎はこの籠を見ては綺麗だと云っている。商売をするなら水菓子屋に限ると云っている。そのくせ自分はパナマの帽子を被ってぶらぶら遊んでいる。

この色がいいと云って、夏蜜柑などを品評する事もある。けれども、かつて銭を出して水菓子を買った事がない。ただでは無論食わない。色ばかり賞めている。

ある夕方一人の女が、不意に店先に立った。身分のある人と見えて立派な服装をしている。その着物の色がひどく庄太郎の気に入った。その上庄太郎は大変女の顔に感心してしまった。そこで大事なパナマの帽子を脱って丁寧に挨拶をしたら、女は籠詰の一番大きいのを指して、これを下さいと云うんで、庄太郎はすぐその籠を取って渡した。すると女はそれをちょっと提げて見て、大変重い事と云った。

庄太郎は元来閑人の上に、すこぶる気作な男だから、ではお宅まで持って参りましょうと云って、女といっしょに水菓子屋を出た。それぎり帰って来なかった。

いかな庄太郎でも、あんまり呑気過ぎる。只事じゃ無かろうと云って、親類や友達が騒ぎ出していると、七日目の晩になって、ふらりと帰って来た。そこで大勢寄ってたかって、庄さんどこへ行っていたんだいと聞くと、庄太郎は電車へ乗って山へ行ったんだと答えた。

何でもよほど長い電車に違いない。庄太郎の云うところによると、電車を下りるとすぐと原へ出たそうである。非常に広い原で、どこを見廻しても青い草ばかり生えていた。女といっしょに草の上を歩いて行くと、急に絶壁の天辺へ出た。その時女が庄太郎に、ここから飛び込んで御覧なさいと云った。底を覗いて見ると、切岸は見えるが底は見えない。庄太郎はまたパナマの帽子を脱いで再三辞退した。すると女が、もし思い切

って飛び込まなければ、豚に舐められますが好うござんすかと聞いた。庄太郎は豚と雲右衛門が大嫌だった。けれども命には易えられないと思って、やっぱり飛び込むのを見合せていた。ところへ豚が一匹鼻を鳴らして来た。庄太郎は仕方なしに、持っていた細い檳榔樹の洋杖で、豚の鼻頭を打った。豚はぐうと云いながら、ころりと引っ繰り返って、絶壁の下へ落ちて行った。庄太郎はほっと一と息接いでいるとまた一匹の豚が大きな鼻を庄太郎に擦りつけに来た。庄太郎はやむをえずまた洋杖を振り上げた。豚はぐうと鳴いてまた真逆様に穴の底へ転げ込んだ。するとまた一匹あらわれた。この時庄太郎はふと気がついて、向うを見ると、遥の青草原の尽きる辺から幾万匹か数え切れぬ豚が、群をなして一直線に、この絶壁の上に立っている庄太郎を目懸けて鼻を鳴らしてくる。庄太郎は心から恐縮した。けれども仕方がないから、近寄ってくる豚の鼻頭を、一つ一つ丁寧に檳榔樹の洋杖で打っていた。不思議な事に洋杖が鼻へ触りさえすれば豚はころりと谷の底へ落ちて行く。覗いて見ると底の見えない絶壁を、逆さになった豚が行列して落ちて行く。自分がこのくらい多くの豚を谷へ落したかと思うと、庄太郎は我ながら怖くなった。けれども豚は続々くる。黒雲に足が生えて、青草を踏み分けるような勢いで無尽蔵に鼻を鳴らしてくる。

　庄太郎は必死の勇をふるって、豚の鼻頭を七日六晩叩いた。けれども、とうとう精根が尽きて、手が蒟蒻のように弱って、しまいに豚に舐められてしまった。そうして絶壁の上へ倒れた。

　健さんは、庄太郎の話をここまでして、だからあんまり女を見るのは善くないよと云った。自分ももっともだと思った。けれども健さんは庄太郎のパナマの帽子が貰いたいと云っていた。

　庄太郎は助かるまい。パナマは健さんのものだろう。

　【作家紹介】夏目漱石（1867—1916）。慶応3年（1867年）江戸牛込馬場下横町に生まれる。本名は夏目金之助。帝国大学英文科（東京大学文学部）を卒業後、東京高等師範学校、松山中学、第五高等学校などの教師生活を経て、1900年から、3年イギリスに留学。帰国後、第一高等学校で教鞭をとりながら、1905年処女作「吾輩は猫である」を発表、好評を得る。1906年「坊っちゃん」「草枕」を発表。1907年教職を辞し、朝日新聞社に入社。そして「虞美人草」「三四郎」などを発表するが、胃病に苦しむようになる。1908年「夢十夜」を発表。1916年12月9日、「明暗」の連載途中に胃潰瘍で永眠。享年50歳であった。近代知識人の内面を鋭く描いた小説群は、日本文学の大きな収穫をされる。

　「夢十夜」は明治41年（1908年）に朝日新聞に連載された短編小説群である。

私の個人主義

夏目漱石

—大正三年十一月二十五日
学習院輔仁会において述—

　私は今日初めてこの学習院というものの中にはいりました。もっとも以前から学習院は多分この見当だろうぐらいに考えていたには相違ありませんが、はっきりとは存じませんでした。中へ這入ったのは無論今日が初めてでございます。

　さきほど岡田さんが紹介かたがたちょっとお話になった通りこの春何か講演をというご注文でありましたが、その当時は何か差支えがあって、——岡田さんの方が当人の私よりよくご記憶と見えてあなたがたにご納得のできるようにただいまご説明がありましたが、とにかくひとまずお断りを致さなければならん事になりました。しかしただお断りを致すのもあまり失礼と存じまして、この次には参りますからという条件をつけ加えておきました。その時念のためこの次はいつごろになりますかと岡田さんに伺いましたら、此年ことしの十月だというお返事であったので、心のうちに春から十月までの日数を大体繰ってみて、それだけの時間があればそのうちにどうにかできるだろうと思ったものですから、よろしゅうございますとはっきりお受合い申したのであります。ところが幸か不幸か病気に罹かりまして、九月いっぱい床についておりますうちにお約束の十月が参りました。十月にはもう臥ってはおりませんでしたけれども、何しろひょろひょろするので講演はちょっとむずかしかったのです。しかしお約束を忘れてはならないのですから、腹の中では、今に何か云いって来られるだろう来られるだろうと思って、内々は怖わがっていました。

　そのうちひょろひょろもついに癒ってしまったけれども、こちらからは十月末まで何のご沙汰もなく打ち過ぎました。私は無論病気の事をご通知はしておきませんでしたが、二三の新聞にちょっと出たという話ですから、あるいはその辺の事情を察せられて、誰だれかが私の代りに講演をやって下さったのだろうと推測して安心し出しました。ところへまた岡田さんがまた突然見えたのであります。岡田さんはわざわざ長靴を穿いて見えたのであります。（もっとも雨の降る日であったからでもありましょうが、）そう云った身拵えで、早稲田の奥まで来て下すって、例の講演は十一月の末まで繰り延ばす事にしたから約束通りやってもらいたいというご口上なのです。私はもう責任を逃れたように考えていたものですから実は少々驚きました。しかしまだ一カ月も余裕があるから、その間にどうかなるだろうと思って、よろしゅうございますとまたご返事を致

しました。

　右の次第で、この春から十月に至るまで、十月末からまた十一月二十五日に至るまでの間に、何か纏まったお話をすべき時間はいくらでも拵えられるのですが、どうも少し気分が悪くって、そんな事を考えるのが面倒でたまらなくなりました。そこでまあ十一月二十五日が来るまでは構うまいという横着な料簡（りょうけん）を起おこして、ずるずるべったりにその日その日を送っていたのです。いよいよと時日が逼った二三日前になって、何か考えなければならないという気が少ししたのですが、やはり考えるのが不愉快なので、とうとう絵を描いて暮してしまいました。絵を描くというと何かえらいものが描けるように聞きこえるかも知れませんが、実は他愛もないものを描いて、それを壁に貼りつけて一人で二日も三日もぼんやり眺めているだけなのです。昨日でしたかある人が来て、この絵は大変面白い——いや面白いと云ったのではありません、面白い気分の時に描いた画らしく見えると云ってくれたのでした。それから私は愉快だから描いたのではない、不愉快だから描いたのだと云って私の心の状態をその男に説明してやりました。世の中には愉快でじっとしていられない結果を画にしたり、書にしたり、または文にしたりする人がある通り、不愉快だから、どうかして好い心持（こころもち）になりたいと思って、筆を執と（と）って画なり文章なりを作る人もあります。そうして不思議にもこの二つの心的状態が結果に現われたところを見るとよく一致している場合が起るのです。しかしこれはほんのついでに申し上げる事で、話の筋に関係した問題でもありませんから深くは立ち入りません。——何しろ私はその変な画を眺めるだけで、講演の内容をちっとも組み立てずに暮らしてしまったのです。

　そのうちいよいよ二十五日が来たので、否いやでも応でもここへ顔を出さなければすまない事になりました。それで今朝けさ少し考かんがえを纏（まと）めてみましたが、準備がどうも不足のようです。とてもご満足の行くようなお話はできかねますから、そのつもりでご辛防（しんぼう）を願います。

　この会はいつごろから始まって今日まで続いているのか存じませんが、そのつどあなたがたがよその人を連れて来て、講演をさせるのは、一般の慣例として毫も不都合でないと私も認めているのですが、また一方から見ると、それほどあなた方の希望するような面白い講演は、いくらどこからどんな人を引張って来ても容易に聞かれるものではなかろうとも思うのです。あなたがたにはただよその人が珍らしく見えるのではありますまいか。

　私が落語家はなしかから聞いた話の中にこんな諷刺的のがあります。——昔あるお大名が二人目黒辺へ鷹狩（たかがり）に行って、所々方々を馳け廻わった末、大変空腹になったが、あいにく弁当の用意もなし、家来とも離れ離れになって口腹を充たす糧かてを受ける事ができず、仕方なしに二人はそこにある汚きたない百姓家やへ馳け込んで、何でも好いから食わせろと云ったそうです。するとその農家の爺さんと婆さんが気の毒がって、ありあわせの秋刀魚（さんま）を炙（あぶ）って二人の大名に麦飯を勧めたと云います。二人はその秋刀魚を肴さかなに非常に旨うまく飯を済まして、そこを立出たちいでたが、翌日になっても昨

私の個人主義

　日の秋刀魚の香りがぷんぷん鼻を衝くといった始末で、どうしてもその味を忘れる事ができないのです。それで二人のうちの一人が他を招待して、秋刀魚のご馳走をする事になりました。その旨むねを承うけたまわって驚ろいたのは家来です。しかし主命ですから反抗はんこうする訳にも行きませんので、料理人に命じて秋刀魚の細い骨を毛抜ぬきで一本一本抜かして、それを味淋みりんか何かに漬つけたのを、ほどよく焼いて、主人と客とに勧めました。ところが食う方は腹も減っていず、また馬鹿丁寧ばかていねいな料理方で秋刀魚の味を失った妙みょうな肴を箸はしで突つっついてみたところで、ちっとも旨くないのです。そこで二人が顔を見合せて、どうも秋刀魚は目黒に限るねといったような変な言葉を発したと云うのが話の落おちになっているのですが、私から見ると、この学習院という立派な学校で、立派な先生に始終接している諸君が、わざわざ私のようなものの講演を、春から秋の末まで待ってもお聞きになろうというのは、ちょうど大牢の美味に飽あいた結果、目黒の秋刀魚がちょっと味わってみたくなったのではないかと思われるのです。
　この席におられる大森教授は私と同年かまたは前後して大学を出られた方ですが、その大森さんが、かつて私にどうも近頃の生徒は自分の講義をよく聴かないで困る、どうも真面目が足りないで不都合だというような事を云われた事があります。その評はこの学校の生徒についてではなく、どこかの私立学校の生徒についてだったろうと記憶していますが、何しろ私はその時大森さんに対して失礼な事を云いました。
　ここで繰り返していうのもお恥かしい訳ですが、私はその時、君などの講義をありがたがって聴く生徒がどこの国にいるものかと申したのです。もっとも私の主意はその時の大森君には通じていなかったかも知れませんから、この機会を利用して、誤解を防いでおきますが、私どもの書生時代、あなたがたと同年輩、もしくはもう少し大きくなった時代、には、今のあなたがたよりよほど横着で、先生の講義などはほとんど聴いた事がないと云っても好いくらいのものでした。もちろんこれは私や私の周囲のものを本位として述べるのでありますから、圏外にいたものには通用しないかも知れませんけれども、どうも今の私からふり返ってみると、そんな気がどこかでするように思われるのです。現にこの私は上部うわべだけは温順らしく見えながら、けっして講義などに耳を傾ける性質ではありませんでした。始終怠けてのらくらしていました。その記憶をもって、真面目な今の生徒を見ると、どうしても大森君のように、彼らを攻撃する勇気が出て来ないのです。そう云った意味からして、つい大森さんに対してすまない乱暴を申したのであります。今日は大森君に詫あやまるためにわざわざ出かけた次第ではありませんけれども、ついでだからみんなのいる前で、謝罪しておくのです。
　話がついとんだところへ外それてしまいましたから、再び元へ引き返して筋の立つように云いますと、つまりこうなるのです。
　あなたがたは立派な学校に入って、立派な先生から始終指導を受けていらっしゃる、またその方々の専門的もしくは一般的いっぱんてきの講義を毎日聞いていらっしゃる。それだのに私みたようなものを、ことさらによそから連れて来て、講演を聴こうとなされるのは、ちょうど先刻お話したお大名が目黒の秋刀魚を賞翫しょうがんしたようなもの

· 91 ·

で、つまりは珍らしいから、一口食ってみようという料簡じゃないかと推察されるのです。実際をいうと、私のようなものよりも、あなたがたが毎日顔を見ていらっしゃる常雇の先生のお話の方がよほど有益でもあり、かつまた面白かろうとも思われるのです。たとい私にしたところで、もしこの学校の教授にでもなっていたならば、単に新らしい刺戟のないというだけでも、このくらいの人数が集って私の講演をお聴きになる熱心なり好奇心なりは起るまいと考えるのですがどんなものでしょう。

　私がなぜそんな仮定をするかというと、この私は現に昔しこの学習院の教師になろうとした事があるのです。もっとも自分で運動した訳でもないのですが、この学校にいた知人が私を推薦してくれたのです。その時分の私は卒業する間際まで何をして衣食の道を講じていいか知らなかったほどの迂闊者でしたが、さていよいよ世間へ出てみると、懐手をして待っていたって、下宿料が入って来る訳でもないので、教育者になれるかなれないかの問題はとにかく、どこかへ潜り込こむ必要があったので、ついこの知人のいう通りこの学校へ向けて運動を開始した次第であります。その時分私の敵が一人ありました。しかし私の知人は私に向ってしきりに大丈夫だいじょうぶらしい事をいうので、私の方でも、もう任命されたような気分になって、先生はどんな着物を着なければならないのかなどと訊いてみたものです。するとその男はモーニングでなくては教場へ出られないと云いますから、私はまだ事のきまらない先に、モーニングを誂てしまったのです。そのくせ学習院とはどこにある学校かよく知らなかったのだから、すこぶる変なものです。さていよいよモーニングが出来上できあがってみると、あに計らんやせっかく頼みにしていた学習院の方は落第と事がきまったのです。そうしてもう一人の男が英語教師の空位を充たす事になりました。その人は何という名でしたか今は忘れてしまいました。別段悔くも何ともなかったからでしょう。何でも米国帰りの人とか聞いていました。――それで、もしその時にその米国帰りの人が採用されずに、この私がまぐれ当りに学習院の教師になって、しかも今日まで永続していたなら、こうした鄭重なお招きを受けて、高い所からあなたがたにお話をする機会もついに来なかったかも知れますまい。それをこの春から十一月までも待って聴いて下さろうというのは、とりも直さず、私が学習院の教師に落第して、あなたがたから目黒の秋刀魚のように珍らしがられている証拠ではありませんか。

　私はこれから学習院を落第してから以後の私について少々申上もうしあげようと思います。これは今までお話をして来た順序だからという意味よりも、今日の講演に必要な部分だからと思って聴いていただきたいのです。

　私は学習院は落第したが、モーニングだけは着ていました。それよりほかに着るべき洋服は持っていなかったのだから仕方がありません。そのモーニングを着てどこへ行ったと思いますか？　その時分は今と違ちがって就職の途みちは大変楽でした。どちらを向いても相当の口は開いていたように思われるのです。つまりは人が払底なためだったのでしょう。私のようなものでも高等学校と、高等師範しはんからほとんど同時に口

がかかりました。私は高等学校へ周旋してくれた先輩に半分承諾を与えながら、高等師範の方へも好いい加減な挨拶をしてしまったので、事が変な具合にもつれてしまいました。もともと私が若いから手ぬかりやら、不行届きがちで、とうとう自分に祟って来たと思えば仕方がありませんが、弱らせられた事は事実です。私は私の先輩なる高等学校の古参の教授の所へ呼びつけられて、こっちへ来るような事を云いながら、他ほかにも相談をされては、仲に立った私が困ると云って譴責されました。私は年の若い上に、馬鹿の肝癪持ですから、いっそ双方そうほうとも断ってしまったら好いだろうと考えて、その手続きをやり始めたのです。するとある日当時の高等学校長、今ではたしか京都の理科大学長をしている久原さんから、ちょっと学校まで来てくれという通知があったので、さっそく出かけてみると、その座に高等師範の校長嘉納治五郎かのうじごろうさんと、それに私を周旋してくれた例の先輩がいて、相談はきまった、こっちに遠慮は要らないから高等師範の方へ行ったら好かろうという忠告です。私は行きがかり上否だとは云えませんから承諾の旨を答えました。が腹の中では厄介な事になってしまったと思わざるを得なかったのです。というものは今考えるともったいない話ですが、私は高等師範などをそれほどありがたく思っていなかったのです。嘉納さんに始めて会った時も、そうあなたのように教育者として学生の模範になれというような注文だと、私にはとても勤まりかねるからと逡巡したくらいでした。嘉納さんは上手な人ですから、否そう正直に断わられると、私はますますあなたに来ていただきたくなったと云って、私を離さなかったのです。こういう訳で、未熟な私は双方の学校を懸持しようなどという慾張根性は更さらになかったにかかわらず、関係者に要らざる手数をかけた後、とうとう高等師範の方へ行く事になりました。

　しかし教育者として偉えらくなり得るような資格は私に最初から欠けていたのですから、私はどうも窮屈で恐れ入りました。嘉納さんもあなたはあまり正直過ぎて困ると云ったくらいですから、あるいはもっと横着をきめていてもよかったのかも知れません。しかしどうあっても私には不向ふむきな所だとしか思われませんでした。奥底のない打ち明けたお話をすると、当時の私はまあ肴屋が菓子家へ手伝いに行ったようなものでした。

　一年の後私はとうとう田舎いなかの中学へ赴任しました。それは伊予の松山にある中学校です。あなたがたは松山の中学と聞いてお笑いになるが、おおかた私の書いた「坊ちゃん」でもご覧になったのでしょう。「坊ちゃん」の中に赤シャツという渾名をもっている人があるが、あれはいったい誰の事だと私はその時分よく訊かれたものです。誰の事だって、当時その中学に文学士と云ったら私一人なのですから、もし「坊ちゃん」の中の人物を一々実在のものと認めるならば、赤シャツはすなわちこういう私の事にならなければならんので、——はなはだありがたい仕合せと申上げたいような訳になります。

松山にもたった一カ年しかおりませんでした。立つ時に知事が留めてくれましたが、もう先方と内約ができていたので、とうとう断ってそこを立ちました。そうして今度は熊本の高等学校に腰を据えました。こういう順序で中学から高等学校、高等学校から大学と順々に私は教えて来た経験をもっていますが、ただ小学校と女学校だけはまだ足を入れた試しがございません。

　熊本には大分長くおりました。突然文部省から英国へ留学をしてはどうかという内談のあったのは、熊本へ行ってから何年目になりましょうか。私はその時留学を断ろうかと思いました。それは私のようなものが、何の目的ももたずに、外国へ行ったからと云って、別に国家のために役に立つ訳もなかろうと考えたからです。しかるに文部省の内意を取次いでくれた教頭が、それは先方の見込みなのだから、君の方で自分を評価する必要はない、ともかくも行った方が好かろうと云うので、私も絶対に反抗する理由もないから、命令通り英国へ行きました。しかし果はたせるかな何もする事がないのです。

　それを説明するためには、それまでの私というものを一応お話ししなければならん事になります。そのお話がすなわち今日の講演の一部分を構成する訳なのですからそのつもりでお聞きを願います。

　私は大学で英文学という専門をやりました。その英文学というものはどんなものかとお尋ねになるかも知れませんが、それを三年専攻した私にも何が何だかまあ夢中だったのです。その頃はジクソンという人が教師でした。私はその先生の前で詩を読ませられたり文章を読ませられたり、作文を作って、冠詞が落ちていると云って叱しかられたり、発音が間違っていると怒おこられたりしました。試験にはウォーズウォースは何年に生れて何年に死んだとか、シェクスピヤのフォリオは幾通りあるかとか、あるいはスコットの書いた作物を年代順に並ならべてみろとかいう問題ばかり出たのです。年の若いあなた方にもほぼ想像ができるでしょう、はたしてこれが英文学かどうだかという事が。英文学はしばらく措おいて第一文学とはどういうものだか、これではとうてい解わかるはずがありません。それなら自力でそれを窮わめ得るかと云うと、まあ盲目の垣覗かきのぞきといったようなもので、図書館に入って、どこをどううろついても手掛てがかりがないのです。これは自力の足りないばかりでなくその道に関した書物も乏とぼしかったのだろうと思います。とにかく三年勉強して、ついに文学は解らずじまいだったのです。私の煩悶はんもんは第一ここに根ざしていたと申し上げても差支ないでしょう。

　私はそんなあやふやな態度で世の中へ出てとうとう教師になったというより教師にされてしまったのです。幸に語学の方は怪しいにせよ、どうかこうかお茶を濁にごして行かれるから、その日その日はまあ無事に済んでいましたが、腹の中は常に空虚くうきょでした。空虚ならいっそ思い切りがよかったかも知れませんが、何だか不愉快な煮にえ切らない漠然ばくぜんたるものが、至る所に潜ひそんでいるようで甚たまらないのです。しかも一方では自分の職業としている教師というものに少しの興味ももち得ないのです。教育者であるという素因の私に欠乏している事は始めから知っていましたが、ただ教場で英語を教え

る事がすでに面倒なのだから仕方がありません。私は始終中腰で隙きがあったら、自分の本領へ飛び移ろう飛び移ろうとのみ思っていたのですが、さてその本領というのがあるようで、無いようで、どこを向いても、思い切ってやっと飛び移れないのです。

　私はこの世に生れた以上何かしなければならん、といって何をして好いか少しも見当がつかない。私はちょうど霧の中に閉じ込められた孤独の人間のように立ち竦んでしまったのです。そうしてどこからか一筋の日光が射さして来ないかしらんという希望よりも、こちらから探照灯を用いてたった一条で好いから先まで明らかに見たいという気がしました。ところが不幸にしてどちらの方角を眺めてもぼんやりしているのです。ぼうっとしているのです。あたかも嚢の中に詰つめられて出る事のできない人のような気持がするのです。私は私の手にただ一本の錐さえあればどこか一カ所突き破って見せるのだがと、焦燥抜いたのですが、あいにくその錐は人から与えられる事もなく、また自分で発見する訳にも行かず、ただ腹の底ではこの先自分はどうなるだろうと思って、人知れず陰鬱な日を送ったのであります。

　私はこうした不安を抱いだいて大学を卒業し、同じ不安を連れて松山から熊本へ引越ひっこし、また同様の不安を胸の底に畳たたんでついに外国まで渡わたったのであります。しかしいったん外国へ留学する以上は多少の責任を新たに自覚させられるにはきまっています。それで私はできるだけ骨を折って何かしようと努力しました。しかしどんな本を読んでも依然いぜんとして自分は嚢の中から出る訳に参りません。この嚢を突き破る錐は倫敦中探して歩いても見つかりそうになかったのです。私は下宿の一間の中で考えました。つまらないと思いました。いくら書物を読んでも腹の足たしにはならないのだと諦あきらめました。同時に何のために書物を読むのか自分でもその意味が解らなくなって来ました。

　この時私は始めて文学とはどんなものであるか、その概念を根本的に自力で作り上げるよりほかに、私を救う途はないのだと悟ったのです。今までは全く他人本位で、根のない萍のように、そこいらをでたらめに漂ただよっていたから、駄目だめであったという事にようやく気がついたのです。私のここに他人本位というのは、自分の酒を人に飲んでもらって、後からその品評を聴いて、それを理が非でもそうだとしてしまういわゆる人真似ひとまねを指すのです。一口にこう云ってしまえば、馬鹿らしく聞こえるから、誰もそんな人真似をする訳がないと不審ふしんがられるかも知れませんが、事実はけっしてそうではないのです。近頃流行はやるベルグソンでもオイケンでもみんな向の人がとやかくいうので日本人もその尻馬しりうまに乗って騒さわぐのです。ましてその頃は西洋人のいう事だと云えば何でもかでも盲従もうじゅうして威張いばったものです。だからむやみに片仮名を並べて人に吹聴ふいちょうして得意がった男が比々皆みな是これなりと云いたいくらいごろごろしていました。他ひとの悪口ではありません。こういう私が現にそれだったのです。たとえばある西洋人が甲という同じ西洋人の作物を評したのを読んだとすると、その評の当否はま

るで考えずに、自分の腑に落ちようが落ちまいが、むやみにその評を触れ散らかすのです。つまり鵜呑と云ってもよし、また機械的の知識と云ってもよし、とうていわが所有とも血とも肉とも云われない、よそよそしいものを我物顔にしゃべって歩くのです。しかるに時代が時代だから、またみんながそれを賞ほめるのです。

　けれどもいくら人に賞められたって、元々人の借着をして威張っているのだから、内心は不安です。手もなく孔雀の羽根を身に着けて威張っているようなものですから。それでもう少し浮華を去って摯実しじつにつかなければ、自分の腹の中はいつまで経ったって安心はできないという事に気がつき出したのです。

　たとえば西洋人がこれは立派な詩だとか、口調が大変好いとか云っても、それはその西洋人の見るところで、私の参考にならん事はないにしても、私にそう思えなければ、とうてい受売をすべきはずのものではないのです。私が独立した一個の日本人であって、けっして英国人の奴婢でない以上はこれくらいの見識は国民の一員として具そなえていなければならない上に、世界に共通な正直という徳義を重んずる点から見ても、私は私の意見を曲げてはならないのです。

　しかし私は英文学を専攻する。その本場の批評家のいうところと私の考かんがえと矛盾してはどうも普通の場合気が引ける事になる。そこでこうした矛盾がはたしてどこから出るかという事を考えなければならなくなる。風俗、人情、習慣、溯っては国民の性格皆この矛盾の原因になっているに相違ない。それを、普通の学者は単に文学と科学とを混同して、甲の国民に気に入るものはきっと乙おつの国民の賞讃を得るにきまっている、そうした必然性が含ふくまれていると誤認してかかる。そこが間違っていると云わなければならない。たといこの矛盾を融和する事が不可能にしても、それを説明する事はできるはずだ。そうして単にその説明だけでも日本の文壇には一道の光明を投げ与える事ができる。——こう私はその時始めて悟ったのでした。はなはだ遅まきの話で慚愧ざんぎの至いたりでありますけれども、事実だから偽らないところを申し上げるのです。

　私はそれから文芸に対する自己の立脚地を堅かためるため、堅めるというより新らしく建設するために、文芸とは全く縁のない書物を読み始めました。一口でいうと、自己本位という四字をようやく考えて、その自己本位を立証するために、科学的な研究やら哲学的の思索に耽けり出したのであります。今は時勢が違いますから、この辺の事は多少頭のある人にはよく解せられているはずですが、その頃は私が幼稚な上に、世間がまだそれほど進んでいなかったので、私のやり方は実際やむをえなかったのです。

　私はこの自己本位という言葉を自分の手に握ってから大変強くなりました。彼かれら何者ぞやと気概きがいが出ました。今まで茫然と自失していた私に、ここに立って、この道からこう行かなければならないと指図さしずをしてくれたものは実にこの自我本位の四字なの

であります。

　自白すれば私はその四字から新たに出立したのであります。そうして今のようにただ人の尻馬にばかり乗って空騒ぎをしているようでははなはだ心元ない事だから、そう西洋人ぶらないでも好いという動かすべからざる理由を立派に彼らの前に投げ出してみたら、自分もさぞ愉快だろう、人もさぞ喜ぶだろうと思って、著書その他の手段によって、それを成就するのを私の生涯しょうがいの事業としようと考えたのです。

　その時私の不安は全く消えました。私は軽快な心をもって陰鬱な倫敦を眺めたのです。比喩ひゆで申すと、私は多年の間懊悩おうのうした結果ようやく自分の鶴嘴つるはしをがちりと鉱脈に掘ほり当てたような気がしたのです。なお繰くり返かえしていうと、今まで霧の中に閉じ込められたものが、ある角度の方向で、明らかに自分の進んで行くべき道を教えられた事になるのです。

　かく私が啓発された時は、もう留学してから、一年以上経過していたのです。それでとても外国では私の事業を仕上げる訳に行かない、とにかくできるだけ材料を纏めて、本国へ立ち帰った後、立派に始末をつけようという気になりました。すなわち外国へ行った時よりも帰って来た時の方が、偶然ながらある力を得た事になるのです。

　ところが帰るや否や私は衣食のために奔走ほんそうする義務がさっそく起りました。私は高等学校へも出ました。大学へも出ました。後では金が足りないので、私立学校も一軒稼ぎました。その上私は神経衰弱すいじゃくに罹りました。最後に下らない創作などを雑誌に載のせなければならない仕儀しぎに陥おちいりました。いろいろの事情で、私は私の企くわだてた事業を半途はんとで中止してしまいました。私の著あらわした文学論はその記念というよりもむしろ失敗の亡骸なきがらです。しかも畸形児きけいじの亡骸です。あるいは立派に建設されないうちに地震で倒された未成市街の廃墟はいきょのようなものです。

　しかしながら自己本位というその時得た私の考は依然としてつづいています。否年を経るに従ってだんだん強くなります。著作的事業としては、失敗に終りましたけれども、その時確かに握った自己が主で、他は賓ひんであるという信念は、今日の私に非常の自信と安心を与えてくれました。私はその引続きとして、今日なお生きていられるような心持がします。実はこうした高い壇の上に立って、諸君を相手に講演をするのもやはりその力のお蔭かげかも知れません。

　以上はただ私の経験だけをざっとお話ししたのでありますけれども、そのお話しを致した意味は全くあなたがたのご参考になりはしまいかという老婆心ろうばしんからなのであります。あなたがたはこれからみんな学校を去って、世の中へお出かけになる。それにはまだ大分時間のかかる方もございましょうし、またはおっつけ実社界に活動なさる方もあるでしょうが、いずれも私の一度経過した煩悶（たとい種類は違っても）を繰返えしがちなものじゃなかろうかと推察されるのです。私のようにどこか突き抜けたくっても突き抜ける訳にも行かず、何か掴つかみたくっても薬缶やかん頭あたまを掴むようにつるつるして焦燥じれったくなったりする人が多分あるだろうと思うのです。もしあなたがたのうちですで

に自力で切り開いた道を持っている方は例外であり、また他ひとの後に従って、それで満足して、在来の古い道を進んで行く人も悪いとはけっして申しませんが、（自己に安心と自信がしっかり附随ふずいしているならば、）しかしもしそうでないとしたならば、どうしても、一つ自分の鶴嘴で掘り当てるところまで進んで行かなくってはいけないでしょう。いけないというのは、もし掘りあてる事ができなかったなら、その人は生涯不愉快で、始終中腰になって世の中にまごまごしていなければならないからです。私のこの点を力説するのは全くそのためで、何も私を模範になさいという意味ではけっしてないのです。私のようなつまらないものでも、自分で自分が道をつけつつ進み得たという自覚があれば、あなた方から見てその道がいかに下らないにせよ、それはあなたがたの批評と観察で、私には寸毫すんごうの損害がないのです。私自身はそれで満足するつもりであります。しかし私自身がそれがため、自信と安心をもっているからといって、同じ径路があなたがたの模範になるとはけっして思ってはいないのですから、誤解してはいけません。

　それはとにかく、私の経験したような煩悶があなたがたの場合にもしばしば起るに違いないと私は鑑定かんていしているのですが、どうでしょうか。もしそうだとすると、何かに打ち当るまで行くという事は、学問をする人、教育を受ける人が、生涯の仕事としても、あるいは十年二十年の仕事としても、必要じゃないでしょうか。ああここにおれの進むべき道があった！　ようやく掘り当てた！　こういう感投詞を心の底から叫さけび出される時、あなたがたは始めて心を安んずる事ができるのでしょう。容易に打ち壊こわされない自信が、その叫び声とともにむくむく首を擡もたげて来るのではありませんか。すでにその域に達している方も多数のうちにはあるかも知れませんが、もし途中で霧か靄もやのために懊悩していられる方があるならば、どんな犠牲を払はらっても、ああここだという掘ほり当てるところまで行ったらよろしかろうと思うのです。必ずしも国家のためばかりだからというのではありません。またあなた方のご家族のために申し上げる次第でもありません。あなたがた自身の幸福のために、それが絶対に必要じゃないかと思うから申上げるのです。もし私の通ったような道を通り過ぎた後なら致し方もないが、もしどこかにこだわりがあるなら、それを踏潰ぶすまで進まなければ駄目ですよ。——もっとも進んだってどう進んで好いか解らないのだから、何かにぶつかる所まで行くよりほかに仕方がないのです。私は忠告がましい事をあなたがたに強いる気はまるでありませんが、それが将来あなたがたの幸福の一つになるかも知れないと思うと黙まっていられなくなるのです。腹の中の煮え切らない、徹底しない、ああでもありこうでもあるというような海鼠なまこのような精神を抱いだいてぼんやりしていては、自分が不愉快ではないか知らんと思うからいうのです。不愉快でないとおっしゃればそれまでです、またそんな不愉快は通り越しているとおっしゃれば、それも結構であります。願がわくは通り越してありたいと私は祈いのるのであります。しかしこの私は学校を出て三十以上まで通り越せなかったのです。その苦痛は無論鈍痛どんつうではありましたが、年々歳々感ずる痛いたみには相違なかったのであります。だからもし私のような病気に罹った人が、もしこ

の中にあるならば、どうぞ勇猛ゆうもうにお進みにならん事を希望してやまないのです。もしそこまで行ければ、ここにおれの尻を落ちつける場所があったのだという事実をご発見になって、生涯の安心と自信を握る事ができるようになると思うから申し上げるのです。

　今まで申し上げた事はこの講演の第一篇に相当するものですが、私はこれからその第二篇に移ろうかと考えます。学習院という学校は社会的地位の好い人が這入る学校のように世間から見做みなされております。そうしてそれがおそらく事実なのでしょう。もし私の推察通り大した貧民はここへ来ないで、むしろ上流社会の子弟ばかりが集まっているとすれば、向後あなたがたに附随してくるもののうちで第一番に挙げなければならないのは権力であります。換言かんげんすると、あなた方が世間へ出れば、貧民が世の中に立った時よりも余計権力が使えるという事なのです。前申した、仕事をして何かに掘りあてるまで進んで行くという事は、つまりあなた方の幸福のため安心のためには相違ありませんが、なぜそれが幸福と安心とをもたらすかというと、あなた方のもって生れた個性がそこにぶつかって始めて腰がすわるからでしょう。そうしてそこに尻を落ちつけてだんだん前の方へ進んで行くとその個性がますます発展して行くからでしょう。ああここにおれの安住の地位があったと、あなた方の仕事とあなたがたの個性が、しっくり合った時に、始めて云い得るのでしょう。

　これと同じような意味で、今申し上げた権力というものを吟味ぎんみしてみると、権力とは先刻さっきお話した自分の個性を他人の頭の上に無理矢理に圧おしつける道具なのです。道具だと断然云い切ってわるければ、そんな道具に使い得る利器なのです。

　権力に次ぐものは金力です。これもあなたがたは貧民よりも余計に所有しておられるに相違ない。この金力を同じくそうした意味から眺めると、これは個性を拡張するために、他人の上に誘惑の道具として使用し得る至極重宝なものになるのです。

　してみると権力と金力とは自分の個性を貧乏人びんぼうにんより余計に、他人の上に押し被かぶせるとか、または他人をその方面に誘おびき寄せるとかいう点において、大変便宜べんぎな道具だと云わなければなりません。こういう力があるから、偉いようでいて、その実非常に危険なのです。先刻申した個性はおもに学問とか文芸とか趣味しゅみとかについて自己の落ちつくべき所まで行って始めて発展するようにお話致したのですが、実をいうとその応用ははなはだ広いもので、単に学芸だけにはとどまらないのです。私の知っている兄弟で、弟の方は家に引込ひっこんで書物などを読む事が好きなのに引ひき易かえて、兄はまた釣道楽つりどうらくに憂身うきみをやつしているのがあります。するとこの兄が自分の弟の引込思案でただ家にばかり引籠ひきこもっているのを非常に忌まわしいもののように考えるのです。必竟は釣をしないからああいう風に厭世的えんせいてきになるのだと合点がてんして、むやみに弟を釣に引張り出そうとするのです。弟はまたそれが不愉快でたまらないのだけれども、兄が高圧的に釣竿つりざおを担がしたり、魚籃びくを提げさせたりして、釣堀へ随行を命ずるものだから、まあ目を瞑つむってくっついて行って、気味の悪い鮒ふななどを釣っていやい

や帰ってくるのです。それがために兄の計画通り弟の性質が直ったかというと、けっしてそうではない、ますますこの釣というものに対して反抗心を起してくるようになります。つまり釣と兄の性質とはぴたりと合ってその間に何の隙間もないのでしょうが、それはいわゆる兄の個性で、弟とはまるで交渉こうしょうがないのです。これはもとより金力の例ではありません、権力の他を威圧する説明になるのです。兄の個性が弟を圧迫あっぱくして無理に魚を釣らせるのですから。もっともある場合には、——例えば授業を受ける時とか、兵隊になった時とか、また寄宿舎でも軍隊生活を主位におくとか——すべてそう云った場合には多少この高圧的手段は免まぬかれますまい。しかし私はおもにあなたがたが一本立いっぽんたちになって世間へ出た時の事を云っているのだからそのつもりで聴いて下さらなくては困ります。

　そこで前申した通り自分が好いと思った事、好きな事、自分と性の合う事、幸にそこにぶつかって自分の個性を発展させて行くうちには、自他の区別を忘れて、どうかあいつもおれの仲間に引ひき摺すり込んでやろうという気になる。その時権力があると前云った兄弟のような変な関係が出来上るし、また金力があると、それをふりまいて、他ひとを自分のようなものに仕立上げようとする。すなわち金を誘惑の道具として、その誘惑の力で他を自分に気に入るように変化させようとする。どっちにしても非常な危険が起るのです。

　それで私は常からこう考えています。第一にあなたがたは自分の個性が発展できるような場所に尻を落ちつけべく、自分とぴたりと合った仕事を発見するまで邁進まいしんしなければ一生の不幸であると。しかし自分がそれだけの個性を尊重し得るように、社会から許されるならば、他人に対してもその個性を認めて、彼らの傾向けいこうを尊重するのが理の当然になって来るでしょう。それが必要でかつ正しい事としか私には見えません。自分は天性右を向いているから、あいつが左を向いているのは怪けしからんというのは不都合じゃないかと思うのです。もっとも複雑な分子の寄って出来上った善悪とか邪正じゃせいとかいう問題になると、少々込み入った解剖の力を借りなければ何とも申されませんが、そうした問題の関係して来ない場合もしくは関係しても面倒でない場合には、自分が他ひとから自由を享有している限り、他にも同程度の自由を与えて、同等に取り扱あつかわなければならん事と信ずるよりほかに仕方がないのです。

　近頃自我とか自覚とか唱えていくら自分の勝手な真似をしても構わないという符徴ちょうに使うようですが、その中にははなはだ怪しいのがたくさんあります。彼らは自分の自我をあくまで尊重するような事を云いながら、他人の自我に至っては毫も認めていないのです。いやしくも公平の眼を具し正義の観念をもつ以上は、自分の幸福のために自分の個性を発展して行くと同時に、その自由を他にも与えなければすまん事だと私は信じて疑わないのです。我々は他が自己の幸福のために、己おのれの個性を勝手に発展するのを、相当の理由なくして妨害してはならないのであります。私はなぜここに妨害という字を使うかというと、あなたがたは正しく妨害し得る地位に将来立つ人が多いからです。あなたがたのうちには権力を用い得る人があり、また金力を用い得る人がたく

さんあるからです。

　元来をいうなら、義務の附着しておらない権力というものが世の中にあろうはずがないのです。私がこうやって、高い壇の上からあなた方を見下して、一時間なり二時間なり私の云う事を静粛《せいしゅく》に聴いていただく権利を保留する以上、私の方でもあなた方を静粛にさせるだけの説を述べなければすまないはずだと思います。よし平凡《へいぼん》な講演をするにしても、私の態度なり様子なりが、あなたがたをして礼を正さしむるだけの立派さをもっていなければならんはずのものであります。ただ私はお客である、あなたがたは主人である、だからおとなしくしなくてはならない、とこう云おうとすれば云われない事もないでしょうが、それは上面《うわつら》の礼式にとどまる事で、精神には何の関係もない云わば因襲といったようなものですから、てんで議論にはならないのです。別の例を挙げてみますと、あなたがたは教場で時々先生から叱られる事があるでしょう。しかし叱りっ放しの先生がもし世の中にあるとすれば、その先生は無論授業をする資格のない人です。叱る代りには骨を折って教えてくれるにきまっています。叱る権利をもつ先生はすなわち教える義務をももっているはずなのですから。先生は規律をただすため、秩序《ちつじょ》を保つために与えられた権利を十分に使うでしょう。その代りその権利と引き離す事のできない義務も尽くさなければ、教師の職を勤め終おおせる訳に行きますまい。

　金力についても同じ事であります。私の考《かんがえ》によると、責任を解しない金力家は、世の中にあってならないものなのです。その訳を一口にお話しするとこうなります。金銭というものは至極重宝なもので、何へでも自由自在に融通《ゆうずう》が利く。たとえば今私がここで、相場をして十万円儲《もう》けたとすると、その十万円で家屋を立てる事もできるし、書籍を買う事もできるし、または花柳社界を賑《にぎ》わす事もできるし、つまりどんな形にでも変って行く事ができます。そのうちでも人間の精神を買う手段に使用できるのだから恐ろしいではありませんか。すなわちそれをふりまいて、人間の徳義心を買い占しめる、すなわちその人の魂《たましい》を堕落《だらく》させる道具とするのです。相場で儲けた金が徳義的倫理的に大きな威力をもって働らき得るとすれば、どうしても不都合な応用と云わなければならないかと思われます。思われるのですけれども、実際その通りに金が活動する以上は致し方がない。ただ金を所有している人が、相当の徳義心をもって、それを道義上害のないように使いこなすよりほかに、人心の腐敗を防ぐ道はなくなってしまうのです。それで私は金力には必ず責任がついて廻らなければならないといいたくなります。自分は今これだけの富の所有者であるが、それをこういう方面にこう使えば、こういう結果になるし、ああいう社会にああ用いればああいう影響があると呑み込むだけの見識を養成するばかりでなく、その見識に応じて、責任をもってわが富を所置しなければ、世の中にすまないと云うのです。いな自分自身にもすむまいというのです。

　今までの論旨《ろんし》をかい摘《つま》んでみると、第一に自己の個性の発展を仕遂《しとげ》ようと思うならば、同時に他人の個性も尊重しなければならないという事。第二に自己の所有している権力を使用しようと思うならば、それに附随している義務というものを心得

なければならないという事。第三に自己の金力を示そうと願うなら、それに伴う責任を重んじなければならないという事。つまりこの三カ条に帰着するのであります。

これをほかの言葉で言い直すと、いやしくも倫理的に、ある程度の修養を積んだ人でなければ、個性を発展する価値もなし、権力を使う価値もなし、また金力を使う価値もないという事になるのです。それをもう一遍云い換えると、この三者を自由に享楽しむためには、その三つのものの背後にあるべき人格の支配を受ける必要が起って来るというのです。もし人格のないものがむやみに個性を発展しようとすると、他ひとを妨害する、権力を用いようとすると、濫用に流れる、金力を使おうとすれば、社会の腐敗をもたらす。ずいぶん危険な現象を呈するに至るのです。そうしてこの三つのものは、あなたがたが将来において最も接近しやすいものであるから、あなたがたはどうしても人格のある立派な人間になっておかなくてはいけないだろうと思います。

話が少し横へそれますが、ご存じの通り英吉利という国は大変自由を尊ぶ国であります。それほど自由を愛する国でありながら、また英吉利ほど秩序の調った国はありません。実をいうと私は英吉利を好かないのです。嫌いではあるが事実だから仕方なしに申し上げます。あれほど自由でそうしてあれほど秩序の行き届いた国は恐らく世界中にないでしょう。日本などはとうてい比較にもなりません。しかし彼らはただ自由なのではありません。自分の自由を愛するとともに他の自由を尊敬するように、小供の時分から社会的教育をちゃんと受けているのです。だから彼らの自由の背後にはきっと義務という観念が伴っています。England expects every man to do his duty といった有名なネルソンの言葉はけっして当座限りの意味のものではないのです。彼らの自由と表裏して発達して来た深い根柢をもった思想に違いないのです。

彼らは不平があるとよく示威運動をやります。しかし政府はけっして干渉がましい事をしません。黙って放っておくのです。その代り示威運動をやる方でもちゃんと心得ていて、むやみに政府の迷惑になるような乱暴は働かないのです。近頃女権拡張論者と云ったようなものがむやみに狼藉をするように新聞などに見えていますが、あれはまあ例外です。例外にしては数が多過ぎると云われればそれまでですが、どうも例外と見るよりほかに仕方がないようです。嫁に行かれないとか、職業が見つからないとか、または昔しから養成された、女を尊敬するという気風につけ込むのか、何しろあれは英国人の平生の態度ではないようです。名画を破る、監獄で断食して獄丁を困らせる、議会のベンチへ身体からだを縛りつけておいて、わざわざ騒々しく叫び立てる。これは意外の現象ですが、ことによると女は何をしても男の方で遠慮するから構わないという意味でやっているのかも分りません。しかしまあどういう理由にしても変則らしい気がします。一般の英国気質というものは、今お話しした通り義務の観念を離れない程度において自由を愛しているようです。

それで私は何も英国を手本にするという意味ではないのですけれども、要するに義務心を持っていない自由は本当の自由ではないと考えます。と云うものは、そうしたわがままな自由はけっして社会に存在し得ないからであります。よし存在してもすぐ他から排斥され踏み潰されるにきまっているからです。私はあなたがたが自由にあらん事を

私の個人主義

切望するものであります。同時にあなたがたが義務というものを納得せられん事を願ってやまないのであります。こういう意味において、私は個人主義だと公言して憚はばからないつもりです。

　この個人主義という意味に誤解があってはいけません。ことにあなたがたのようなお若い人に対して誤解を吹き込んでは私がすみませんから、その辺はよくご注意を願っておきます。時間が逼っているからなるべく単簡に説明致しますが、個人の自由は先刻お話した個性の発展上極めて必要なものであって、その個性の発展がまたあなたがたの幸福に非常な関係を及およぼすのだから、どうしても他に影響のない限り、僕ぼくは左を向く、君は右を向いても差支ないくらいの自由は、自分でも把持はじし、他人にも附与ふよしなくてはなるまいかと考えられます。それがとりも直さず私のいう個人主義なのです。金力権力の点においてもその通りで、俺の好かないやつだから畳んでしまえとか、気に喰わない者だからやっつけてしまえとか、悪い事もないのに、ただそれらを濫用したらどうでしょう。人間の個性はそれで全く破壊されると同時に、人間の不幸もそこから起らなければなりません。たとえば私が何も不都合を働らかないのに、単に政府に気に入らないからと云って、警視総監けいしそうかんが巡査じゅんさに私の家を取り巻かせたらどんなものでしょう。警視総監にそれだけの権力はあるかも知れないが、徳義はそういう権力の使用を彼に許さないのであります。または三井とか岩崎とかいう豪商が、私を嫌うというだけの意味で、私の家の召使めしつかいを買収して事ごとに私に反抗させたなら、これまたどんなものでしょう。もし彼らの金力の背後に人格というものが多少でもあるならば、彼らはけっしてそんな無法を働らく気にはなれないのであります。

　こうした弊害はみな道義上の個人主義を理解し得ないから起るので、自分だけを、権力なり金力なりで、一般に推し広めようとするわがままにほかならんのであります。だから個人主義、私のここに述べる個人主義というものは、けっして俗人の考えているように国家に危険を及ぼすものでも何でもないので、他の存在を尊敬すると同時に自分の存在を尊敬するというのが私の解釈なのですから、立派な主義だろうと私は考えているのです。

　もっと解りやすく云えば、党派心がなくって理非がある主義なのです。朋党ほうとうを結び団隊を作って、権力や金力のために盲動しないという事なのです。それだからその裏面には人に知られない淋びしさも潜んでいるのです。すでに党派でない以上、我は我の行くべき道を勝手に行くだけで、そうしてこれと同時に、他人の行くべき道を妨げないのだから、ある時ある場合には人間がばらばらにならなければなりません。そこが淋しいのです。私がかつて朝日新聞の文芸欄を担任していた頃、だれであったか、三宅雪嶺みやけせつれいさんの悪口を書いた事がありました。もちろん人身攻撃ではないので、ただ批評に過ぎないのです。しかもそれがたった二三行あったのです。出たのはいつごろでしたか、私は担任者であったけれども病気をしたからあるいはその病気中かも知れず、または病気中でなくって、私が出して好いと認定したのかも知れません。とにかくその批評が朝日の文芸欄に載ったのです。すると「日本及び日本人」の連中が怒りました。私の所へ直接にはかけ合わなかったけれども、当時私の下働きをしていた男に取消とり

けしを申し込んで来ました。それが本人からではないのです。雪嶺さんの子分——子分というと何だか博奕打のようでおかしいが、——まあ同人といったようなものでしょう、どうしても取り消せというのです。それが事実の問題ならもっともですけれども、批評なんだから仕方がないじゃありませんか。私の方ではこちらの自由だというよりほかに途はないのです。しかもそうした取消を申し込んだ「日本及び日本人」の一部では毎号私の悪口を書いている人があるのだからなおのこと人を驚ろかせるのです。私は直接談判はしませんでしたけれども、その話を間接に聞いた時、変な心持こころもちがしました。というのは、私の方は個人主義でやっているのに反して、向うは党派主義で活動しているらしく思われたからです。当時私は私の作物をわるく評したものさえ、自分の担任している文芸欄へ載せたくらいですから、彼らのいわゆる同人なるものが、一度に雪嶺さんに対する評語が気に入らないと云って怒ったのを、驚ろきもしたし、また変にも感じました。失礼ながら時代後れだとも思いました。封建ほうけん時代の人間の団隊のようにも考えました。しかしそう考えた私はついに一種の淋しさを脱却だっきゃくする訳に行かなかったのです。私は意見の相違はいかに親しい間柄でもどうする事もできないと思っていましたから、私の家に出入りをする若い人達に助言はしても、その人々の意見の発表に抑圧を加えるような事は、他に重大な理由のない限り、けっしてやった事がないのです。私は他ひとの存在をそれほどに認めている、すなわち他にそれだけの自由を与えているのです。だから向うの気が進まないのに、いくら私が汚辱を感ずるような事があっても、けっして助力は頼めないのです。そこが個人主義の淋しさです。個人主義は人を目標として向背こうはいを決する前に、まず理非を明らめて、去就を定めるのだから、ある場合にはたった一人ぼっちになって、淋しい心持がするのです。それはそのはずです。槙雑木まきぞっぽうでも束たばになっていれば心丈夫こころじょうぶですから。

　それからもう一つ誤解を防ぐために一言しておきたいのですが、何だか個人主義というとちょっと国家主義の反対で、それを打ち壊すように取られますが、そんな理窟の立たない漫然としたものではないのです。いったい何々主義という事は私のあまり好まないところで、人間がそう一つ主義に片づけられるものではあるまいとは思いますが、説明のためですから、ここにはやむをえず、主義という文字の下にいろいろの事を申し上げます。ある人は今の日本はどうしても国家主義でなければ立ち行かないように云いふらしまたそう考えています。しかも個人主義なるものを蹂躙じゅうりんしなければ国家が亡ほろびるような事を唱道するものも少なくはありません。けれどもそんな馬鹿気たはずはけっしてありようがないのです。事実私共は国家主義でもあり、世界主義でもあり、同時にまた個人主義でもあるのであります。

　個人の幸福の基礎となるべき個人主義は個人の自由がその内容になっているには相違ありませんが、各人の享有するその自由というものは国家の安危に従って、寒暖計のように上ったり下ったりするのです。これは理論というよりもむしろ事実から出る理論と云った方が好いかも知れません、つまり自然の状態がそうなって来るのです。国家が危くなれば個人の自由が狭せばめられ、国家が泰平の時には個人の自由が膨脹して来る、そ

れが当然の話です。いやしくも人格のある以上、それを踏み違えて、国家の亡びるか亡びないかという場合に、痂違いをしてただむやみに個性の発展ばかりめがけている人はないはずです。私のいう個人主義のうちには、火事が済んでもまだ火事頭巾が必要だと云って、用もないのに窮屈がる人に対する忠告も含まれていると考えて下さい。また例になりますが、昔し私が高等学校にいた時分、ある会を創設したものがありました。その名も主意も詳くわしい事は忘れてしまいましたが、何しろそれは国家主義を標榜したやかましい会でした。もちろん悪い会でも何でもありません。当時の校長の木下広次さんなどは大分肩を入れていた様子でした。その会員はみんな胸にめだるを下げていました。私はめだるだけはご免めん蒙こうむりましたが、それでも会員にはされたのです。無論発起人でないから、ずいぶん異存もあったのですが、まあ入っても差支なかろうという主意から入会しました。ところがその発会式が広い講堂で行なわれた時に、何かの機はずみでしたろう、一人の会員が壇上に立って演説めいた事をやりました。ところが会員ではあったけれども私の意見には大分反対のところもあったので、私はその前ずいぶんその会の主意を攻撃していたように記憶しています。しかるにいよいよ発会式となって、今申した男の演説を聴いてみると、全く私の説の反駁に過ぎないのです。故意だか偶然だか解りませんけれども勢い私はそれに対して答弁の必要が出て来ました。私は仕方なしに、その人のあとから演壇に上りました。当時の私の態度なり行儀なりははなはだ見苦しいものだと思いますが、それでも簡潔に云う事だけは云って退けました。ではその時何と云ったかとお尋ねになるかも知れませんが、それはすこぶる簡単なのです。私はこう云いました。——国家は大切かも知れないが、そう朝から晩まで国家国家と云ってあたかも国家に取りつかれたような真似はとうてい我々にできる話でない。常住坐臥国家の事以外を考えてならないという人はあるかも知れないが、そう間断なく一つ事を考えている人は事実あり得ない。豆腐屋が豆腐を売ってあるくのは、けっして国家のために売って歩くのではない。根本的の主意は自分の衣食の料を得るためである。しかし当人はどうあろうともその結果は社会に必要なものを供するという点において、間接に国家の利益になっているかも知れない。これと同じ事で、今日の午に私は飯を三杯たべた、晩にはそれを四杯に殖やしたというのも必ずしも国家のために増減したのではない。正直に云えば胃の具合できめたのである。しかしこれらも間接のまた間接に云えば天下に影響しないとは限らない。否観方によっては世界の大勢に幾分か関係していないとも限らない。しかしながら肝心の当人はそんな事を考えて、国家のために飯を食わせられたり、国家のために顔を洗わせられたり、また国家のために便所に行かせられたりしては大変である。国家主義を奨励するのはいくらしても差支ないが、事実できない事をあたかも国家のためにするごとくに装よそおうのは偽りである。——私の答弁はざっとこんなものでありました。

　いったい国家というものが危くなれば誰だって国家の安否を考えないものは一人もない。国が強く戦争の憂いが少なく、そうして他から犯される憂がなければないほど、

国家的観念は少なくなってしかるべき訳で、その空虚を充たすために個人主義が這入ってくるのは理の当然と申すよりほかに仕方がないのです。今の日本はそれほど安泰でもないでしょう。貧乏である上に、国が小さい。したがっていつどんな事が起ってくるかも知れない。そういう意味から見て吾々は国家の事を考えていなければならんのです。けれどもその日本が今が今潰れるとか滅亡の憂目にあうとかいう国柄でない以上は、そう国家国家と騒ぎ廻る必要はないはずです。火事の起らない先に火事装束をつけて窮屈な思いをしながら、町内中駈け歩くのと一般であります。必竟ずるにこういう事は実際程度問題で、いよいよ戦争が起った時とか、危急存亡の場合とかになれば、考えられる頭の人、――考えなくてはいられない人格の修養の積んだ人は、自然そちらへ向いて行く訳で、個人の自由を束縛し個人の活動を切りつめても、国家のために尽すようになるのは天然自然と云っていいくらいなものです。だからこの二つの主義はいつでも矛盾して、いつでも撲殺し合うなどというような厄介なものでは万々ないと私は信じているのです。この点についても、もっと詳しく申し上げたいのですけれども時間がないからこのくらいにして切り上げておきます。ただもう一つご注意までに申し上げておきたいのは、国家的道徳というものは個人的道徳に比べると、ずっと段の低いもののように見える事です。元来国と国とは辞令はいくらやかましくっても、徳義心はそんなにありゃしません。詐欺さぎをやる、ごまかしをやる、ペテンにかける、めちゃくちゃなものであります。だから国家を標準とする以上、国家を一団と見る以上、よほど低級な道徳に甘んじて平気でいなければならないのに、個人主義の基礎から考えると、それが大変高くなって来るのですから考えなければなりません。だから国家の平穏な時には、徳義心の高い個人主義にやはり重きをおく方が、私にはどうしても当然のように思われます。その辺は時間がないから今日はそれより以上申上げる訳に参りません。

　私はせっかくのご招待だから今日まかり出て、できるだけ個人の生涯を送らるべきあなたがたに個人主義の必要を説きました。これはあなたがたが世の中へ出られた後、幾分かご参考になるだろうと思うからであります。はたして私のいう事が、あなた方に通じたかどうか、私には分りませんが、もし私の意味に不明のところがあるとすれば、それは私の言い方が足りないか、または悪いかだろうと思います。で私の云うところに、もし曖昧の点があるなら、好い加減にきめないで、私の宅までおいで下さい。できるだけはいつでも説明するつもりでありますから。またそうした手数を尽さないでも、私の本意が充分じゅうぶんご会得えとくになったなら、私の満足はこれに越した事はありません。あまり時間が長くなりますからこれでご免を蒙ります。

大正三年十一月、学習院輔仁会にて講演

　【作品紹介】本作品は大正三年十一月に夏目漱石は学習院輔仁会に講演した原稿である。

高瀬舟

森鴎外

　高瀬舟は京都の高瀬川を上下する小舟である。徳川時代に京都の罪人が遠島を申し渡されると、本人の親類が牢屋敷へ呼び出されて、そこで暇乞いをすることを許された。それから罪人は高瀬舟に載せられて、大阪へ回されることであった。それを護送するのは、京都町奉行の配下にいる同心で、この同心は罪人の親類の中で、おも立った一人を大阪まで同船させることを許す慣例であった。これは上へ通った事ではないが、いわゆる大目に見るのであった、黙許であった。

　当時遠島を申し渡された罪人は、もちろん重い科を犯したものと認められた人ではあるが、決して盗みをするために、人を殺し火を放ったというような、獰悪な人物が多数を占めていたわけではない。高瀬舟に乗る罪人の過半は、いわゆる心得違いのために、思わぬ科を犯した人であった。有りふれた例をあげてみれば、当時相対死と言った情死をはかって、相手の女を殺して、自分だけ生き残った男というような類である。

　そういう罪人を載せて、入相の鐘の鳴るころにこぎ出された高瀬舟は、黒ずんだ京都の町の家々を両岸に見つつ、東へ走って、加茂川を横ぎって下るのであった。この舟の中で、罪人とその親類の者とは夜どおし身の上を語り合う。いつもいつも悔やんでも返らぬ繰り言である。護送の役をする同心は、そばでそれを聞いて、罪人を出した親戚眷族の悲惨な境遇を細かに知ることができた。所詮町奉行の白州で、表向きの口供を聞いたり、役所の机の上で、口書を読んだりする役人の夢にもうかがうことのできぬ境遇である。

　同心を勤める人にも、いろいろの性質があるから、この時ただうるさいと思って、耳をおおいたく思う冷淡な同心があるかと思えば、またしみじみと人の哀れを身に引き受けて、役がらゆえ気色には見せぬながら、無言のうちにひそかに胸を痛める同心もあった。場合によって非常に悲惨な境遇に陥った罪人とその親類とを、特に心弱い、涙もろい同心が宰領してゆくことになると、その同心は不覚の涙を禁じ得ぬのであった。

　そこで高瀬舟の護送は、町奉行所の同心仲間で不快な職務としてきらわれていた。

いつのころであったか。たぶん江戸で白河楽翁侯が政柄を執っていた寛政のころででもあっただろう。智恩院の桜が入相の鐘に散る春の夕べに、これまで類のない、珍しい罪人が高瀬舟に載せられた。
　それは名を喜助と言って、三十歳ばかりになる、住所不定の男である。もとより牢屋敷に呼び出されるような親類はないので、舟にもただ一人で乗った。
　護送を命ぜられて、いっしょに舟に乗り込んだ同心羽田庄兵衛は、ただ喜助が弟殺しの罪人だということだけを聞いていた。さて牢屋敷から桟橋まで連れて来る間、この痩肉の、色の青白い喜助の様子を見るに、いかにも神妙に、いかにもおとなしく、自分をば公儀の役人として敬って、何事につけても逆らわぬようにしている。しかもそれが、罪人の間に往々見受けるような、温順を装って権勢に媚びる態度ではない。
　庄兵衛は不思議に思った。そして舟に乗ってからも、単に役目の表で見張っているばかりでなく、絶えず喜助の挙動に、細かい注意をしていた。
　その日は暮れ方から風がやんで、空一面をおおった薄い雲が、月の輪郭をかすませ、ようよう近寄って来る夏の温かさが、両岸の土からも、川床の土からも、もやになって立ちのぼるかと思われる夜であった。下京の町を離れて、加茂川を横ぎったころからは、あたりがひっそりとして、ただ舳にさかれる水のささやきを聞くのみである。
　夜舟で寝ることは、罪人にも許されているのに、喜助は横になろうともせず、雲の濃淡に従って、光の増したり減じたりする月を仰いで、黙っている。その額は晴れやかで目にはかすかなかがやきがある。
　庄兵衛はまともには見ていぬが、始終喜助の顔から目を離さずにいる。そして不思議だ、不思議だと、心の内で繰り返している。それは喜助の顔が縦から見ても、横から見ても、いかにも楽しそうで、もし役人に対する気がねがなかったなら、口笛を吹きはじめるとか、鼻歌を歌い出すとかしそうに思われたからである。
　庄兵衛は心の内に思った。これまでこの高瀬舟の宰領をしたことは幾たびだか知れない。しかし載せてゆく罪人は、いつもほとんど同じように、目も当てられぬ気の毒な様子をしていた。それにこの男はどうしたのだろう。遊山船にでも乗ったような顔をしている。罪は弟を殺したのだそうだが、よしやその弟が悪いやつで、それをどんなゆきがかりになって殺したにせよ、人の情としていい心持ちはせぬはずである。この色の青いやせ男が、その人の情というものが全く欠けているほどの、世にもまれな悪人であろうか。どうもそうは思われない。ひょっと気でも狂っているのではあるまいか。いやいや。それにしては何一つつじつまの合わぬことばや挙動がない。この男はどうしたのだろう。庄兵衛がためには喜助の態度が考えれば考えるほどわからなくなるのである。

高瀬舟

　　しばらくして、庄兵衛はこらえ切れなくなって呼びかけた。「喜助。お前何を思っているのか。」
　「はい」と言ってあたりを見回した喜助は、何事をかお役人に見とがめられたのではないかと気づかうらしく、居ずまいを直して庄兵衛の気色を伺った。
　庄兵衛は自分が突然問いを発した動機を明かして、役目を離れた応対を求める言いわけをしなくてはならぬように感じた。そこでこう言った。「いや。別にわけがあって聞いたのではない。実はな、おれはさっきからお前の島へゆく心持ちが聞いてみたかったのだ。おれはこれまでこの舟でおおぜいの人を島へ送った。それはずいぶんいろいろな身の上の人だったが、どれもどれも島へゆくのを悲しがって、見送りに来て、いっしょに舟に乗る親類のものと、夜どおし泣くにきまっていた。それにお前の様子を見れば、どうも島へゆくのを苦にしてはいないようだ。いったいお前はどう思っているのだい。」
　喜助はにっこり笑った。「御親切におっしゃってくだすって、ありがとうございます。なるほど島へゆくということは、ほかの人には悲しい事でございましょう。その心持ちはわたくしにも思いやってみることができます。しかしそれは世間でらくをしていた人だからでございます。京都は結構な土地ではございますが、その結構な土地で、これまでわたくしのいたして参ったような苦しみは、どこへ参ってもなかろうと存じます。お上のお慈悲で、命を助けて島へやってくださいます。島はよしやつらい所でも、鬼のすむ所ではございますまい。わたくしはこれまで、どこといって自分のいていい所というものがございませんでした。こん度お上で島にいろとおっしゃってくださいます。そのいろとおっしゃる所に落ち着いていることができますのが、まず何よりもありがたい事でございます。それにわたくしはこんなにかよわいからだではございますが、ついぞ病気をいたしたことはございませんから、島へ行ってから、どんなつらい仕事をしたって、からだを痛めるようなことはあるまいと存じます。それからこん度島へおやりくださるにつきまして、二百文の鳥目をいただきました。それをここに持っております。」こう言いかけて、喜助は胸に手を当てた。遠島を仰せつけられるものには、鳥目二百銅をつかわすというのは、当時の掟であった。
　喜助はことばをついだ。「お恥ずかしい事を申し上げなくてはなりませぬが、わたくしは今日まで二百文というお足を、こうしてふところに入れて持っていたことはございませぬ。どこかで仕事に取りつきたいと思って、仕事を尋ねて歩きまして、それが見つかり次第、骨を惜しまずに働きました。そしてもらった銭は、いつも右から左へ人手に渡さなくてはなりませなんだ。それも現金で物が買って食べられる時は、わたくしの工面のいい時で、たいていは借りたものを返して、またあとを借りたのでございます。それがお牢にはいってからは、仕事をせずに食べさせていただきます。わたくしはそればかりでも、お上に対して済まない事をいたしているようでなりませぬ。それにお牢を出る時に、この二百文をいただきましたのでございます。こうして相変わらずお上の物

・109・

を食べていて見ますれば、この二百文はわたくしが使わずに持っていることができます。お足を自分の物にして持っているということは、わたくしにとっては、これが始めでございます。島へ行ってみますまでは、どんな仕事ができるかわかりませんが、わたくしはこの二百文を島でする仕事の本手にしようと楽しんでおります。」こう言って、喜助は口をつぐんだ。

庄兵衛は「うん、そうかい」とは言ったが、聞く事ごとにあまり意表に出たので、これもしばらく何も言うことができずに、考え込んで黙っていた。

庄兵衛はかれこれ初老に手の届く年になっていて、もう女房に子供を四人生ませている。それに老母が生きているので、家は七人暮らしである。平生人には吝嗇と言われるほどの、倹約な生活をしていて、衣類は自分が役目のために着るもののほか、寝巻しかこしらえぬくらいにしている。しかし不幸な事には、妻をいい身代の商人の家から迎えた。そこで女房は夫のもらう扶持米で暮らしを立ててゆこうとする善意はあるが、ゆたかな家にかわいがられて育った癖があるので、夫が満足するほど手元を引き締めて暮らしてゆくことができない。ややもすれば月末になって勘定が足りなくなる。すると女房が内証で里から金を持って来て帳尻を合わせる。それは夫が借財というものを毛虫のようにきらうからである。そういう事は所詮夫に知れずにはいない。庄兵衛は五節句だと言っては、里方から物をもらい、子供の七五三の祝いだと言っては、里方から子供に衣類をもらうのでさえ、心苦しく思っているのだから、暮らしの穴をうめてもらったのに気がついては、いい顔はしない。格別平和を破るような事のない羽田の家に、おりおり波風の起こるのは、これが原因である。

庄兵衛は今喜助の話を聞いて、喜助の身の上をわが身の上に引き比べてみた。喜助は仕事をして給料を取っても、右から左へ人手に渡してなくしてしまうと言った。いかにも哀れな、気の毒な境界である。しかし一転してわが身の上を顧みれば、彼と我れとの間に、はたしてどれほどの差があるか。自分も上からもらう扶持米を、右から左へ人手に渡して暮らしているに過ぎぬではないか。彼と我れとの相違は、いわば十露盤の桁が違っているだけで、喜助のありがたがる二百文に相当する貯蓄だに、こっちはないのである。

さて桁を違えて考えてみれば、鳥目二百文をでも、喜助がそれを貯蓄と見て喜んでいるのに無理はない。その心持ちはこっちから察してやることができる。しかしいかに桁を違えて考えてみても、不思議なのは喜助の欲のないこと、足ることを知っていることである。

喜助は世間で仕事を見つけるのに苦しんだ。それを見つけさえすれば、骨を惜しまずに働いて、ようよう口を糊することのできるだけで満足した。そこで牢に入ってからは、今まで得がたかった食が、ほとんど天から授けられるように、働かずに得られるのに驚いて、生まれてから知らぬ満足を覚えたのである。

庄兵衛はいかに桁を違えて考えてみても、ここに彼と我れとの間に、大いなる懸隔のあることを知った。自分の扶持米で立ててゆく暮らしは、おりおり足らぬことがあるにしても、たいてい出納が合っている。手いっぱいの生活である。しかるにそこに満足を覚えたことはほとんどない。常は幸いとも不幸とも感ぜずに過ごしている。しかし心の奥には、こうして暮らしていて、ふいとお役が御免になったらどうしよう、大病にでもなったらどうしようという疑懼が潜んでいて、おりおり妻が里方から金を取り出して来て穴うめをしたことなどがわかると、この疑懼が意識の閾の上に頭をもたげて来るのである。

　いったいこの懸隔はどうして生じて来るだろう。ただ上べだけを見て、それは喜助には身に係累がないのに、こっちにはあるからだと言ってしまえばそれまでである。しかしそれはうそである。よしや自分が一人者であったとしても、どうも喜助のような心持ちにはなられそうにない。この根底はもっと深いところにあるようだと、庄兵衛は思った。

　庄兵衛はただ漠然と、人の一生というような事を思ってみた。人は身に病があると、この病がなかったらと思う。その日その日の食がないと、食ってゆかれたらと思う。万一の時に備えるたくわえがないと、少しでもたくわえがあったらと思う。たくわえがあっても、またそのたくわえがもっと多かったらと思う。かくのごとくに先から先へと考えてみれば、人はどこまで行って踏み止まることができるものやらわからない。それを今目の前で踏み止まって見せてくれるのがこの喜助だと、庄兵衛は気がついた。

　庄兵衛は今さらのように驚異の目をみはって喜助を見た。この時庄兵衛は空を仰いでいる喜助の頭から毫光がさすように思った。

───────────

　庄兵衛は喜助の顔をまもりつつまた、「喜助さん」と呼びかけた。今度は「さん」と言ったが、これは充分の意識をもって称呼を改めたわけではない。その声がわが口から出てわが耳に入るや否や、庄兵衛はこの称呼の不穏当なのに気がついたが、今さらすでに出たことばを取り返すこともできなかった。

　「はい」と答えた喜助も、「さん」と呼ばれたのを不審に思うらしく、おそるおそる庄兵衛の気色をうかがった。

　庄兵衛は少し間の悪いのをこらえて言った。「いろいろの事を聞くようだが、お前が今度島へやられるのは、人をあやめたからだという事だ。おれについでにそのわけを話して聞せてくれぬか。」

　喜助はひどく恐れ入った様子で、「かしこまりました」と言って、小声で話し出した。「どうも飛んだ心得違いで、恐ろしい事をいたしまして、なんとも申し上げようがございませぬ。あとで思ってみますと、どうしてあんな事ができたかと、自分ながら不思議でなりませぬ。全く夢中でいたしましたのでございます。わたくしは小さい時に二親が時疫でなくなりまして、弟と二人あとに残りました。初めはちょうど軒下に生ま

れた犬の子にふびんを掛けるように町内の人たちがお恵みくださいますので、近所じゅうの走り使いなどをいたして、飢え凍えもせずに、育ちました。次第に大きくなりまして職を捜しますにも、なるたけ二人が離れないようにいたして、いっしょにいて、助け合って働きました。去年の秋の事でございます。わたくしは弟といっしょに、西陣の織場にはいりまして、空引きということをいたすことになりました。そのうち弟が病気で働けなくなったのでございます。そのころわたくしどもは北山の掘立小屋同様の所に寝起きをいたして、紙屋川の橋を渡って織場へ通っておりましたが、わたくしが暮れてから、食べ物などを買って帰ると、弟は待ち受けていて、わたくしを一人でかせがせてはすまないすまないと申しておりました。ある日いつものように何心なく帰って見ますと、弟はふとんの上に突っ伏していまして、周囲は血だらけなのでございます。わたくしはびっくりいたして、手に持っていた竹の皮包みや何かを、そこへおっぽり出して、そばへ行って「どうしたどうした」と申しました。すると弟はまっ青な顔の、両方の頬からあごへかけて血に染まったのをあげて、わたくしを見ましたが、物を言うことができませぬ。息をいたすたびに、傷口でひゅうひゅうという音がいたすだけでございます。わたくしにはどうも様子がわかりませんので、「どうしたのだい、血を吐いたのかい」と言って、そばへ寄ろうといたすと、弟は右の手を床に突いて、少しからだを起こしました。左の手はしっかりあごの下の所を押えていますが、その指の間から黒血の固まりがはみ出しています。弟は目でわたくしのそばへ寄るのを留めるようにして口をききました。ようよう物が言えるようになったのでございます。「すまない。どうぞ堪忍してくれ。どうせなおりそうにもない病気だから、早く死んで少しでも兄きにらくがさせたいと思ったのだ。笛を切ったら、すぐ死ねるだろうと思ったが息がそこから漏れるだけで死ねない。深く深くと思って、力いっぱい押し込むと、横へすべってしまった。刃はこぼれはしなかったようだ。これをうまく抜いてくれたらおれは死ねるだろうと思っている。物を言うのがせつなくっていけない。どうぞ手を借して抜いてくれ」と言うのでございます。弟が左の手をゆるめるとそこからまた息が漏ります。わたくしはなんと言おうにも、声が出ませんので、黙って弟の喉の傷をのぞいて見ますと、なんでも右の手に剃刀を持って、横に笛を切ったが、それでは死に切れなかったので、そのまま剃刀を、えぐるように深く突っ込んだものと見えます。柄がやっと二寸ばかり傷口から出ています。わたくしはそれだけの事を見て、どうしようという思案もつかずに、弟の顔を見ました。弟はじっとわたくしを見詰めています。わたくしはやっとの事で、「待っていてくれ、お医者を呼んで来るから」と申しました。弟は恨めしそうな目つきをいたしましたが、また左の手で喉をしっかり押えて、「医者がなんになる、あゝ苦しい、早く抜いてくれ、頼む」と言うのでございます。わたくしは途方に暮れたような心持ちになって、ただ弟の顔ばかり見ております。こんな時は、不思議なもので、目が物を言います。弟の目は「早くしろ、早くしろ」と言って、さも恨めしそうにわたくしを見ています。わたくしの頭の中では、なんだかこう車の輪のような物がぐるぐる回っているよ

うでございましたが、弟の目は恐ろしい催促をやめません。それにその目の恨めしそうなのがだんだん険しくなって来て、とうとう敵の顔をでもにらむような、憎々しい目になってしまいます。それを見ていて、わたくしはとうとう、これは弟の言ったとおりにしてやらなくてはならないと思いました。わたくしは「しかたがない、抜いてやるぞ」と申しました。すると弟の目の色がからりと変わって、晴れやかに、さもうれしそうになりました。わたくしはなんでもひと思いにしなくてはと思ってひざを撞くようにしてからだを前へ乗り出しました。弟は突いていた右の手を放して、今まで喉を押えていた手のひじを床に突いて、横になりました。わたくしは剃刀の柄をしっかり握って、ずっと引きました。この時わたくしの内から締めておいた表口の戸をあけて、近所のばあさんがはいって来ました。留守の間、弟に薬を飲ませたり何かしてくれるように、わたくしの頼んでおいたばあさんなのでございます。もうだいぶ内のなかが暗くなっていましたから、わたくしにはばあさんがどれだけの事を見たのだかわかりませんでしたが、ばあさんはあっと言ったきり、表口をあけ放しにしておいて駆け出してしまいました。わたくしは剃刀を抜く時、手早く抜こう、まっすぐに抜こうというだけの用心はいたしましたが、どうも抜いた時の手ごたえは、今まで切れていなかった所を切ったように思われました。刃が外のほうへ向いていましたから、外のほうが切れたのでございましょう。わたくしは剃刀を握ったまま、ばあさんのはいって来てまた駆け出して行ったのを、ぼんやりして見ておりました。ばあさんが行ってしまってから、気がついて弟を見ますと、弟はもう息が切れておりました。傷口からはたいそうな血が出ておりました。それから年寄衆がおいでになって、役場へ連れてゆかれますまで、わたくしは剃刀をそばに置いて、目を半分あいたまま死んでいる弟の顔を見詰めていたのでございます。」

　少しうつ向きかげんになって庄兵衛の顔を下から見上げて話していた喜助は、こう言ってしまって視線をひざの上に落とした。

　喜助の話はよく条理が立っている。ほとんど条理が立ち過ぎていると言ってもいいくらいである。これは半年ほどの間、当時の事を幾たびも思い浮かべてみたのと、役場で問われ、町奉行所で調べられるそのたびごとに、注意に注意を加えてさらってみさせられたのとのためである。

　庄兵衛はその場の様子を目のあたり見るような思いをして聞いていたが、これがはたして弟殺しというものだろうか、人殺しというものだろうかという疑いが、話を半分聞いた時から起こって来て、聞いてしまっても、その疑いを解くことができなかった。弟は剃刀を抜いてくれたら死なれるだろうから、抜いてくれと言った。それを抜いてやって死なせたのだ、殺したのだとは言われる。しかしそのままにしておいても、どうせ死ななくてはならぬ弟であったらしい。それが早く死にたいと言ったのは、苦しさに耐えなかったからである。喜助はその苦を見ているに忍びなかった。苦から救ってやろうと思って命を絶った。それが罪であろうか。殺したのは罪に相違ない。しかしそれが苦から救うためであったと思うと、そこに疑いが生じて、どうしても解けぬのである。

庄兵衛の心の中には、いろいろに考えてみた末に、自分よりも上のものの判断に任すほかないという念、オオトリテエに従うほかないという念が生じた。庄兵衛はお奉行様の判断を、そのまま自分の判断にしようと思ったのである。そうは思っても、庄兵衛はまだどこやらにふに落ちぬものが残っているので、なんだかお奉行様に聞いてみたくてならなかった。

　次第にふけてゆくおぼろ夜に、沈黙の人二人を載せた高瀬舟は、黒い水の面をすべって行った。

　【作家紹介】森鴎外（1862—1922）。本名は森林太郎。石見国鹿足郡津和野町（現・島根県鹿足郡津和野町）に生まれる。代々津和野藩亀井家の典医の家柄で、鴎外もその影響から東京帝国大学医学部卒業後、両親の意に従い陸軍軍医となる。1884（明治17）年から4年間ドイツに留学。帰国後、留学中に交際していたドイツ女性との悲恋を基に処女小説「舞姫」を執筆。以後、軍人としては軍医総監へと昇進するが、内面では伝統的な家父長制と自我との矛盾に悩み、多数の小説、随筆を発表する。近代日本文学を代表する作家の一人。主な作品に、「雁」「阿部一族」「うたかたの記」「文づかひ」「大発見」「ヰタ・セクスアリス」などに、そのドイツ時代の鴎外を見て取ることができる。その後、陸軍軍医総監へと地位を上り詰めるが、創作への意欲は衰えず。1910年代以後、主に歴史小説の創作に向いた。作品「高瀬舟」は1916年に発表。

田園の思慕

石川啄木

　獨逸の或小説家がその小説の中に、田園を棄てて相率ゐて煤煙と塵埃とに濁つた都會の空氣の中に紛れ込んで行く人達の運命を批評してゐるさうである。さうした悲しい移住者は、思ひきりよく故郷と縁を絶つては來たものの、一足都會の土を踏むともう直ぐその古びた、然しながら安らかであつた親讓りの家を思ひ出さずにはゐられない。どんな神經の鈍い田舍者にでも、多量の含有物を有つてゐる都會の空氣を呼吸するには自分の肺の組織の餘りに單純に出來てゐるといふ事だけは感じられるのである。かくて彼等の田園思慕の情は、その新しい生活の第一日に始まつて、生涯の長い劇しい勞苦と共にだん／\深くなつてゆく。彼等は都會の何處の隅にもその意に適つた場所を見出すことはない。然し一度足を踏み入れたら、もう二度とそれを抜かしめないのが、都會と呼ばるる文明の泥澤の有つてゐる不可思議の一つである。彼等は皆一樣に、温かい田園思慕の情を抱いて冷たい都會の人情の中に死ぬ。さてその子になると、身みづからは見たことがないにしても、寢物語に聞かされた故郷の俤──山、河、高い空、廣々とした野、澄んだ空氣、新鮮な野菜、穀物の花及び其處に住まつてゐる素朴な人達の交はり──すべてそれらのうららかなイメエジは、恰度お伽噺の「幸の島」のやうに、過激なる生活に困憊した彼等の心を牽くに充分である。彼等も亦その父の死んだ如くに死ぬ。かくて更にその子、即ち悲しき移住者の第三代目になると、状態は餘程違つて來る。彼等と彼等の父祖の故郷との距離は、啻に空間に於てばかりでなく、また時間に於ても既に遙かに遠ざかつてゐる。のみならず、前二代に作用した進化の法則と、彼等が呱々の聲を擧げて以來絶間なく享けた教育とは、漸く彼等の肺の組織を複雑にし、彼等の官能を鋭敏ならしめてゐる。官能の鋭敏と德性の痲痺とは都會生活の二大要素である。實に彼等は、思慕すべき田園を喪ふと同時にその美しき良心をも失つてゐるのである。思慕すべき田園ばかりでなく、思慕すべき一切を失つてゐるのである。かくてかくの如き彼等の生活の悲慘が、その父の悲慘よりも、その祖父の悲慘よりも更に一更悲慘なるものであることは、言ふまでもない。──

　この話を私は何時何處で誰から聞いたのか、すつかり忘れてしまつた。或は人から聞いたのではなくて、何かで讀んだのかも知れない。作者の名も小説の名も知らない、知つてるのはただ右の話だけである。或時獨逸の新しい小説に通じてゐる友人に訊ねてみたが、矢張解らなかつた。誠に取止めのないことであるが、それでゐて私は不思議に

も此の話を長く忘れずにゐる。さうして時々思ひ出しては、言ひ難い悲しみを以て自分の現在と過去との間に心を迷ひ入らしめる。――私も亦「悲しき移住者」の一人である。

　地方に行くと、何處の町にも、何處の村にも、都會の生活に憧がれて仕事に身の入らぬ若い人達がゐる。私はよくそれらの人達の心を知つてゐる。さうして悲しいと思ふ。それらの人達も、恰度都會に於ける田園思慕者と同じに、十人の九人までは生涯その思慕の情を滿たすことなくして死ぬ。然し其處には、兩者の間に區別をつけてつけられぬこともない。田園にゐて都會を思慕する人の思慕は、より良き生活の存在を信じて、それに達せむとする思慕である。樂天的であり、積極的である。都會に於ける田園思慕者に至つてはさうではない。彼等も嘗て一度は都會の思慕者であつたのである。さうして現在に於ては、彼等の思慕は、より惡き生活に墮ちた者が以前の状態に立歸らむとする思慕である。たとひその思慕が達せられたにしても、それが必ずしも眞の幸福ではないことを知つての上の思慕である。それだけたよりない思慕である。絶望的であり、消極的である。またそれだけ悲しみが深いのである。

　産業時代といはるる近代の文明は、日一日と都會と田園との間の溝渠を深くして來た。今も深くしてゐる。これからも益々深くするに違ひない。さうして田園にゐる人の都會思慕の情が日一日深くなり、都會に住む者の田園思慕の情も日一日深くなる。かかる矛盾はそもそも何處に根ざしてゐるか。かかる矛盾は遂には一切の人間をして思慕すべき何物をも有たぬ状態に歩み入らしめるやうなことはないだらうか。

　肺の組織の複雑になつた人達、官能のみひとり鋭敏になつた人達は、私が少年の如き心を以て田園を思慕するのを見て、「見よ、彼處にはあんな憐れな理想家がゐる。」と嗤わらふかも知れない。嗤はれてもかまはない、私は私の思慕を棄てたくはない、益々深くしたい。さうしてそれは、今日にあつては、單に私の感情に於てでなく、權利に於てである。私は現代文明の全局面に現はれてゐる矛盾が、何時かは我々の手によつて一切消滅する時代の來るといふ信念を忘れたくない。安樂ウエルビイングを要求するのは人間の權利である。

　　　　　　　　　　　　　　　（明治四十三年十月二十日朝、東京にて）
　　　　　　　　　　　　　　　（明治43・11・5「田園」第一號）

【作家紹介】石川啄木（いしかわたくぼく1886—1911）。1886年2月20日、岩手県日戸村に生まれる。1903年に、「明星」に「啄木」の名で「愁調」を発表。中央詩壇で注目され、「帝國文學」「太陽」などの一流誌に作品が載るようになる。1910年、大逆事件直後に「時代閉塞の状況」を、つづいて「無政府主義者陰謀事件経過及び付帯現象」と「'V NARODO' SERIES」を書く。「時代閉塞の状況」はその後の時代の趨勢を洞察した最重要の評論である。1910年12月、第一歌集「一握の砂」を出版。三行わかち書きの趣好は歌壇に新風を巻き起こす。1911年、長詩「はてしなき議論の後」を発表し、第二詩集「呼子と口笛」の準備にかかるが、肺患が悪化。1911年4月13日、肺結核で死去。26歳だった。

清兵衛と瓢箪

志賀直哉

　これは清兵衛と云ふ子供と瓢箪との話である。此出来事以来清兵衛と瓢箪とは縁が断れて了ったが、間もなく清兵衛には瓢箪に代はる物が出来た。それは絵を描く事で、彼は嘗て瓢箪に熱中したやうに今はそれに熱中して居る……

　清兵衛が時々瓢箪を買って来る事は両親も知って居た。三四銭から十五銭位までの皮つきの瓢箪を十程も持って居たらう。彼はその口を切る事も種を出す事も独りで上手にやった。栓も自分で作った。最初茶渋で臭味をぬくと、それから父の飲みあました酒を貯へて置いて、それで頻りに磨いてゐた。

　全く清兵衛の凝りやうは烈しかった。或日彼は矢張り瓢箪の事を考へ考へ浜通りを歩いて居ると、不図、眼に入った物がある。彼ははッとした。それは路端に浜を背にしてズラリと並んだ屋台店の一つから飛び出して来たお爺さんの禿頭であった。清兵衛はそれを瓢箪だと思ったのである。「立派な瓢ぢや」かう思ひながら彼は暫く気がつかずにゐた。——気がついて、流石に自分で驚いた。その爺さんはいい色をした禿頭を振り立てて彼方の横町へ入って行った。清兵衛は急に可笑しくなって一人大きな声を出して笑った。堪らなくなって笑ひながら彼は半町程馳けた。それでもまだ笑ひは止まらなかった。

　これ程の凝りやうだったから、彼は町を歩いて居れば骨董屋でも八百屋でも荒物屋でも駄菓子屋でも又専門にそれを売る家でも、凡そ瓢箪を下げた店と云へば必ず其前に立って凝っと見た。

　清兵衛は十二歳で未だ小学校に通ってゐる。彼は学校から帰って来ると他の子供とも遊ばずに、一人よく町へ瓢箪を見に出かけた。そして、夜は茶の間の隅に胡坐をかいて瓢箪の手入れをして居た。手入れが済むと酒を入れて、手拭で巻いて、缶に仕舞って、それごと炬燵へ入れて、そして寝た。翌朝は起きると直ぐ彼は缶を開けて見る。瓢箪の肌はすっかり汗をかいてゐる。彼は厭かずそれを眺めた。それから丁寧に糸をかけて陽のあたる軒へ下げ、そして学校へ出かけて行った。

　清兵衛のゐる町は商業地で船つき場で、市にはなって居たが、割に小さな土地で二十分歩けば細長い市のその長い方が通りぬけられる位であった。だから仮令瓢箪を売る家はかなり多くあったにしろ、殆ど毎日それらを見歩いてゐる清兵衛には、恐らく総ての瓢箪は眼を通されてゐたらう。

　彼は古瓢には余り興味を持たなかった。未だ口も切ってないやうな皮つきに興味を

・117・

持って居た。しかも彼の持って居るのは大方所謂瓢箪形の、割に平凡な恰好をした物ばかりであった。

「子供ぢゃけえ、瓢いうたら、かう云ふんでなかにやあ気に入らんもんと見えるけなう」大工をしてゐる彼の父を訪ねて来た客が、傍で清兵衛が熱心にそれを磨いて居るのを見ながら、かう云った。彼の父は、

「子供の癖に瓢いぢりなぞをしをつて…」とにがにがしさうに、その方を顧みた。

「清公。そんな面白うないのばかり、えっと持つとってもあかんぜ。もちつと奇抜なんを買はんかいな」と客がいっえた。清兵衛は、

「かういふがえゝんぢゃ」と答へて済まして居た。

清兵衛の父と客との話は瓢箪の事に移って行った。

「此春の品評会に参考品で出ちょった馬琴の瓢箪と云ふ奴は素晴らしいもんぢゃったなう」と清兵衛の父が云った。

「えらい大けえ瓢ぢゃったなう」

「大けえし、大分長かった」

こんな話を細きながら清兵衛は心で笑って居た。馬琴の瓢と云ふのは其時の評判な物ではあったが、彼は一寸見ると、――馬琴といふ人間も何者だか知らなかったし――直ぐ下らない物だと思って其場を去って了った。

「あの瓢はわしには面白うなかった。かさ張っとるだけぢゃ」彼はかう口を入れた。

それを聴くと彼の父は眼を丸くして怒った。

「何ぢゃ。わかりもせん癖して、黙っとれ！」

清兵衛は黙ってしまった。

或日清兵衛が裏通りを歩いてゐて、いつも見なれない場所に、仕舞屋の格子先に婆さんが干柿や蜜柑の店を出して、その背後の格子に二十ばかり瓢箪を下げて置くのを発見した。彼は直ぐ、

「ちょっと、見せてつかあせえな」と寄って一つ一つ見た。中に一つ五寸ばかりで一見極く普通な形をしたので、彼には震ひつきたい程にいいのがあった。

彼は胸をどきどきさせて、

「これ何ぼかいな」と訊いて見た。婆さんは、

「ばうさんぢゃけえ、十銭にまけときゃんせう」と答へた。彼は息をはずませながら、

「そしたら、屹度誰にも売らんといて、つかあせえなう。直ぐ銭持って来やんすけえ」くどく、これを云って走って帰って行った。

間もなく、赤い顔をしてハアハアいひながら還って来ると、それを受け取って又走って帰って行った。

彼はそれから、その瓢が離せなくなった。学校にも持って行くやうになった。仕舞には時間中でも机の下でそれを磨いてゐる事があった。それを受持の教員が見つけた。修身の時間だっただけに教員は一層怒った。

他所から来てゐる教員には此土地の人間が瓢箪などに興味を持つ事が全体気に食は

清兵衛と瓢箪　□□□

なかったのである。此教員は武士道を云ふ事の好きな男で、雲右衛門が来れば、いつもは通りぬけるさへ恐れている新地の芝居小屋に四日の興行を三日聴きに行く位だから、生徒が運動場でそれを唄ふ事にはそれ程怒らなかったが、清兵衛の瓢箪では声を震はして怒ったのである。「到底将来見込のある人間ではない」こんな事まで云った。そして其たんせいを凝らした瓢箪は其場で取り上げられて了った。清兵衛は泣けもしなかった。

彼は青い顔をして家へ帰ると炬燵に入って只ぼんやりとして居た。

そこに本包みを抱へた教員が彼の父を訪ねてやって来た。清兵衛の父は仕事へ出て留守だった。

「かう云ふ事は全体家庭で取り締まって頂くべきで……」教員はこんな事をいって清兵衛の母に食ってかかった。母は只々恐縮して居た。

清兵衛はその教員の執念深さが急に恐ろしくなって、唇を震はしながら部屋の隅で、小さくなってゐた。教員の直ぐ後の柱には手入れの出来た瓢箪が沢山下げてあった。今気がつくか今気がつくかと清兵衛はヒヤヒヤしてゐた。

散々叱言を並べた後、教員はたうとう其瓢箪には気がつかずに帰って行った。清兵衛はほッと息をついた。清兵衛の母は泣き出した。そしてダラダラと愚痴っぽい叱言を云ひだした。

間もなく清兵衛の父は仕事場から帰って来た。で、その話を聞くと、急に側にゐた清兵衛を捕へて散々に撲りつけた。清兵衛はここでも「将来迚も見込のない奴だ」と云はれた。「もう貴様のやうな奴は出て行け」と云はれた。

清兵衛の父は不図柱の瓢箪に気がつくと、玄能を持って来てそれを一つ一つ割って了った。清兵衛は只青くなって黙って居た。

扨、教員は清兵衛から取り上げた瓢箪を穢れた物ででもあるかのやうに、捨てるやうに、年寄った学校の小使にやって了った。小使はそれを持って帰って、くすぶった小さな自分の部屋の柱へ下げて置いた。

二ヶ月程して小使は僅かの金に困った時に不図その瓢箪をいくらでもいいから売ってやらうと思ひ立って、近所の骨董屋へ持って行って見せた。骨董屋はためつ、すがめつ、それを見てゐたが、急に冷淡な顔をして小使の前へ押しやると、

「五円やったら貰うとかう」と云った。

小使は驚いた。が、賢い男だった。何食はぬ顔をして、

「五円ぢゃ迚も離し得やしえんなう」と答へた。骨董屋は急に十円に上げた。小使はそれでも承知しなかった。

結局五十円で漸く骨董屋はそれを手に入れた。――小使は教員から其人の四ヶ月分の月給を只貰ったやうな幸福を心ひそかに喜んだ。が、彼はその事は教員には勿論、清兵衛にも仕舞まで全く知らん顔をして居た。だから其瓢箪の行方に就ては誰も知る者がなかったのである。

然し其賢い小使も骨董屋がその瓢箪を地方の豪家に六百円で売りつけた事までは想像も出来なかった。

……清兵衛は今、絵を描く事に熱中してゐる。これが出来た時に彼にはもう教員を

・119・

怨む心も、十あまりの愛瓢を玄能で破って了った父を怨む心もなくなって居た。
　然し彼の父はもうそろそろ彼の絵を描く事にも叱言を言ひ出して来た。

（大正二年一月）

　【作家紹介】志賀直哉（しがなおや、1883—1971）、宮城県石巻町で志賀直温、銀の次男として生まれる。1900年、書生に連れられて内村鑑三宅を訪れ、門下にはいる。学習院高等科を終えて、東京帝国大学文科大学英文学科に進む。1908年、「網走まで」を「帝国文學」に投稿するも不採用。東京帝大を退学する。1910年、武者小路実篤、里見弴、有島武郎、柳宗悦らと「白樺」を創刊。「網走まで」「剃刀」を発表。自我の絶対的な肯定と根本とする姿勢を貫き、父親との対立など実生活の問題を見据えた私小説や心境小説を多数発表。1912年、「大津順吉」を「中央公論」に発表。1917年、「城の崎にて」で三年ぶりに復帰。1919年、「暗夜行路」の一部となる「憐れな男」を発表。翌年、翌々年と書きつぎ、1922年、前篇を上梓する。1927年にとだえていた後編の連載を再開するが、すぐに休載。最終部分は10年後の1937年に発表。同年、全編が刊行されるが、これを期に創作の時代は終わり、長い余生がはじまる。1949年、文化勲章受賞。1971年10月21日、老衰で死去。88歳だった。

　本作「清兵衛と瓢箪」は1912年に発表。

城の崎にて

志賀直哉

　山手線の電車には飛ばされて怪我をした、その後養生に、一人で但馬の城崎温泉へ出掛けた。背中の傷が脊椎カリエスになれば致命傷になりかねないが、そんなことはあるまいと医者に言われた。二、三年で出なければ後は心配はいらない、とにかく要心は肝心だからといわれて、それで来た。三週間以上——我慢出来たら五週間位居たいものだと考えて来た。
　頭はまだ何だか明瞭しない。物忘れが激しくなった。しかし気分は近年になく静まって、落ち着いたいい気持がしていた。稲の取り入れの始まる頃で、気候もよかったのだ。
　一人きりで誰も話し相手はない。読むか書くか、ぼんやりと部屋の前の椅子に腰かけて山だの往来だのを見ているか、それでなければ散歩で暮していた。散歩する所は町から小さい流について少しずつ登りになった路にいい所があった。山の裾を回っているあたりの小さな淵になった所にヤマメが沢山集っている。そしてなおよく見ると、足に毛の生えた大きな川蟹が石のようにじっとしているのを見つける事がある。夕方の食事前にはよくこの路を歩いて来た。冷々とした夕方、淋しい秋の山峡を小さい清い流について行く時考える事はやはり沈んだ事が多かった。淋しい考えだった。然しそれには静かないい気持がある。自分はよく怪我の事を考えた。一つ間違えば、今頃は青山の土の下に仰向けになって寝ているところだったなど思う。青い冷たい堅い顔をして、顔の傷も背中の傷もそのままで。祖父や母の死骸がわきにある。それももうお互いに何の交渉もなく、——こんな事が想い浮ぶ。それは淋しいが、それほどに自分を恐怖させない考えだった。何時かはそうなる。それが何時か？　——今まではそんな事を思って、その「何時か」を知らず知らず遠い先の事にしていた。然し今は、それが本当に何時か知れないような気がして来た。自分は死ぬ筈だったのを助かった、何かが自分を殺さなかった、自分にはしなければならぬ仕事があるのだ、——中学で習ったロード・クライヴという本に、クライヴがそう思う事によって激励される事が書いてあった。実は自分もそういう風に危うかった出来事を感じたかった。そんな気もした。しかし妙に自分

の心は静まってしまった。自分の心には、何かしら死に対する親しみが起っていた。

　自分の部屋は二階で、隣のない、割に静かな座敷だった。読み書きに疲れるとよく縁の椅子に出た。脇が玄関の屋根で、それが家へ接続する所が羽目になっている。その羽目の中に蜂の巣があるらしい。虎斑の大きな肥った蜂が天気さえよければ、朝から暮近くまで毎日忙しそうに働いていた。蜂は羽目のあわいからすり抜けて出ると、ひと先ず玄関の屋根に下りた。そこで羽根や触角を前足や後足で丁寧に調えると、少し歩きまわる奴もあるが、直ぐ細長い羽根を両方へしっかりと張ってぶーんと飛び立つ。飛立つと急に早くなって飛んで行く。植込みの八つ手の花が丁度咲きかけで蜂はそれに群っていた。自分は退屈すると、よく欄干から蜂の出入りを眺めていた。

　ある朝のこと、自分は一疋の蜂が玄関の屋根で死んでいるのを見つけた。足を腹の下にぴったりとつけ、触角はだらしなく顔へたれ下がっていた。他の蜂は一向に冷淡だった。巣の出入りに忙しくそのわきをはいまわるが全く拘泥する様子はなかった。忙しく立働いている蜂はいかにも生きている物という感じを与えた。その傍に一匹、朝も昼も夕も、見るたびに一つ所に全く動かずにうつ向きに転がっているのを見ると、それが又いかにも死んだものという感じを与えるのだ。それは三日ほどそのままになっていた。それは見ていて、いかにも静かな感じを与えた。淋しかった。他の蜂が皆巣へ入ってしまった日暮、冷たい瓦の上に一つ残った死骸を見るのは淋しかった。しかし、それはいかにも静かだった。

　夜の間にひどい雨が降った。朝は晴れ、木の葉も地面も屋根も綺麗に洗われていた。蜂の死骸はもうそこになかった。今の巣の蜂共は元気に働いているが、死んだ蜂は雨樋を伝って地面へ流し出された事であろう。足は縮めたまま、触角は顔へこびりついたまま、多分泥にまみれてどこかでじっとしていることだろう。外界に次にそれを動かす次の変化が起るまでは死骸はじっとそこにしているだろう。それとも蟻に引かれて行くか。それにしろ、それはいかにも静かであった。忙しく忙しく働いてばかりいた蜂が全く動くことがなくなったのだから静かである。自分はその静かさに親しみを感じた。自分は「范の犯罪」という短編小説をその少し前に書いた。范という支那人が過去の出来事だった結婚前の妻と自分の友達だった男との関係に対する嫉妬から、そして自身の生理的圧迫もそれを助長し、その妻を殺す話を書いた。それは范の気持を主にして書いたが、しかし今は范の妻の気持を主にし、しまいには殺されて墓の下にいる、その静かさを自分は書きたいと思った。

　「殺されたる范の妻」を書こうと思った。それはとうとう書かなかったが、自分に

はそんな要求が起っていた。その前からかかっている長篇の主人公の考えとは、それは大変異ってしまった気持だったので弱った。

　蜂の死骸が流され、自分の眼界から消えて間もない時だった。ある午前、自分は円山川、それからそれの流れ出る日本海などの見える東山公園へ行くつもりで宿を出た。「一の湯」の前から小川は往来の真中をゆるやかに流れ、円山川へ入る。ある所まで来ると橋だの岸だのに人が立って何か川の中の物を見ながら騒いでいた。それは大きな鼠を川へなげ込んだのを見ているのだ。鼠は一生懸命に泳いで逃げようとする。鼠には首のところに七寸ばかりの魚串が刺し貫してあった。頭の上に三寸ほど、咽喉の下に三寸ほどそれが出ている。鼠は石垣へ這上ろうとする。子供が二、三人、四十位の車夫が一人、それへ石を投げる。なかなか当らない。カチッカチッと石垣へ当って跳ね返った。見物人は大声で笑った。鼠は石垣の間に漸く前足をかけた。然し這入ろうとすると魚串が直ぐにつかえた。そしてまた水へ落ちる。鼠はどうかして助かろうとしている。顔の表情は人間にわからなかったが動作の表情に、それが一生懸命である事がよくわかった。鼠はどこかへ逃げ込む事が出来れば助かると思っているように、長い串を刺されたまま、又川の真中の方へ泳ぎ出た。子供や車夫は益々面白がって石を投げた。わきの洗場の前で餌を漁っていた二、三羽のアヒルが石が飛んで来るのでびっくりし、首を延ばしてきょろきょろとした。スポッ、スポッと石が水へ投げ込まれた。アヒルは頓狂な顔をして首を延ばしたまま、鳴きながら、忙しく足を動かして上流の方へ泳いで行った。自分は鼠の最期を見る気がしなかった。鼠が殺されまいと、死ぬに極った運命を担いながら、全力を尽して逃げ回っている様子が妙に頭についた。自分は淋しい嫌な気持になった。あれが本当なのだと思った。自分が願っている静かさの前に、ああいう苦しみのある事は恐ろしいことだ。死後の静寂に親しみをもつにしろ、死に到達するまでのああいう動騒は恐ろしいと思った。自殺を知らない動物はいよいよ死に切るまではあの努力を続けなければならない。今自分にあの鼠のような事が起ったら自分はどうするだろう。自分はやはり鼠と同じような努力をしはしまいか。自分は自分の怪我の場合、それに近い自分になった事を思わないではいられなかった。自分は出来るだけの事をしようとした。自分は自身で病院をきめた。それへ行く方法を指定した。もし医者が留守で、行ってすぐに手術の用意が出来ないと困ると思って電話を先にかけて貰う事などを頼んだ。半分意識を失った状態で、一番大切なことだけによく頭の働いた事は自分でも後から不思議に思った位である。しかもこの傷が致命的なものかどうかは自分の問題だった。しかし、致命的のものかどうかを問題としながら、ほとんど死の恐怖に襲われなかったのも自分では不思議であった。「フェータルなものか、どうか？　医者は何といっていた？」こう側にいた友に訊いた。「フェータルな傷じゃないそうだ」こう云われた。こう云われると自分はしかし急に元気づいた。興奮から自分

は非常に快活になった。フェータルなものだともし聞いたら自分はどうだったろう。その自分は一寸想像出来ない。自分は弱ったろう。しかし普段考えている程、死の恐怖に自分は襲われなかったろうという気がする。そしてそういわれてもなお、自分は助かろうと思い、何かしら努力をしたろうという気がする。それは鼠の場合と、そう変らないものだったに相違ない。で、又それが今来たらどうかと思って見て、なおかつ、余り変らない自分であろうと思うと「あるがまま」で、気分で願うところが、そう実際に直ぐは影響はしないものに相違ない、しかも両方が本当で、影響した場合は、それでよく、しない場合でも、それでいいのだと思った。それは仕方のない事だ。

　そんな事があって、また暫くして、ある夕方、町から小川に沿うて一人段々上へ歩いていった。山陰線のトンネルの前で線路を越すと道幅が狭くなって路も急になる。流れも同様に急になって、人家も全く見えなくなった。もう帰ろうと思いながら、あの見える所までという風に角を一つ一つ先へ先へと歩いて行った。物が総て青白く、空気の肌ざわりも冷々として、物静かさが却って何となく自分をそわそわとさせた。大きな桑の木が路傍にある。むこうの、路へ差し出した桑の枝で、ある一つの葉だけがヒラヒラヒラヒラ、同じリズムで動いている。風もなく流れの他は総て静寂の中にその葉だけがいつまでもヒラヒラヒラヒラと忙しく動くのが見えた。自分は不思議に思った。多少怖い気もした。然し好奇心もあった。自分は下へいってそれを暫く見上げていた。すると風が吹いて来た。そうしたらその動く葉は動かなくなった。原因は知れた。何かでこういう場合を自分はもっと知っていたと思った。

　段々と薄暗くなって来た。いつまで行っても、先の角はあった。もうここらで引きかえそうと思った。自分は何気なくわきの流れを見た。向う側の斜めに水から出ている半畳敷ほどの石に黒い小さいものがいた。イモリだ。まだ濡れていて、それはいい色をしていた。頭を下に傾斜から流れへ臨んで、じっとしていた。体から滴れた水が黒く乾いた石へ一寸ほど流れている。自分はそれを何気なく、しゃがんで見ていた。自分はせんほどイモリは嫌いでなくなった。トカゲは多少好きだ。ヤモリは虫の中でも最も嫌いだ。イモリは好きでも嫌いでもない。十年ほど前によく蘆の湖でイモリが宿屋の流し水の出る所に集っているのを見て、自分がイモリだったら堪らないという気をよく起した。イモリにもし生れ変ったら自分はどうするだろう、そんな事を考えた。その頃イモリを見るとそれが思い浮ぶので、イモリを見る事を嫌った。しかしもうそんな事を考えなくなっていた。自分はイモリを驚かして水へ入れようと思った。不器用にからだを振りながら歩く形が想われた。自分はしゃがんだまま、きわの小鞠ほどの石を取上げ、それを投げてやった。自分は別にイモリを狙わなかった。狙ってもとても当らないほど、狙って投げる事の下手な自分はそれが当る事などは全く考えなかった。石はこ

ツといってから流れに落ちた。石の音と同時にイモリは四寸ほど横へ跳んだように見えた。イモリは尻尾を反らし、高く上げた。自分はどうしたのかしら、と思って見ていた。最初石が当ったとは思わなかった。イモリの反らした尾が自然に静かに下りて来た。すると肘を張ったようにして傾斜に堪えて、前へついていた両の前足の指が内へまくれ込むと、イモリは力なく前へのめってしまった。尾は全く石についた。もう動かない。イモリは死んでしまった。自分は飛んだ事をしたと思った。虫を殺す事をよくする自分であるが、その気が全くないのに殺してしまったのは自分に妙な嫌な気をさした。もとより自分のしたことではあったがいかにも偶然だった。イモリにとっては全く不意な死であった。自分は暫くそこにしゃがんでいた。イモリと自分だけになったような心持がしてイモリの身に自分がなってその心持を感じた。可哀想に想うと同時に、生き物の淋しさを一緒に感じた。自分は偶然に死ななかった。イモリは偶然に死んだ。自分は淋しい気持になって、漸く足元の見える路を温泉宿の方に帰って来た。遠く町はずれの灯が見え出した。死んだ蜂はどうなったか。その後の雨でもう土の下に入ってしまったろう。あの鼠はどうしたろう。海へ流されて、今頃はその水ぶくれのした体を塵芥と一緒に海岸へでも打ちあげられている事だろう。そして死ななかった自分は今こうして歩いている。そう思った。自分はそれに対して感謝しなければ済まぬような気もした。然し実際喜びの感じは湧き上っては来なかった。生きている事と死んでしまっている事と、それは両極ではなかった。それほどに差はないような気がした。もうかなり暗かった。視覚は遠い灯を感ずるだけだった。足の踏む感覚も視覚を離れて、いかにも不確かだった。ただ頭だけが勝手に働く。それが一層そういう気分に自分を誘って行った。

　三週間いて、自分はここを去った。それから、もう三年以上になる。自分は脊椎カリエスになるだけは助かった。

【作品紹介】「城の崎にて」は、1917年（大正6年）5月に白樺派の同人誌「白樺」に発表。

一房の葡萄

有島武郎

一

　僕は小さい時に絵を描かくことが好きでした。僕の通っていた学校は横浜の山の手てという所にありましたが、そこいらは西洋人ばかり住んでいる町で、僕の学校も教師は西洋人ばかりでした。そしてその学校の行きかえりにはいつでもホテルや西洋人の会社などがならんでいる海岸の通りを通るのでした。通りの海添いに立って見ると、真青な海の上に軍艦だの商船だのが一ぱいならんでいて、煙突から煙の出ているのや、檣（ほばしら）から檣へ万国旗をかけわたしたのやがあって、眼がいたいように綺麗でした。僕はよく岸に立ってその景色を見渡して、家に帰ると、覚えているだけを出来るだけ美しく絵に描いて見ようとしました。けれどもあの透きとおるような海の藍色（あいいろ）と、白い帆前船などの水際（みぎわ）近くに塗ってある洋紅色（ようこうしょく）とは、僕の持っている絵具ではどうしてもうまく出せませんでした。いくら描いても描いても本当の景色で見るような色には描けませんでした。

　ふと僕は学校の友達の持っている西洋絵具を思い出しました。その友達は矢張（やはり）西洋人で、しかも僕より二つ位齢としが上でしたから、身長（せい）は見上げるように大きい子でした。ジムというその子の持っている絵具は舶来の上等のもので、軽い木の箱の中に、十二種いろの絵具が小さな墨のように四角な形にかためられて、二列にならんでいました。どの色も美しかったが、とりわけて藍と洋紅とは喫驚（びっくり）するほど美しいものでした。ジムは僕より身長が高いくせに、絵はずっと下手へたでした。それでもその絵具をぬると、下手な絵さえがなんだか見ちがえるように美しく見えるのです。僕はいつでもそれを羨やましいと思っていました。あんな絵具さえあれば僕だって海の景色を本当に海に見えるように描いて見せるのになあと、自分の悪い絵具を恨みながら考えました。そうしたら、その日からジムの絵具がほしくってほしくってたまらなくなりました。けれども僕はなんだか臆病になってパパにもママにも買って下さいと願う気になれないので、毎日々々その絵具のことを心の中で思いつづけるばかりで幾日か日がたちました。

　今ではいつの頃だったか覚えてはいませんが秋だったのでしょう。葡萄の実が熟していたのですから。天気は冬が来る前の秋によくあるように空の奥の奥まで見すかされそうに霽（は）れわたった日でした。僕達は先生と一緒に弁当をたべましたが、その楽しみな

弁当の最中でも僕の心はなんだか落着かないで、その日の空とはうらはらに暗かったのです。僕は自分一人で考えこんでいました。誰かが気がついて見たら、顔も屹度青かったかも知れません。僕はジムの絵具がほしくってほしくってたまらなくなってしまったのです。胸が痛むほどほしくなってしまったのです。ジムは僕の胸の中で考えていることを知っているにちがいないと思って、そっとその顔を見ると、ジムはなんにも知らないように、面白そうに笑ったりして、わきに坐っている生徒と話をしているのです。でもその笑っているのが僕のことを知っていて笑っているようにも思えるし、何か話をしているのが、「いまに見ろ、あの日本人が僕の絵具を取るにちがいないから。」といっているようにも思えるのです。僕はいやな気持ちになりました。けれどもジムが僕を疑っているように見えれば見えるほど、僕はその絵具がほしくてならなくなるのです。

二

　僕はかわいい顔はしていたかも知れないが体も心も弱い子でした。その上臆病者で、言いたいことも言わずにすますような質でした。だからあんまり人からは、かわいがられなかったし、友達もない方でした。昼御飯がすむと他の子供達は活溌に運動場に出て走りまわって遊びはじめましたが、僕だけはなおさらその日は変に心が沈んで、一人だけ教場に這入っていました。そとが明るいだけに教場の中は暗くなって僕の心の中のようでした。自分の席に坐っていながら僕の眼は時々ジムの卓の方に走りました。ナイフで色々ないたずら書きが彫りつけてあって、手垢で真黒になっているあの蓋を揚げると、その中に本や雑記帳や石板と一緒になって、飴のような木の色の絵具箱があるんだ。そしてその箱の中には小さい墨のような形をした藍や洋紅の絵具が……僕は顔が赤くなったような気がして、思わずそっぽを向いてしまうのです。けれどもすぐ又また横眼でジムの卓の方を見ないではいられませんでした。胸のところがどきどきとして苦しい程でした。じっと坐っていながら夢で鬼にでも追いかけられた時のように気ばかりせかせかしていました。
　教場に這入る鐘がかんかんと鳴りました。僕は思わずぎょっとして立上りました。生徒達が大きな声で笑ったり呶鳴ったりしながら、洗面所の方に手を洗いに出かけて行くのが窓から見えました。僕は急に頭の中が氷のように冷たくなるのを気味悪く思いながら、ふらふらとジムの卓の所に行って、半分夢のようにそこの蓋を揚げて見ました。そこには僕が考えていたとおり雑記帳や鉛筆箱とまじって見覚えのある絵具箱がしまってありました。なんのためだか知らないが僕はあっちこちを見廻してから、誰も見ていないなと思うと、手早くその箱の蓋を開けて藍と洋紅との二色ふたいろを取上げるが早いかポッケットの中に押込みました。そして急いでいつも整列して先生を待っている所に走って行きました。
　僕達は若い女の先生に連れられて教場に這入り銘々の席に坐りました。僕はジムがどんな顔をしているか見たくってたまらなかったけれども、どうしてもそっちの方をふ

り向くことができませんでした。でも僕のしたことを誰も気のついた様子がないので、気味が悪いような、安心したような心持ちでいました。僕の大好きな若い女の先生の仰おっしゃることなんかは耳に這入りは這入ってもなんのことだかちっともわかりませんでした。先生も時々不思議そうに僕の方を見ているようでした。

　僕は然(しかし)先生の眼を見るのがその日に限ってなんだかいやでした。そんな風で一時間がたちました。なんだかみんな耳こすりでもしているようだと思いながら一時間がたちました。

　教場を出る鐘が鳴ったので僕はほっと安心して溜息(ためいき)をつきました。けれども先生が行ってしまうと、僕は僕の級で一番大きな、そしてよく出来る生徒に「ちょっとこっちにお出いで」と肱の所を掴まれていました。僕の胸は宿題をなまけたのに先生に名を指された時のように、思わずどきんと震えはじめました。けれども僕は出来るだけ知らない振りをしていなければならないと思って、わざと平気な顔をしたつもりで、仕方なしに運動場うんどうばの隅に連れて行かれました。

　「君はジムの絵具を持っているだろう。ここに出し給たまえ。」

　そういってその生徒は僕の前に大きく拡げた手をつき出しました。そういわれると僕はかえって心が落着いて、

　「そんなもの、僕持ってやしない。」と、ついでたらめをいってしまいました。そうすると三四人の友達と一緒に僕の側そばに来ていたジムが、

　「僕は昼休みの前にちゃんと絵具箱を調べておいたんだよ。一つも失なくなってはいなかったんだよ。そして昼休みが済んだら二つ失くなっていたんだよ。そして休みの時間に教場にいたのは君だけじゃないか。」と少し言葉を震わしながら言いかえしました。

　僕はもう駄目だと思うと急に頭の中に血が流れこんで来て顔が真赤になったようでした。すると誰だったかそこに立っていた一人がいきなり僕のポケットに手をさし込もうとしました。僕は一生懸命にそうはさせまいとしましたけれども、多勢に無勢で迚(とて)も叶いません。僕のポケットの中からは、見る見るマーブル球だま（今のビー球だまのことです）や鉛のメンコなどと一緒に二つの絵具のかたまりが掴み出されてしまいました。「それ見ろ」といわんばかりの顔をして子供達は憎らしそうに僕の顔を睨みつけました。僕の体はひとりでにぶるぶる震えて、眼の前が真暗になるようでした。いいお天気なのに、みんな休時間を面白そうに遊び廻っているのに、僕だけは本当に心からしおれてしまいました。あんなことをなぜしてしまったんだろう。取りかえしのつかないことになってしまった。もう僕は駄目だ。そんなに思うと弱虫だった僕は淋さびしく悲しくなって来て、しくしくと泣き出してしまいました。

　「泣いておどかしたって駄目だよ」とよく出来る大きな子が馬鹿にするような憎みきったような声で言って、動くまいとする僕をみんなで寄ってたかって二階に引張って行こうとしました。僕は出来るだけ行くまいとしたけれどもとうとう力まかせに引きずられて階子段を登らせられてしまいました。そこに僕の好きな受持ちの先生の部屋へやがあるのです。

一房の葡萄

　やがてその部屋の戸をジムがノックしました。ノックするとは這入ってもいいかと戸をたたくことなのです。中からはやさしく「お這入り」という先生の声が聞こえました。僕はその部屋に這入る時ほどいやだと思ったことはまたとありません。
　何か書きものをしていた先生はどやどやと這入って来た僕達を見ると、少し驚いたようでした。が、女の癖に男のように頸の所でぶつりと切った髪の毛を右の手で撫であげながら、いつものとおりのやさしい顔をこちらに向けて、一寸ちょっと首をかしげただけで何の御用という風をしなさいました。そうするとよく出来る大きな子が前に出て、僕がジムの絵具を取ったことを委くわしく先生に言いつけました。先生は少し曇った顔付きをして真面目まじめにみんなの顔や、半分泣きかかっている僕の顔を見くらべていなさいましたが、僕に「それは本当ですか。」と聞かれました。本当なんだけれども、僕がそんないやな奴だということをどうしても僕の好きな先生に知られるのがつらかったのです。だから僕は答える代りに本当に泣き出してしまいました。
　先生は暫しばらく僕を見つめていましたが、やがて生徒達に向って静かに「もういってもようございます。」といって、みんなをかえしてしまわれました。生徒達は少し物足らなそうにどやどやと下に降りていってしまいました。
　先生は少しの間なんとも言わずに、僕の方も向かずに自分の手の爪を見つめていましたが、やがて静かに立って来て、僕の肩の所を抱きすくめるようにして「絵具はもう返しましたか。」と小さな声で仰っしゃいました。僕は返したことをしっかり先生に知ってもらいたいので深々と頷いて見せました。
　「あなたは自分のしたことをいやなことだったと思っていますか。」
　もう一度そう先生が静かに仰った時には、僕はもうたまりませんでした。ぶるぶると震えてしかたがない唇を、噛みしめても噛みしめても泣声が出て、眼からは涙がむやみに流れて来るのです。もう先生に抱かれたまま死んでしまいたいような心持ちになってしまいました。
　「あなたはもう泣くんじゃない。よく解かったらそれでいいから泣くのをやめましょう、ね。次ぎの時間には教場に出ないでもよろしいから、私のこのお部屋に入らっしゃい。静かにしてここに入らっしゃい。私が教場から帰るまでここに入らっしゃいよ。いい。」と仰りながら僕を長椅子に坐わらせて、その時また勉強の鐘がなったので、机の上の書物を取り上げて、僕の方を見ていられましたが、二階の窓まで高く這い上がった葡萄蔓から、一房の西洋葡萄をもぎって、しくしくと泣きつづけていた僕の膝の上にそれをおいて静かに部屋を出て行きなさいました。

三

　一時がやがやとやかましかった生徒達はみんな教場に這入って、急にしんとするほどあたりが静かになりました。僕は淋さびしくって淋しくってしようがない程悲しくなりました。あの位好きな先生を苦しめたかと思うと僕は本当に悪いことをしてしまった

・129・

と思いました。葡萄などは迚（とて）も喰べる気になれないでいつまでも泣いていました。

　ふと僕は肩を軽くゆすぶられて眼をさましました。僕は先生の部屋でいつの間にか泣寝入りをしていたと見えます。少し痩せて身長の高い先生は笑顔を見せて僕を見おろしていられました。僕は眠ったために気分がよくなって今まであったことは忘れてしまって、少し恥しそうに笑いかえしながら、慌てて膝の上から辷（すべ）り落ちそうになっていた葡萄の房（ふさ）をつまみ上げましたが、すぐ悲しいことを思い出して笑いも何も引込んでしまいました。

　「そんなに悲しい顔をしないでもよろしい。もうみんなは帰ってしまいましたから、あなたはお帰りなさい。そして明日あすはどんなことがあっても学校に来なければいけませんよ。あなたの顔を見ないと私は悲しく思いますよ。屹度ですよ。」

　そういって先生は僕のカバンの中にそっと葡萄の房を入れて下さいました。僕はいつものように海岸通りを、海を眺めたり船を眺めたりしながらつまらなく家いえに帰りました。そして葡萄をおいしく喰べてしまいました。

　けれども次の日が来ると僕は中々学校に行く気にはなれませんでした。お腹が痛くなればいいと思ったり、頭痛がすればいいと思ったりしたけれども、その日に限って虫歯一本痛みもしないのです。仕方なしにいやいやながら家は出ましたが、ぶらぶらと考えながら歩きました。どうしても学校の門を這入ることは出来ないように思われたのです。けれども先生の別れの時の言葉を思い出すと、僕は先生の顔だけはなんといっても見たくてしかたがありませんでした。僕が行かなかったら先生は屹度悲しく思われるに違いない。もう一度先生のやさしい眼で見られたい。ただその一事があるばかりで僕は学校の門をくぐりました。

　そうしたらどうでしょう、先ず第一に待ち切っていたようにジムが飛んで来て、僕の手を握ってくれました。そして昨日のことなんか忘れてしまったように、親切に僕の手をひいてどぎまぎしている僕を先生の部屋に連れて行くのです。僕はなんだか訳がわかりませんでした。学校に行ったらみんなが遠くの方から僕を見て「見ろ泥棒」とでも悪口をいうだろうと思っていたのにこんな風にされると気味が悪い程でした。

　二人の足音を聞きつけてか、先生はジムがノックしない前に、戸を開けて下さいました。二人は部屋の中に這入りました。

　「ジム、あなたはいい子、よく私の言ったことがわかってくれましたね。ジムはもうあなたからあやまって貰わなくってもいいと言っています。二人は今からいいお友達になればそれでいいんです。二人とも上手に握手をなさい。」と先生はにこにこしながら僕達を向い合せました。僕はでもあんまり勝手過ぎるようでもじもじしていますと、ジムはいそいそとぶら下げている僕の手を引張り出して堅く握ってくれました。僕はもうなんといってこの嬉うれしさを表せばいいのか分らないで、唯ただ恥しく笑う外ありませんでした。ジムも気持よさそうに、笑顔をしていました。先生はにこにこしながら僕に、

　「昨日の葡萄はおいしかったの。」と問われました。僕は顔を真赤にして「ええ」と白状するより仕方がありませんでした。

「そんなら又あげましょうね。」

　そういって、先生は真白なリンネルの着物につつまれた体を窓からのび出させて、葡萄の一房をもぎ取って、真白い左の手の上に粉のふいた紫色の房を乗せて、細長い銀色の鋏はさみで真中からぷつりと二つに切って、ジムと僕とに下さいました。真白い手ての平に紫色の葡萄の粒が重って乗っていたその美しさを僕は今でもはっきりと思い出すことが出来ます。

　僕はその時から前より少しいい子になり、少しはにかみ屋でなくなったようです。

　それにしても僕の大好きなあのいい先生はどこに行かれたでしょう。もう二度とは遇えないと知りながら、僕は今でもあの先生がいたらなあと思います。秋になるといつでも葡萄の房は紫色に色づいて美しく粉をふきますけれども、それを受けた大理石のような白い美しい手はどこにも見つかりません。

【作家紹介】有島武郎（1878—1923）。1878年3月4日、東京小石川水道町に生まれる。東北帝大農科大学で教鞭を執るかたわら、1910年「白樺」に同人として参加。「かんかん虫」「在る女のグリンプス」などを発表する。1916年、結核を病んでいた妻が死に、さらに父が亡くなったことから教鞭を辞し、本格的に文学生活に入る。「或る女」「カインの末裔」「生れ出づる悩み」などが代表作。1923年6月9日、人妻の波多野秋子と軽井沢の別荘浄月庵にて情死。「一房の葡萄」は大正九年（1910）年に発表された。

小さき者へ

有島武郎

　お前たちが大きくなって、一人前の人間に育ち上った時、——その時までお前たちのパパは生きているかいないか、それは分らない事だが——父の書き残したものを繰拡げて見る機会があるだろうと思う。その時この小さな書き物もお前たちの眼の前に現われ出るだろう。時はどんどん移って行く。お前たちの父なる私がその時お前たちにどう映るか、それは想像も出来ない事だ。恐らく私が今ここで、過ぎ去ろうとする時代を嗤い憐れんでいるように、お前たちも私の古臭い心持を嗤い憐れむのかも知れない。私はお前たちの為めにそうあらんことを祈っている。お前たちは遠慮なく私を踏台にして、高い遠い所に私を乗り越えて進まなければ間違っているのだ。然しながらお前たちをどんなに深く愛したものがこの世にいるか、或はいたかという事実は、永久にお前たちに必要なものだと私は思うのだ。お前たちがこの書き物を読んで、私の思想の未熟で頑固なのを嗤う間にも、私たちの愛はお前たちを暖め、慰め、励まし、人生の可能性をお前たちの心に味覚させずにおかないと私は思っている。だからこの書き物を私はお前たちにあてて書く。

　お前たちは去年一人の、たった一人のママを永久に失ってしまった。お前たちは生れると間もなく、生命に一番大事な養分を奪われてしまったのだ。お前達の人生はそこで既に暗い。この間ある雑誌社が「私の母」という小さな感想をかけといって来た時、私は何んの気もなく、「自分の幸福は母が始めから一人で今も生きている事だ」と書いてのけた。そして私の万年筆がそれを書き終えるか終えないに、私はすぐお前たちの事を思った。私の心は悪事でも働いたように痛かった。しかも事実は事実だ。私はその点で幸福だった。お前たちは不幸だ。恢復の途なく不幸だ。不幸なものたちよ。

　暁方の三時からゆるい陣痛が起り出して不安が家中に拡がったのは今から思うと七年前の事だ。それは吹雪も吹雪、北海道ですら、滅多にはないひどい吹雪の日だった。市街を離れた川沿いの一つ家はけし飛ぶ程揺れ動いて、窓硝子に吹きつけられた粉雪は、さらぬだに綿雲に閉じられた陽の光を二重に遮って、夜の暗さがいつまでも部屋から退かなかった。電燈の消えた薄暗い中で、白いものに包まれたお前たちの母上は、夢心地に呻き苦しんだ。私は一人の学生と一人の女中とに手伝われながら、火を起した

り、湯を沸かしたり、使を走らせたりした。産婆が雪で真白になってころげこんで来た時は、家中のものが思わずほっと気息をついて安堵したが、昼になっても昼過ぎになっても出産の模様が見えないで、産婆や看護婦の顔に、私だけに見える気遣いの色が見え出すと、私は全く慌ててしまっていた。書斎に閉じ籠って結果を待っていられなくなった。私は産室に降りていって、産婦の両手をしっかり握る役目をした。陣痛が起る度毎に産婆は叱るように産婦を励まして、一分も早く産を終らせようとした。然し暫くの苦痛の後に、産婦はすぐ又深い眠りに落ちてしまった。鼾さえかいて安々と何事も忘れたように見えた。産婆も、後から駈けつけてくれた医者も、顔を見合わして吐息をつくばかりだった。医師は昏睡が来る度毎に何か非常の手段を用いようかと案じているらしかった。

　昼過ぎになると戸外の吹雪は段々鎮まっていって、濃い雪雲から漏れる薄日の光が、窓にたまった雪に来てそっと戯れるまでになった。然し産室の中の人々にはますます重い不安の雲が蔽い被さった。医師は医師で、産婆は産婆で、私は私で、銘々の不安に捕われてしまった。その中で何等の危害をも感ぜぬらしく見えるのは、一番恐ろしい運命の淵に臨んでいる産婦と胎児だけだった。二つの生命は昏々として死の方へ眠って行った。

　丁度三時と思わしい時に――産気がついてから十二時間目に――夕を催す光の中で、最後と思わしい激しい陣痛が起った。肉の眼で恐ろしい夢でも見るように、産婦はかっと瞼を開いて、あてどもなく一所を睨みながら、苦しげというより、恐ろしげに顔をゆがめた。そして私の上体を自分の胸の上にたくし込んで、背中を羽がいに抱きすくめた。若し私が産婦と同じ程度にいきんでいなかったら、産婦の腕は私の胸を押しつぶすだろうと思う程だった。そこにいる人々の心は思わず総立ちになった。医師と産婆は場所を忘れたように大きな声で産婦を励ました。

　ふと産婦の握力がゆるんだのを感じて私は顔を挙げて見た。産婆の膝許には血の気のない嬰児が仰向けに横たえられていた。産婆は毬でもつくようにその胸をはげしく敲きながら、葡萄酒葡萄酒といっていた。看護婦がそれを持って来た。産婆は顔と言葉とでその酒を盥の中にあけろと命じた。激しい芳芬と同時に盥の湯は血のような色に変った。嬰児はその中に浸された。暫くしてかすかな産声が気息もつけない緊張の沈黙を破って細く響いた。

　大きな天と地との間に一人の母と一人の子とがその刹那に忽如として現われ出たのだ。

　その時新たな母は私を見て弱々しくほほえんだ。私はそれを見ると何んという事なしに涙が眼がしらに滲み出て来た。それを私はお前たちに何んといっていい現わすべき

かを知らない。私の生命全体が涙を私の眼から搾り出したとでもいえばいいのか知らん。その時から生活の諸相が総て眼の前で変ってしまった。

　お前たちの中最初にこの世の光を見たものは、このようにして世の光を見た。二番目も三番目も、生れように難易の差こそあれ、父と母とに与えた不思議な印象に変りはない。

　こうして若い夫婦はつぎつぎにお前たち三人の親となった。

　私はその頃心の中に色々な問題をあり余る程持っていた。そして始終齷齪しながら何一つ自分を「満足」に近づけるような仕事をしていなかった。何事も独りで噛みしめてみる私の性質として、表面には十人並みな生活を生活していながら、私の心はややともすると突き上げて来る不安にいらいらさせられた。ある時は結婚を悔いた。ある時はお前たちの誕生を悪んだ。何故自分の生活の旗色をもっと鮮明にしない中に結婚なぞをしたか。妻のある為めに後ろに引きずって行かれねばならぬ重みの幾つかを、何故好んで腰につけたのか。何故二人の肉慾の結果を天からの賜物のように思わねばならぬのか。家庭の建立に費す労力と精力とを自分は他に用うべきではなかったのか。

　私は自分の心の乱れからお前たちの母上を屡々泣かせたり淋しがらせたりした。またお前たちを没義道に取りあつかった。お前達が少し執念く泣いたりいがんだりする声を聞くと、私は何か残虐な事をしないではいられなかった。原稿紙にでも向っていた時に、お前たちの母上が、小さな家事上の相談を持って来たり、お前たちが泣き騒いだりしたりすると、私は思わず机をたたいて立上ったりした。そして後ではたまらない淋しさに襲われるのを知りぬいていながら、激しい言葉を遣ったり、厳しい折檻をお前たちに加えたりした。

　然し運命が私の我儘と無理解とを罰する時が来た。どうしてもお前達を子守に任せておけないで、毎晩お前たち三人を自分の枕許や、左右に臥らして、夜通し一人を寝かしつけたり、一人に牛乳を温めてあてがったり、一人に小用をさせたりして、碌々熟睡する暇もなく愛の限りを尽したお前たちの母上が、四十一度という恐ろしい熱を出してどっと床についた時の驚きもさる事ではあるが、診察に来てくれた二人の医師が口を揃えて、結核の徴候があるといった時には、私は唯訳もなく青くなってしまった。検痰の結果は医師たちの鑑定を裏書きしてしまった。そして四つと三つと二つとになるお前たちを残して、十月末の淋しい秋の日に、母上は入院せねばならぬ体となってしまった。

　私は日中の仕事を終ると飛んで家に帰った。そしてお前達の一人か二人を連れて病院に急いだ。私がその町に住まい始めた頃働いていた克明な門徒の婆さんが病室の世話をしていた。その婆さんはお前たちの姿を見ると隠し隠し涙を拭いた。お前たちは母上を寝台の上に見つけると飛んでいってかじり付こうとした。結核症であるのをまだあか

小さき者へ

されていないお前たちの母上は、宝を抱きかかえるようにお前たちをその胸に集めようとした。私はいい加減にあしらってお前たちを寝台に近づけないようにしなければならなかった。忠義をしようとしながら、周囲の人から極端な誤解を受けて、それを弁解してならない事情に置かれた人の味いそうな心持を幾度も味った。それでも私はもう怒る勇気はなかった。引きはなすようにしてお前たちを母上から遠ざけて帰路につく時には、大抵街燈の光が淡く道路を照していた。玄関を這入ると雇人だけが留守していた。彼等は二三人もいる癖に、残しておいた赤坊のおしめを代えようともしなかった。気持ち悪げに泣き叫ぶ赤坊の股の下はよくぐしょ濡れになっていた。

　お前たちは不思議に他人になつかない子供たちだった。ようようお前たちを寝かしつけてから私はそっと書斎に這入って調べ物をした。体は疲れて頭は興奮していた。仕事をすまして寝付こうとする十一時前後になると、神経の過敏になったお前たちは、夢などを見ておびえながら眼をさますのだった。暁方になるとお前たちの一人は乳を求めて泣き出した。それにおこされると私の眼はもう朝まで閉じなかった。朝飯を食うと私は赤い眼をしながら、堅い心のようなものの出来た頭を抱えて仕事をする所に出懸けた。

　北国には冬が見る見る逼って来た。ある時病院を訪れると、お前たちの母上は寝台の上に起きかえって窓の外を眺めていたが、私の顔を見ると、早く退院がしたいといい出した。窓の外の楓があんなになったのを見ると心細いというのだ。なるほど入院したてには燃えるように枝を飾っていたその葉が一枚も残らず散りつくして、花壇の菊も霜に傷められて、萎れる時でもないのに萎れていた。私はこの寂しさを毎日見せておくだけでもいけないと思った。然し母上の本当の心持はそんな所にはなくって、お前たちから一刻も離れてはいられなくなっていたのだ。

　今日はいよいよ退院するという日は、霰の降る、寒い風のびゅうびゅうと吹く悪い日だったから、私は思い止らせようとして、仕事をすますとすぐ病院に行ってみた。然し病室はからっぽで、例の婆さんが、貰ったものやら、座蒲団やら、茶器やらを部屋の隅でごそごそと始末していた。急いで家に帰ってみると、お前たちはもう母上のまわりに集まって嬉しそうに騒いでいた。私はそれを見ると涙がこぼれた。

　知らない間に私たちは離れられないものになってしまっていたのだ。五人の親子はどんどん押寄せて来る寒さの前に、小さく固まって身を護ろうとする雑草の株のように、互により添って暖みを分ち合おうとしていたのだ。然し北国の寒さは私たち五人の暖みでは間に合わない程寒かった。私は一人の病人と頑是ないお前たちとを労わりながら旅雁のように南を指して遁れなければならなくなった。

　それは初雪のどんどん降りしきる夜の事だった、お前たち三人を生んで育ててくれた土地を後にして旅に上ったのは。忘れる事の出来ないいくつかの顔は、暗い停車場のプラットフォームから私たちに名残りを惜しんだ。陰鬱な津軽海峡の海の色も後ろにな

った。東京まで付いて来てくれた一人の学生は、お前たちの中の一番小さい者を、母のように終夜抱き通していてくれた。そんな事を書けば限りがない。ともかく私たちは幸に怪我もなく、二日の物憂い旅の後に晩秋の東京に着いた。

　今までいた処とちがって、東京には沢山の親類や兄弟がいて、私たちの為めに深い同情を寄せてくれた。それは私にどれ程の力だったろう。お前たちの母上は程なくK海岸にささやかな貸別荘を借りて住む事になり、私たちは近所の旅館に宿を取って、そこから見舞いに通った。一時は病勢が非常に衰えたように見えた。お前たちと母上と私とは海岸の砂丘に行って日向ぼっこをして楽しく二三時間を過ごすまでになった。

　どういう積りで運命がそんな小康を私たちに与えたのかそれは分らない。然し彼はどんな事があっても仕遂ぐべき事を仕遂げずにはおかなかった。その年が暮れに迫った頃お前達の母上は仮初の風邪からぐんぐん悪い方へ向いて行った。そしてお前たちの中の一人も突然原因の解らない高熱に侵された。その病気の事を私は母上に知らせるのに忍びなかった。病児は病児で私を暫くも手放そうとはしなかった。お前達の母上からは私の無沙汰を責めて来た。私は遂に倒れた。病児と枕を並べて、今まで経験した事のない高熱の為めに呻き苦しまねばならなかった。私の仕事？　私の仕事は私から千里も遠くに離れてしまった。それでも私はもう私を悔もうとはしなかった。お前たちの為めに最後まで戦おうとする熱意が病熱よりも高く私の胸の中で燃えているのみだった。

　正月早々悲劇の絶頂が到来した。お前たちの母上は自分の病気の真相を明かされねばならぬ羽目になった。そのむずかしい役目を勤めてくれた医師が帰って後の、お前たちの母上の顔を見た私の記憶は一生涯私を駆り立てるだろう。真著な清々しい顔をして枕についたまま母上には冷たい覚悟を微笑に云わして静かに私を見た。そこには死に対する Resignation と共にお前たちに対する根強い執着がまざまざと刻まれていた。それは物凄くさえあった。私は凄惨な感じに打たれて思わず眼を伏せてしまった。

　愈々H海岸の病院に入院する日が来た。お前たちの母上は全快しない限りは死ぬともお前たちに逢わない覚悟の臍を堅めていた。二度とは着ないと思われる——そして実際着なかった——晴着を着て座を立った母上は内外の母親の眼の前でさめざめと泣き崩れた。女ながらに気性の勝れて強いお前たちの母上は、私と二人だけいる場合でも泣顔などは見せた事がないといってもいい位だったのに、その時の涙は拭くあとからあとから流れ落ちた。その熱い涙はお前たちだけの尊い所有物だ。それは今は乾いてしまった。大空をわたる雲の一片となっているか、谷河の水の一滴となっているか、太洋の泡の一つとなっているか、又は思いがけない人の涙堂に貯えられているか、それは知らない。然しその熱い涙はともかくもお前たちだけの尊い所有物なのだ。

　自動車のいる所に来ると、お前たちの中熱病の予後にある一人は、足の立たない為めに下女に背負われて、——一人はよちよちと歩いて、——一番末の子は母上を苦しめ

小さき者へ　□□□

過ぎるだろうという祖父母たちの心遣いから連れて来られなかった——母上を見送りに出て来ていた。お前たちの頑是ない驚きの眼は、大きな自動車にばかり向けられていた。お前たちの母上は淋しくそれを見やっていた。自動車が動き出すとお前達は女中に勧められて兵隊のように挙手の礼をした。母上は笑って軽く頭を下げていた。お前たちは母上がその瞬間から永久にお前たちを離れてしまうとは思わなかったろう。不幸なものたちよ。

　それからお前たちの母上が最後の気息を引きとるまでの一年と七箇月の間、私たちの間には烈しい戦が闘われた。母上は死に対して最上の態度を取る為めに、お前たちに最大の愛を遺(のこ)すために、私を加減なしに理解する為めに、私は母上を病魔から救う為めに、自分に迫る運命を男らしく肩に担い上げるために、お前たちは不思議な運命から自分を解放するために、身にふさわない境遇の中に自分をはめ込むために、闘った。血まぶれになって闘ったといっていい。私も母上もお前たちも幾度弾丸を受け、刀創(きず)を受け、倒れ、起き上り、又倒れたろう。

　お前たちが六つと五つと四つになった年の八月の二日に死が殺到した。死が総(すべ)てを圧倒した。そして死が総てを救った。

　お前たちの母上の遺言書の中で一番崇高な部分はお前たちに与えられた一節だった。若しこの書き物を読む時があったら、同時に母上の遺書も読んでみるがいい。母上は血の涙を泣きながら、死んでもお前たちに会わない決心を翻(ひるがえ)さなかった。それは病菌をお前たちに伝えるのを恐れたばかりではない。又お前たちを見る事によって自分の心の破れるのを恐れたばかりではない。お前たちの清い心に残酷な死の姿を見せて、お前たちの一生をいやが上に暗くする事を恐れ、お前たちの伸び伸びて行かなければならぬ霊魂に少しでも大きな傷を残す事を恐れたのだ。幼児に死を知らせる事は無益であるばかりでなく有害だ。葬式の時は女中をお前たちにつけて楽しく一日を過ごさして貰いたい。そうお前たちの母上は書いている。

　「子を思う親の心は日の光世より世を照る大きさに似て」
とも詠じている。

　母上が亡くなった時、お前たちは丁度信州の山の上にいた。若しお前たちの母上の臨終にあわせなかったら一生恨みに思うだろうとさえ書いてよこしてくれたお前たちの叔父上に強いて頼んで、お前たちを山から帰らせなかった私をお前たちが残酷だと思う時があるかも知れない。今十一時半だ。この書き物を草している部屋の隣りにお前たちは枕を列(なら)べて寝ているのだ。お前たちはまだ小さい。お前たちが私の齢(とし)になったら私のした事を、即ち母上のさせようとした事を価高く見る時が来るだろう。

　私はこの間にどんな道を通って来たろう。お前たちの母上の死によって、私は自分の生きて行くべき大道にさまよい出た。私は自分を愛護してその道を踏み迷わずに通って行けばいいのを知るようになった。私は嘗(かつ)て一つの創作の中に妻を犠牲にする決心をした一人の男の事を書いた。事実に於てお前たちの母上は私の為めに犠牲になってくれた。私のように持ち合わした力の使いようを知らなかった人間はない。私の周囲のもの

・137・

は私を一個の小心な、魯鈍な、仕事の出来ない、憐れむべき男と見る外に知らなかった。私の小心と魯鈍と無能力とを徹底さして見ようとしてくれるものはなかった。それをお前たちの母上は成就してくれた。私は自分の弱さに力を感じ始めた。私は仕事の出来ない所に仕事を見出した。大胆になれない所に大胆を見出した。鋭敏でない所に鋭敏を見出した。言葉を換えていえば、私は鋭敏に自分の魯鈍を見貫き、大胆に自分の小心を認め、労役して自分の無能力を体験した。私はこの力を以て己れを鞭ち他を生きる事が出来るように思う。お前たちが私の過去を眺めてみるような事があったら、私も無駄には生きなかったのを知って喜んでくれるだろう。

　雨などが降りくらして悒鬱な気分が家の中に漲る日などに、どうかするとお前たちの一人が黙って私の書斎に這入って来る。そして一言パパといったぎりで、私の膝によりかかったまましくしくと泣き出してしまう。ああ何がお前たちの頑是ない眼に涙を要求するのだ。不幸なものたちよ。お前たちが謂れもない悲しみにくずれるのを見るに増して、この世を淋しく思わせるものはない。またお前たちが元気よく私に朝の挨拶をしてから、母上の写真の前に駈けて行って、「ママちゃん御機嫌よう」と快活に叫ぶ瞬間ほど、私の心の底までぐざと刮り通す瞬間はない。私はその時、ぎょっとして無劫の世界を眼前に見る。

　世の中の人は私の述懐を馬鹿々々しいと思うに違いない。何故なら妻の死とはそこにもここにも倦きはてる程夥しくある事柄の一つに過ぎないからだ。そんな事を重大視する程世の中の人は閑散でない。それは確かにそうだ。然しそれにもかかわらず、私といわず、お前たちも行く行くは母上の死を何物にも代えがたく悲しく口惜しいものに思う時が来るのだ。世の中の人が無頓着だといってそれを恥じてはならない。それは恥ずべきことじゃない。私たちはそのありがちの事柄の中からも人生の淋しさに深くぶつかってみることが出来る。小さなことが小さなことでない。大きなことが大きなことでない。それは心一つだ。

　何しろお前たちは見るに痛ましい人生の芽生えだ。泣くにつけ、笑うにつけ、面白がるにつけ淋しがるにつけ、お前たちを見守る父の心は痛ましく傷つく。

　然しこの悲しみがお前たちと私とにどれ程の強みであるかをお前たちはまだ知るまい。私たちはこの損失のお蔭で生活に一段と深入りしたのだ。私共の根はいくらかでも大地に延びたのだ。人生を生きる以上人生に深入りしないものは災いである。

　同時に私たちは自分の悲しみにばかり浸っていてはならない。お前たちの母上は亡くなるまで、金銭の累いからは自由だった。飲みたい薬は何んでも飲む事が出来た。食いたい食物は何んでも食う事が出来た。私たちは偶然な社会組織の結果からこんな特権ならざる特権を享楽した。お前たちの或るものはかすかながらU氏一家の模様を覚えているだろう。死んだ細君から結核を伝えられたU氏があの理智的な性情を有ちな

　　　　　　　　　　　　　　　　　　　小さき者へ　□□□

がら、天理教を信じて、その御祈祷で病気を癒そうとしたその心持を考えると、私はたまらなくなる。薬がきくものか祈祷がきくものかそれは知らない。然しU氏は医者の薬が飲みたかったのだ。然しそれが出来なかったのだ。U氏は毎日下血しながら役所に通った。ハンケチを巻き通した喉からは嗄れた声しか出なかった。働けば病気が重る事は知れきっていた。それを知りながらU氏は御祈祷を頼みにして、老母と二人の子供との生活を続けるために、勇ましく飽くまで働いた。そして病気が重ってから、なけなしの金を出してして貰った古賀液の注射は、田舎の医師の不注意から静脈を外れて、激烈な熱を引起した。そしてU氏は無資産の老母と幼児とを後に残してその為めに斃れてしまった。その人たちは私たちの隣りに住んでいたのだ。何んという運命の皮肉だ。お前たちは母上の死を思い出すと共に、U氏を思い出すことを忘れてはならない。そしてこの恐ろしい溝を埋める工夫をしなければならない。お前たちの母上の死はお前たちの愛をそこまで拡げさすに十分だと思うから私はいうのだ。

　十分人世は淋しい。私たちは唯そういって澄ましている事が出来るだろうか。お前達と私とは、血を味った獣のように、愛を味った。行こう、そして出来るだけ私たちの周囲を淋しさから救うために働こう。私はお前たちを愛した。そして永遠に愛する。それはお前たちから親としての報酬を受けるためにいうのではない。お前たちを愛する事を教えてくれたお前たちに私の要求するものは、ただ私の感謝を受取って貰いたいという事だけだ。お前たちが一人前に育ち上った時、私は死んでいるかも知れない。一生懸命に働いているかも知れない。老衰して物の役に立たないようになっているかも知れない。然し何れの場合にしろ、お前たちの助けなければならないものは私ではない。お前たちの若々しい力は既に下り坂に向おうとする私などに煩わされていてはならない。斃れた親を喰い尽して力を貯える獅子の子のように、力強く勇ましく私を振り捨てて人生に乗り出して行くがいい。

　今時計は夜中を過ぎて一時十五分を指している。しんと静まった夜の沈黙の中にお前たちの平和な寝息だけが幽かにこの部屋に聞こえて来る。私の眼の前にはお前たちの叔母が母上にとて贈られた薔薇の花が写真の前に置かれている。それにつけて思い出すのは私があの写真を撮ってやった時だ。その時お前たちの中に一番年たけたものが母上の胎に宿っていた。母上は自分でも分らない不思議な望みと恐れとで始終心をなやましていた。その頃の母上は殊に美しかった。希臘の母の真似だといって、部屋の中にいい肖像を飾っていた。その中にはミネルバの像や、ゲーテや、クロムウェルや、ナイティンゲール女史やの肖像があった。その少女じみた野心をその時の私は軽い皮肉の心で観ていたが、今から思うとただ笑い捨ててしまうことはどうしても出来ない。私がお前たちの母上の写真を撮ってやろうといったら、思う存分化粧をして一番の晴着を着て、私の二階の書斎に這入って来た。私は寧ろ驚いてその姿を眺めた。母上は淋しく笑って私にいった。産は女の出陣だ。いい子を生むか死ぬか、そのどっちかだ。だから死際の

・139・

装いをしたのだ。——その時も私は心なく笑ってしまった。然し、今はそれも笑ってはいられない。

　深夜の沈黙は私を厳粛にする。私の前には机を隔ててお前たちの母上が坐っているようにさえ思う。その母上の愛は遺書にあるようにお前たちを護らずにはいないだろう。よく眠れ。不可思議な時というものの作用にお前たちを打任してよく眠れ。そうして明日は昨日よりも大きく賢くなって、寝床の中から跳り出して来い。私は私の役目をなし遂げる事に全力を尽すだろう。私の一生が如何に失敗であろうとも、又私が如何なる誘惑に打負けようとも、お前たちは私の足跡に不純な何物をも見出し得ないだけの事はする。きっとする。お前たちは私の斃れた所から新しく歩み出さねばならないのだ。然しどちらの方向にどう歩まねばならぬかは、かすかながらにもお前達は私の足跡から探し出す事が出来るだろう。

　小さき者よ。不幸なそして同時に幸福なお前たちの父と母との祝福を胸にしめて人の世の旅に登れ。前途は遠い。そして暗い。然し恐れてはならぬ。恐れない者の前に道は開ける。

　行け。勇んで。小さき者よ。

【作品紹介】「小さき者へ」は1918年に発表された短編小説である。

西班牙犬の家

（夢見心地になることの好きな人々の為めの短篇）

佐藤春夫

　フラテ（犬の名）は急に駆け出して、蹄鍛冶屋の横に折れる岐路のところで、私を待っている。この犬は非常に賢い犬で、私の年来の友達であるが、私の妻などは勿論大多数の人間などよりよほど賢い、と私は信じている。で、いつでも散歩に出る時には、きっとフラテを連れて出る。奴は時々、思いもかけぬようなところへ自分をつれてゆく。で近頃では私は散歩といえば、自分でどこへ行こうなどと考えずに、この犬の行く方へだまってついて行くことに決めているようなわけなのである。蹄鍛冶屋の横道は、私はまだ一度も歩かない。よし、犬の案内に任せて今日はそこを歩こう。そこで私はそこを曲る。その細い道はだらだらの坂道で、時々ひどく曲りくねっている。おれはその道に沿うて犬について、景色を見るでもなく、考えるでもなく、ただぼんやりと空想に耽って歩く。時々、空を仰いで雲を見る。ひょいと道ばたの草の花が目につく。そこで私はその花を摘んで、自分の鼻の先で匂うて見る。何という花だか知らないがいい匂である。指で摘んでくるくるとまわしながら歩く。するとフラテは何かの拍子にそれを見つけて、ちょっと立とまって、首をかしげて、私の目のなかをのぞき込む。それを欲しいという顔つきである。そこでその花を投げてやる。犬は地面に落ちた花を、ちょっと嗅いで見て、何だ、ビスケットじゃなかったのかと言いたげである。そうしてまた急に駆け出す。こんな風にして私は二時間近くも歩いた。

　歩いているうちに我々はひどく高くへ登ったものと見える。そこはちょっとした見晴で、打開けた一面の畑の下に、遠くどこの町とも知れない町が、雲と霞との間からぼんやりと見える。しばらくそれを見ていたが、たしかに町に相違ない。それにしてもあんな方角に、あれほどの人家のある場所があるとすれば、一たい何処なのであろう。私は少し腑に落ちぬ気持がする。しかし私はこの辺一帯の地理は一向に知らないのだから、解らないのも無理ではないが、それはそれとして、さて後の方はと注意して見ると、そこは極くなだらかな傾斜で、遠くへ行けば行くほど低くなっているらしく、何でも一面の雑木林のようである。その雑木林はかなり深いようだ。そうしてさほど

太くもない沢山の木の幹の半面を照して、正午に間もない優しい春の日ざしが、楡や樫や栗や白樺などの芽生したばかりの爽やかな葉の透間から、煙のように、また匂のように流れ込んで、その幹や地面やの日かげと日向との加減が、ちょっと口では言えない種類の美しさである。おれはこの雑木林の奥へ入って行きたい気もちになった。その林のなかは、かき別けねばならぬというほどの深い草原でもなく、行こうと思えばわけもないからだ。

　私の友人のフラテも私と同じ考えであったと見える。彼はうれしげにずんずんと林のなかへ這入ってゆく。私もその後に従うた。約一丁ばかり進んだかと思うころ、犬は今までの歩き方とは違うような足どりになった。気らくな今までの漫歩の態度ではなく、織るようないそがしさに足を動かす。鼻を前の方につき出している。これは何かを発見したに違いない。兎の足あとであったのか、それとも草のなかに鳥の巣でもあるのであろうか。あちらこちらと気ぜわしげに行き来するうちに、犬はその行くべき道を発見したものらしく、真直ぐに進み初めた。私は少しばかり好奇心をもってその後を追うて行った。我々は時々、交尾していたらしい梢の野鳥を駭かした。こうした早足で行くこと三十分ばかりで、犬は急に立ちとまった。同時に私は潺湲たる水の音を聞きつけたような気がした。（一たいこの辺は泉の多い地方である）犬は耳を癇性らしく動かして二、三間ひきかえして、再び地面を嗅ぐや、今度は左の方へ折れで歩み出した。思ったよりもこの林の深いのに少しおどろいた。この地方にこんな広い雑木林があろうとは考えなかったが、この工合ではこの林は二、三百町歩もあるかも知れない。犬の様子といい、いつまでもつづく林といい、おれは好奇心で一杯になって来た。こうしてまた二、三十分間ほど行くうちに、犬は再び立とまった。さて、わっ、わっ！という風に短く二声吠えた。その時までは、つい気がつかずにいたが、直ぐ目の前に一軒の家があるのである。それにしても多少の不思議である、こんなところに唯一つ人の住家があろうとは。それが炭焼き小屋でない以上は。

　打見たところ、この家には別に庭という風なものはない様子で、ただ唐突にその林のなかに雜っているのである。この「林のなかに雜っている」という言葉はここでは一番よくはまる。今も言った通り私はすぐ目の前でこの家を発見したのだからして、その遠望の姿を知るわけにはいかぬ。また恐らくはこの家は、この地勢と位置とから考えて見てさほど遠くから認め得られようとも思えない。近づいてのこの家は、別段に変った家とも思えない。ただその家は草屋根ではあったけれども、普通の百姓家とはちょっと趣が違う。というのは、この家の窓はすべてガラス戸で西洋風な造え方なのである。ここから入口の見えないところを見ると、我々は今多分この家の背後と側面とに対して立っているものと思う。その角のところから二方面の壁の半分ずつほどを覆うたつたかずらだけが、言わばこの家のここからの姿に多少の風情と興味とを具えしめている装飾で、他は一見極く質朴な、こんな林のなかにありそうな家なのである。私は初め、こ

西班牙犬の家　□□□

れはこの林の番小屋ではないかしらと思った。それにしては少し大きすぎる。またわざわざこんな家を建てて番をしなければならぬほどの林でもない。と思い直してこの最初の認定を否定した。ともかくも私はこの家へ這入って見よう。道に迷うたものだと言って、茶の一杯ももらって持って来た弁当に、我々は我々の空腹を満そう。と思って、その家の正面だと思える方へ歩み出した。すると今まで目の方の注意によって忘れられていたらしい耳の感覚が働いて、私は流れが近くにあることを知った。さきに潺湲たる水声を耳にしたと思ったのはこの近所であったのであろう。

　正面へ廻って見ると、そこも一面の林に面していた。ただここへ来て一つの奇異な事には、その家の入口は、家全体のつり合から考えてひどく贅沢にも立派な石の階段が丁度四級もついているのであった。その石は家の他の部分よりも、何故か古くなって所々苔が生えているのである。そうしてこの正面である南側の窓の下には家の壁に沿うて一列に、時を分たず咲くであろうと思える紅い小さな薔薇の花が、わがもの顔に乱れ咲いていた。そればかりではない。その薔薇の叢の下から帯のような幅で、きらきらと日にかがやきながら、水が流れ出ているのである。それが一見どうしてもその家のなかから流れ出ているとしか思えない。私の家来のフラテはこの水をさも甘そうにしたたかに飲んでいた。私は一瞥のうちにこれらのものを自分の瞳へ刻みつけた。

　さて私は静に石段の上を登る。ひっそりとしたこの四辺の世界に対して、私の靴音は静寂を破るというほどでもなく響いた。私は「おれは今、隠者か、でなければ魔法使の家を訪問しているのだぞ」と自分自身に戯れて見た。そうして私の犬の方を見ると、彼は別段変った風もなく、赤い舌を垂れて、尾をふっていた。

　私はこつこつと西洋風の扉を西洋風にたたいて見た。内からは何の返答もない。私はもう一ぺん同じことを繰返さねばならなかった。内からはやっぱり返答がない。今度は声を出して案内を乞うて見た。依然、何の反響もない。留守なのかしら空家なのかしらと考えているうちに私は多少不気味になって来た。そこでそっと足音をぬすんで——これは何のためであったかわからないが——薔薇のある方の窓のところへ立って、そこから脊のびをして内を見まわして見た。

　窓にはこの家の外見とは似合しくない立派な品の、黒ずんだ海老茶にところどころ青い線の見えるどっしりとした窓かけがしてあったけれども、それは半分ほどしぼってあったので部屋のなかはよく見えた。珍らしい事には、この部屋の中央には、石で彫って出来た大きな水盤があってその高さは床の上から二尺とはないが、その真中のところからは、水が湧立っていて、水盤のふちからは不断に水がこぼれている。そこで水盤には青い苔が生えて、その附近の床——これもやっぱり石であった——は少ししめっぽく見える。そのこぼれた水が薔薇のなかからきらきら光りながら蛇のようにぬけ出して来る水なのだろうということは、後で考えて見て解った。私はこの水盤には少からず驚いた。ちょいと異風な家だとはさきほどから気がついたものの、こんな異体の知れない

・143・

仕掛まであろうとは予想出来ないからだ。そこで私の好奇心は、一層注意ぶかく家の内部を窓越しに観察し始めた。床も石である、何という石だか知らないが、青白いような石で水で湿った部分は美しい青色であった。それが無造作に、切出した時の自然のままの面を利用して列べてある。入口から一番奥の方の壁にこれも石で出来たファイヤプレイスがあり、その右手には棚が三段ほどあって、何だか皿見たようなものが積み重ねたり、列んだりしている。それとは反対の側に——今、私がのぞいている南側の窓の三つあるうちの一番奥の隅の窓の下に大きな素木のままの裸の卓があって、その上には……何があるのだか顔をぴったりくっつけても硝子が邪魔をして覗き込めないから見られない。おや待てよ、これは勿論空家ではない、それどころか、つい今のさきまで人がいたに相違ない。というのはその大きな卓の片隅から、吸いさしの煙草から出る煙の糸が非常に静かに二尺ほど真直ぐに立ちのぼって、そこで一つゆれて、それからだんだん上へゆくほど乱れて行くのが見えるではないか。

　私はこの煙を見て、今まで思いがけぬことばかりなので、つい忘れていた煙草のことを思出した。そこで自分も一本を出して火をつけた。それからどうかしてこの家のなかへ入って見たいという好奇心がどうもおさえ切れなくなった。さてつくづく考えるうちに、私は決心をした。この家の中へ入って行こう。留守中でもいい這入ってやろう、もし主人が帰って来たならばおれは正直にそのわけを話すのだ。こんな変った生活をしている人なのだから、そう話せば何とも言うまい。かえって歓迎してくれないとも限らぬ。それには今まで荷厄介にしていたこの絵具箱が、おれの泥棒ではないという証人として役立つであろう。私は虫のいいことを考えてこう決心した。そこでもう一度入口の階段を上って、念のため声をかけてそっと扉をあけた。扉には別に錠も下りてはいなかったから。

　私は入って行くといきなり二足三足あとすだりした。何故かというに入口に近い窓の日向に真黒な西班牙犬がいるではないか。顎を床にくっつけて、丸くなって居眠していた奴が、私の入るのを見て狡そうにそっと目を開けて、のっそり起上ったからである。

　これを見た私の犬のフラテは、うなりながらその犬の方へ進んで行った。そこで両方しばらくうなりつづけたが、この西班牙犬は案外柔和な奴と見えて、両方で鼻面を嗅ぎ合ってから、向から尾を振り始めた。そこで私の犬も尾をふり出した。さて西班牙犬は再びもとの床の上へ身を横えた。私の犬もすぐその傍へ同じように横になった。見知らぬ同性同士の犬と犬とのこうした和解はなかなか得がたいものである。これは私の犬が温良なのにも因るが主として向う犬の寛大を賞讃しなければなるまい。そこでおれは安心して入って行った。この西班牙犬はこの種の犬としてはかなり大きな体で、例のこの種特有の房々した毛のある大きな尾をくるりと尻の上に巻上げたところはなかなか立派である。しかし毛の艶や、顔の表情から推して見て、大分老犬であるということは、犬のことを少しばかり知っている私には推察出来た。私は彼の方へ接近して行っ

て、この当座の主人である彼に会釈するために、敬意を表するために彼の頭を愛撫した。一体犬というものは、人間がいじめ抜いた野良犬でない限りは、淋しいところにいる犬ほど人を懐しがるもので、見ず知らずの人でも親切な人には決して怪我をさせるものではない事を、経験の上から私は信じている。それに彼らには必然的な本能があって、犬好きと犬をいじめる人とは直ぐ見わけるものだ。私の考は間違ではなかった。西班牙犬はよろこんで私の手のひらを舐めた。

　それにしても一体、この家の主人というのは何者なのであろう。何処へ行ったのであろう。直ぐ帰るだろうか知ら。入って見るとさすがに気が咎めた。それで入ったことは入ったが、私はしばらくはあの石の大きな水盤のところで佇立したままでいた。その水盤はやっぱり外から見た通りで、高さは膝まで位しかなかった。ふちの厚さは二寸位で、そのふちへもってって、また細い溝が三方にある。こぼれる水はそこを流れて、水盤の外がわをつとうてこぼれてしまうのである。なるほど、こうした地勢では、こうした水の引き方も可能なわけである。この家では必ずこれを日常の飲み水にしているのではなかろうか。どうもただの装飾ではないと思う。

　一体この家はこの部屋一つきりで何もかもの部屋を兼ねているようだ。椅子が皆で一つ……二つ……三つきりしかない。水盤の傍と、ファイヤプレイスとそれに卓に面してと各一つずつ。どれもただ腰を掛けられるというだけに造られて、別に手のこんだところはどこにもない。見廻しているうちに私はだんだんと大胆になって来た。気がつくとこの静かな家の脈搏のように時計が分秒を刻む音がしている。どこに時計があるのであろう。濃い樺色の壁にはどこにもない。あああれだ、あの例の大きな卓の上の置時計だ。私はこの家の今の主人と見るべき西班牙犬に少し遠慮しながら、卓の方へ歩いて行った。

　卓の片隅には果して、窓の外から見たとおり、今では白く燃えつくした煙草が一本あった。

　時計は文字板の上に絵が描いてあって、その玩具のような趣向がいかにもこの部屋の半野蛮な様子に対照をしている。文字板の上には一人の貴婦人と、一人の紳士と、それにもう一人の男がいて、その男は一秒間に一度ずつこの紳士の左の靴をみがくわけなのである。馬鹿馬鹿しいけれどもその絵が面白かった。その貴婦人の襞の多い笹べりのついた大きな裾を地に曳いた具合や、シルクハットの紳士の頬髯の様式などは、外国の風俗を知らない私の目にももう半世紀も時代がついて見える。さて可哀想なはこの靴磨きだ。彼はこの平静な家のなかの、そのまたなかの小さな別世界で夜も昼もこうして一つの靴ばかり磨いているのだ。おれは見ているうちにこの単調な不断の動作に、自分の肩が凝って来るのを感ずる。それで時計の示す時間は一時十五分——これは一時間も遅れていそうだった。机には塵まみれに本が五、六十冊積上げてあって、別に四、五冊ちらばっていた。何でも絵の本か、建築のかそれとも地図と言いたい様子の大冊な本ばか

りだった。表題を見たらば、独逸語(ドイツ)らしく私には読めなかった。その壁のところに、原色刷の海の額がかかっている、見たことのある絵だが、こんな色はヰスラアではないか知ら……私はこの額がここにあるのを賛成した。でも人間がこんな山中にいれば、絵でも見ていなければ世界に海のある事などは忘れてしまうかも知れないではないか。

　私は帰ろうと思った、この家の主人にはいずれまた会いに来るとして。それでも人のいないうちに入込んで、人のいないうちに帰るのは何だか気になった。そこで一層のこと主人の帰宅を待とうという気にもなる。それで水盤から水の湧立つのを見ながら、一服吸いつけた。そうして私はその湧き立つ水をしばらく見つめていた。こうして一心にそれを見つづけていると、何だか遠くの音楽に聞き入っているような心持がする。うっとりとなる。ひょっとするとこの不断にたぎり出る水の底から、ほんとうに音楽が聞えて来たのかも知れない。あんな不思議な家のことだから。何しろこの家の主人というのはよほど変者(かわりもの)に相違ない。……待てよおれは、リップ・ヴァン・ヰンクルではないか知ら。……帰って見ると妻は婆になっている。……ひょっとこの林を出て、「K村はどこでしたかね」と百姓に尋ねると、「え？　K村そんなところはこの辺にありませんぜ」と言われそうだぞ。そう思うと私はふと早く家へ帰って見ようと、変な気持になった。そこで私は扉口(とぐち)のところへ歩いて行って、口笛でフラテを呼ぶ。今まで一挙一動を注視していたような気のするあの西班牙犬はじっと私の帰るところを見送っている。私は怖れた。この犬は今までは柔和に見せかけて置いて、帰ると見てわっと後から咬(か)みつきはしないだろうか。私は西班牙犬に注意しながら、フラテの出て来るのを待兼ねて、大急ぎで扉を閉めて出た。

　さて、帰りがけにもう一ぺん家の内部を見てやろうと、背のびをして窓から覗き込むと例の真黒な西班牙犬はのっそりと起き上って、さて大机の方へ歩きながら、おれのいるのには気がつかないのか、

　「ああ、今日は妙な奴に駭(おどろ)かされた。」

　と、人間の声で言ったような気がした。はてな、と思っていると、よく犬がするようにあくびをしたかと思うと、私の瞬(まばた)きした間に、奴は五十恰好(かっこう)の眼鏡をかけた黒服の中老人になり大机の前の椅子によりかかったまま、悠然と口にはまだ火をつけぬ煙草をくわえて、あの大形の本の一冊を開いて頁をくっているのであった。

　ぽかぽかとほんとうに温い春の日の午後である。ひっそりとした山の雑木原のなかである。

　【作家紹介】佐藤春夫（1892—1964）。詩人、小説家、批評家。1892年4月9日、和歌山県新宮町（現在の新宮市）に、佐藤豊太郎の長男として生まれる。新宮中学に入学後、文学を志望するが、問題児であったため、三年時に落第。1909年、「スバル」創刊号に短歌十首を発表。1910年、新宮中学卒業後、上京。この年、永井荷風が慶應義塾文科の教授となったので、堀口とともに慶應予科に入学。在学中から「三田文学」「中央公論」に寄稿。1913年、慶應義塾を退学。文学に行き詰まり、油絵に向かう。

1917年、「西班牙犬の家」をかわきりに、初期の代表作を次々と発表。1938年、「新日本」の編集に関係し、中国戦線におもむき、「東天紅」「戦線詩集」「大東亞戦争」を刊行する。1954年、「晶子曼陀羅」を刊行し、読売文学賞を受ける。1957年、マゾッホの「毛皮を着たヴィーナス」の翻訳を刊行。1960年、「小説永井荷風伝」を刊行。文化勲章を受ける。

羅生門

芥川龍之介

　ある日の暮方の事である。一人の下人が、羅生門の下で雨やみを待っていた。

　広い門の下には、この男のほかに誰もいない。ただ、所々丹塗の剥げた、大きな円柱に、蟋蟀が一匹とまっている。羅生門が、朱雀大路にある以上は、この男のほかにも、雨やみをする市女笠や揉烏帽子が、もう二三人はありそうなものである。それが、この男のほかには誰もいない。

　何故かと云うと、この二三年、京都には、地震とか辻風とか火事とか饑饉とか云う災がつづいて起った。そこで洛中のさびれ方は一通りではない。旧記によると、仏像や仏具を打砕いて、その丹がついたり、金銀の箔がついたりした木を、路ばたにつみ重ねて、薪の料に売っていたと云う事である。洛中がその始末であるから、羅生門の修理などは、元より誰も捨てて顧る者がなかった。するとその荒れ果てたのをよい事にして、狐狸が棲む。盗人が棲む。とうとうしまいには、引取り手のない死人を、この門へ持って来て、棄てて行くと云う習慣さえ出来た。そこで、日の目が見えなくなると、誰でも気味を悪るがって、この門の近所へは足ぶみをしない事になってしまったのである。

　その代りまた鴉がどこからか、たくさん集って来た。昼間見ると、その鴉が何羽となく輪を描いて、高い鴟尾のまわりを啼きながら、飛びまわっている。ことに門の上の空が、夕焼けであかくなる時には、それが胡麻をまいたようにはっきり見えた。鴉は、勿論、門の上にある死人の肉を、啄みに来るのである。――もっとも今日は、刻限が遅いせいか、一羽も見えない。ただ、所々、崩れかかった、そうしてその崩れ目に長い草のはえた石段の上に、鴉の糞が、点々と白くこびりついているのが見える。下人は七段ある石段の一番上の段に、洗いざらした紺の襖の尻を据えて、右の頬に出来た、大きな面皰を気にしながら、ぼんやり、雨のふるのを眺めていた。

　作者はさっき、「下人が雨やみを待っていた」と書いた。しかし、下人は雨がやんでも、格別どうしようと云う当てはない。ふだんなら、勿論、主人の家へ帰る可き筈で

ある。所がその主人からは、四五日前に暇を出された。前にも書いたように、当時京都の町は一通りならず衰微していた。今この下人が、永年、使われていた主人から、暇を出されたのも、実はこの衰微の小さな余波にほかならない。だから「下人が雨やみを待っていた」と云うよりも「雨にふりこめられた下人が、行き所がなくて、途方にくれていた」と云う方が、適当である。その上、今日の空模様も少からず、この平安朝の下人の Sentimentalisme に影響した。申の刻下りからふり出した雨は、いまだに上るけしきがない。そこで、下人は、何をおいても差当り明日の暮しをどうにかしようとして——云わばどうにもならない事を、どうにかしようとして、とりとめもない考えをたどりながら、さっきから朱雀大路にふる雨の音を、聞くともなく聞いていたのである。

　雨は、羅生門をつつんで、遠くから、ざあっと云う音をあつめて来る。夕闇は次第に空を低くして、見上げると、門の屋根が、斜につき出した甍の先に、重たくうす暗い雲を支えている。

　どうにもならない事を、どうにかするためには、手段を選んでいる遑はない。選んでいれば、築土の下か、道ばたの土の上で、饑死をするばかりである。そうして、この門の上へ持って来て、犬のように棄てられてしまうばかりである。選ばないとすれば——下人の考えは、何度も同じ道を低徊した揚句に、やっとこの局所へ逢着した。しかしこの「すれば」は、いつまでたっても、結局「すれば」であった。下人は、手段を選ばないという事を肯定しながらも、この「すれば」のかたをつけるために、当然、その後に来る可き「盗人になるよりほかに仕方がない」と云う事を、積極的に肯定するだけの、勇気が出ずにいたのである。

　下人は、大きな嚏をして、それから、大儀そうに立上った。夕冷えのする京都は、もう火桶が欲しいほどの寒さである。風は門の柱と柱との間を、夕闇と共に遠慮なく、吹きぬける。丹塗の柱にとまっていた蟋蟀も、もうどこかへ行ってしまった。

　下人は、頸をちぢめながら、山吹の汗袗に重ねた、紺の襖の肩を高くして門のまわりを見まわした。雨風の患のない、人目にかかる惧のない、一晩楽にねられそうな所があれば、そこでともかくも、夜を明かそうと思ったからである。すると、幸い門の上の楼へ上る、幅の広い、これも丹を塗った梯子が眼についた。上なら、人がいたにしても、どうせ死人ばかりである。下人はそこで、腰にさげた聖柄の太刀が鞘走らないように気をつけながら、藁草履をはいた足を、その梯子の一番下の段へふみかけた。

　それから、何分かの後である。羅生門の楼の上へ出る、幅の広い梯子の中段に、一人の男が、猫のように身をちぢめて、息を殺しながら、上の容子を窺っていた。楼の上からさす火の光が、かすかに、その男の右の頬をぬらしている。短い鬚の中に、赤く膿を持った面皰のある頬である。下人は、始めから、この上にいる者は、死人ばかりだと

高を括っていた。それが、梯子を二三段上って見ると、上では誰か火をとぼして、しかもその火をそこここと動かしているらしい。これは、その濁った、黄いろい光が、隅々に蜘蛛の巣をかけた天井裏に、揺れながら映ったので、すぐにそれと知れたのである。この雨の夜に、この羅生門の上で、火をともしているからは、どうせただの者ではない。

　下人は、守宮のように足音をぬすんで、やっと急な梯子を、一番上の段まで這うようにして上りつめた。そうして体を出来るだけ、平にしながら、頸を出来るだけ、前へ出して、恐る恐る、楼の内を覗いて見た。

　見ると、楼の内には、噂に聞いた通り、幾つかの死骸が、無造作に棄ててあるが、火の光の及ぶ範囲が、思ったより狭いので、数は幾つともわからない。ただ、おぼろげながら、知れるのは、その中に裸の死骸と、着物を着た死骸とがあるという事である。勿論、中には女も男もまじっているらしい。そうして、その死骸は皆、それが、かつて、生きていた人間だと云う事実さえ疑われるほど、土を捏ねて造った人形のように、口を開いたり手を延ばしたりして、ごろごろ床の上にころがっていた。しかも、肩とか胸とかの高くなっている部分に、ぼんやりした火の光をうけて、低くなっている部分の影を一層暗くしながら、永久に唖の如く黙っていた。

　下人は、それらの死骸の腐爛した臭気に思わず、鼻を掩った。しかし、その手は、次の瞬間には、もう鼻を掩う事を忘れていた。ある強い感情が、ほとんどことごとくこの男の嗅覚を奪ってしまったからだ。

　下人の眼は、その時、はじめてその死骸の中に蹲っている人間を見た。檜皮色の着物を着た、背の低い、痩せた、白髪頭の、猿のような老婆である。その老婆は、右の手に火をともした松の木片を持って、その死骸の一つの顔を覗きこむように眺めていた。髪の毛の長い所を見ると、多分女の死骸であろう。

　下人は、六分の恐怖と四分の好奇心とに動かされて、暫時は呼吸をするのさえ忘れていた。旧記の記者の語を借りれば、「頭身の毛も太る」ように感じたのである。すると老婆は、松の木片を、床板の間に挿して、それから、今まで眺めていた死骸の首に両手をかけると、丁度、猿の親が猿の子の虱をとるように、その長い髪の毛を一本ずつ抜きはじめた。髪は手に従って抜けるらしい。

　その髪の毛が、一本ずつ抜けるのに従って、下人の心からは、恐怖が少しずつ消えて行った。そうして、それと同時に、この老婆に対するはげしい憎悪が、少しずつ動いて来た。――いや、この老婆に対すると云っては、語弊があるかも知れない。むしろ、あらゆる悪に対する反感が、一分毎に強さを増して来たのである。この時、誰かがこの下人に、さっき門の下でこの男が考えていた、餓死をするか盗人になるかと云う問題

を、改めて持出したら、恐らく下人は、何の未練もなく、餓死を選んだ事であろう。それほど、この男の悪を憎む心は、老婆の床に挿した松の木片のように、勢いよく燃え上り出していたのである。

　下人には、勿論、何故老婆が死人の髪の毛を抜くかわからなかった。従って、合理的には、それを善悪のいずれに片づけてよいか知らなかった。しかし下人にとっては、この雨の夜に、この羅生門の上で、死人の髪の毛を抜くと云う事が、それだけで既に許すべからざる悪であった。勿論、下人は、さっきまで自分が、盗人になる気でいた事なぞは、とうに忘れていたのである。

　そこで、下人は、両足に力を入れて、いきなり、梯子から上へ飛び上った。そうして聖柄の太刀に手をかけながら、大股に老婆の前へ歩みよった。老婆が驚いたのは云うまでもない。

　老婆は、一目下人を見ると、まるで弩にでも弾かれたように、飛び上った。

「おのれ、どこへ行く。」

　下人は、老婆が死骸につまずきながら、慌てふためいて逃げようとする行手を塞いで、こう罵った。老婆は、それでも下人をつきのけて行こうとする。下人はまた、それを行かすまいとして、押しもどす。二人は死骸の中で、しばらく、無言のまま、つかみ合った。しかし勝敗は、はじめからわかっている。下人はとうとう、老婆の腕をつかんで、無理にそこへ扭じ倒した。丁度、鶏の脚のような、骨と皮ばかりの腕である。

「何をしていた。云え。云わぬと、これだぞよ。」

　下人は、老婆をつき放すと、いきなり、太刀の鞘を払って、白い鋼の色をその眼の前へつきつけた。けれども、老婆は黙っている。両手をわなわなふるわせて、肩で息を切りながら、眼を、眼球が瞼の外へ出そうになるほど、見開いて、唖のように執拗く黙っている。これを見ると、下人は始めて明白にこの老婆の生死が、全然、自分の意志に支配されていると云う事を意識した。そうしてこの意識は、今までけわしく燃えていた憎悪の心を、いつの間にか冚ましてしまった。後に残ったのは、ただ、ある仕事をして、それが円満に成就した時の、安らかな得意と満足とがあるばかりである。そこで、下人は、老婆を見下しながら、少し声を柔らげてこう云った。

「己は検非違使の庁の役人などではない。今し方この門の下を通りかかった旅の者だ。だからお前に縄をかけて、どうしようと云うような事はない。ただ、今時分この門の上で、何をして居たのだか、それを己に話しさえすればいいのだ。」

　すると、老婆は、見開いていた眼を、一層大きくして、じっとその下人の顔を見守った。瞼の赤くなった、肉食鳥のような、鋭い眼で見たのである。それから、皺で、ほとんど、鼻と一つになった唇を、何か物でも噛んでいるように動かした。細い喉で、尖った喉仏の動いているのが見える。その時、その喉から、鴉の啼くような声が、喘ぎ喘ぎ、下人の耳へ伝わって来た。

「この髪を抜いてな、この髪を抜いてな、鬘にしようと思うたのじゃ。」

下人は、老婆の答が存外、平凡なのに失望した。そうして失望すると同時に、また前の憎悪が、冷やかな侮蔑と一しょに、心の中へはいって来た。すると、その気色が、先方へも通じたのであろう。老婆は、片手に、まだ死骸の頭から奪った長い抜け毛を持ったなり、蟇のつぶやくような声で、口ごもりながら、こんな事を云った。

「成程な、死人の髪の毛を抜くと云う事は、何ぼう悪い事かも知れぬ。じゃが、ここにいる死人どもは、皆、そのくらいな事を、されてもいい人間ばかりだぞ。現在、わしが今、髪を抜いた女などはな、蛇を四寸ばかりずつに切って干したのを、干魚だと云うて、太刀帯の陣へ売りに往んだわ。疫病にかかって死ななんだら、今でも売りに往んでいた事であろ。それもよ、この女の売る干魚は、味がよいと云うて、太刀帯どもが、欠かさず菜料に買っていたそうな。わしは、この女のした事が悪いとは思うていぬ。せねば、饑死をするのじゃて、仕方がなくした事であろ。されば、今また、わしのしていた事も悪い事とは思わぬぞよ。これとてもやはりせねば、饑死をするじゃて、仕方がなくする事じゃわいの。じゃて、その仕方がない事を、よく知っていたこの女は、大方わしのする事も大目に見てくれるであろ。」

老婆は、大体こんな意味の事を云った。

下人は、太刀を鞘におさめて、その太刀の柄を左の手でおさえながら、冷然として、この話を聞いていた。勿論、右の手では、赤く頬に膿を持った大きな面皰を気にしながら、聞いているのである。しかし、これを聞いている中に、下人の心には、ある勇気が生まれて来た。それは、さっき門の下で、この男には欠けていた勇気である。そうして、またさっきこの門の上へ上って、この老婆を捕えた時の勇気とは、全然、反対な方向に動こうとする勇気である。下人は、饑死をするか盗人になるかに、迷わなかったばかりではない。その時のこの男の心もちから云えば、饑死などと云う事は、ほとんど、考える事さえ出来ないほど、意識の外に追い出されていた。

「きっと、そうか。」

老婆の話が完ると、下人は嘲るような声で念を押した。そうして、一足前へ出ると、不意に右の手を面皰から離して、老婆の襟上をつかみながら、噛みつくようにこう云った。

「では、己が引剥をしようと恨むまいな。己もそうしなければ、饑死をする体なのだ。」

下人は、すばやく、老婆の着物を剥ぎとった。それから、足にしがみつこうとする老婆を、手荒く死骸の上へ蹴倒した。梯子の口までは、僅に五歩を数えるばかりである。下人は、剥ぎとった檜皮色の着物をわきにかかえて、またたく間に急な梯子を夜の底へかけ下りた。

しばらく、死んだように倒れていた老婆が、死骸の中から、その裸の体を起したの

は、それから間もなくの事である。老婆はつぶやくような、うめくような声を立てながら、まだ燃えている火の光をたよりに、梯子の口まで、這って行った。そうして、そこから、短い白髪を倒にして、門の下を覗きこんだ。外には、ただ、黒洞々たる夜があるばかりである。

　下人の行方は、誰も知らない。

（大正四年九月）

【作家紹介】芥川龍之介（あくたがわりゅうのすけ、1892—1927）東京生まれ。早くから文学の才能を示し、東大在学中に同人雑誌「新思潮」に発表した「鼻」を漱石が激賞し、文壇で活躍するようになる。1915年「羅生門」を発表。王朝もの、近世初期のキリシタン文学、江戸時代の人物・事件、明治の文明開化期など、さまざまな時代の歴史的文献に題材をとり、スタイルや文体を使い分けたたくさんの短編小説を書いた。体力の衰えと「ぼんやりした不安」から自殺。その死は大正時代文学の終焉と重なっている。歴史の材をとった多くの短編は、端麗な文体と人間性の深い洞察により、多くの読者の支持を得ている。

或恋愛小説

―或は「恋愛は至上なり」―

芥川龍之介

　ある婦人雑誌社の面会室。
　主筆　でっぷり肥った四十前後の紳士。
　堀川保吉　主筆の肥っているだけに痩せた上にも痩せて見える三十前後の、――ちょっと一口には形容出来ない。が、とにかく紳士と呼ぶのに躊躇することだけは事実である。
　主筆　今度は一つうちの雑誌に小説を書いては頂けないでしょうか？　どうもこの頃は読者も高級になっていますし、在来の恋愛小説には満足しないようになっていますから、……もっと深い人間性に根ざした、真面目な恋愛小説を書いて頂きたいのです。
　保吉　それは書きますよ。実はこの頃婦人雑誌に書きたいと思っている小説があるのです。
　主筆　そうですか？　それは結構です。もし書いて頂ければ、大いに新聞に広告しますよ。「堀川氏の筆に成れる、哀婉極りなき恋愛小説」とか何とか広告しますよ。
　保吉　「哀婉極りなき」？　しかし僕の小説は「恋愛は至上なり」と云うのですよ。
　主筆　すると恋愛の讃美ですね。それはいよいよ結構です。厨川博士の「近代恋愛論」以来、一般に青年男女の心は恋愛至上主義に傾いていますから。……勿論近代的恋愛でしょうね？
　保吉　さあ、それは疑問ですね。近代的懐疑とか、近代的盗賊とか、近代的白髪染めとか――そう云うものは確かに存在するでしょう。しかしどうも恋愛だけはイザナギイザナミの昔以来余り変らないように思いますが。
　主筆　それは理論の上だけですよ。たとえば三角関係などは近代的恋愛の一例ですからね。少くとも日本の現状では。
　保吉　ああ、三角関係ですか？　それは僕の小説にも三角関係は出て来るのです。……ざっと筋を話して見ましょうか？

主筆　そうして頂ければ好都合です。

保吉　女主人公は若い奥さんなのです。外交官の夫人なのです。勿論東京の山の手の邸宅に住んでいるのですね。背のすらりとした、ものごしの優しい、いつも髪は——一体読者の要求するのはどう云う髪に結った女主人公ですか？

主筆　耳隠しでしょう。

保吉　じゃ耳隠しにしましょう。いつも髪を耳隠しに結った、色の白い、目の冴え冴えしたちょっと唇に癖のある、——まあ活動写真にすれば栗島澄子の役所なのです。夫の外交官も新時代の法学士ですから、新派悲劇じみたわからずやじゃありません。学生時代にはベエスボオルの選手だった、その上道楽に小説くらいは見る、色の浅黒い好男子なのです。新婚の二人は幸福に山の手の邸宅に暮している。一しょに音楽会へ出かけることもある。銀座通りを散歩することもある。………

主筆　勿論震災前でしょうね？

保吉　ええ、震災のずっと前です。……一しょに音楽会へ出かけることもある。銀座通りを散歩することもある。あるいはまた西洋間の電燈の下に無言の微笑ばかり交わすこともある。女主人公はこの西洋間を「わたしたちの巣」と名づけている。壁にはルノアルやセザンヌの複製などもかかっている。ピアノも黒い胴を光らせている。鉢植えの椰子も葉を垂らしている。——と云うと多少気が利いていますが、家賃は案外安いのですよ。

主筆　そう云う説明は入らないでしょう。少くとも小説の本文には。

保吉　いや、必要ですよ。若い外交官の月給などは高の知れたものですからね。

主筆　じゃ華族の息子におしなさい。もっとも華族ならば伯爵か子爵ですね。どう云うものか公爵や侯爵は余り小説には出て来ないようです。

保吉　それは伯爵の息子でもかまいません。とにかく西洋間さえあれば好いのです。その西洋間か、銀座通りか、音楽会かを第一回にするのですから。……しかし妙子は——これは女主人公の名前ですよ。——音楽家の達雄と懇意になった以後、次第にある不安を感じ出すのです。達雄は妙子を愛している、——そう女主人公は直覚するのですね。のみならずこの不安は一日ましにだんだん高まるばかりなのです。

主筆　達雄はどう云う男なのですか？

保吉　達雄は音楽の天才です。ロオランの書いたジャン・クリストフとワッセルマンの書いたダニエル・ノオトハフトとを一丸にしたような天才です。が、まだ貧乏だったり何かするために誰にも認められていないのですがね。これは僕の友人の音楽家をモデルにするつもりです。もっとも僕の友人は美男ですが、達雄は美男じゃありません。顔は一見ゴリラに似た、東北生れの野蛮人なのです。しかし目だけは天才らしい

閃きを持っているのですよ。彼の目は一塊の炭火のように不断の熱を孕んでいる。——そう云う目をしているのですよ。

主筆　天才はきっと受けましょう。

保吉　しかし妙子は外交官の夫に不足のある訣ではないのです。いや、むしろ前よりも熱烈に夫を愛しているのです。夫もまた妙子を信じている。これは云うまでもないことでしょう。そのために妙子の苦しみは一層つのるばかりなのです。

主筆　つまりわたしの近代的と云うのはそう云う恋愛のことですよ。

保吉　達雄はまた毎日電燈さえつけば、必ず西洋間へ顔を出すのです。それも夫のいる時ならばまだしも苦労はないのですが、妙子のひとり留守をしている時にもやはり顔を出すのでしょう。妙子はやむを得ずそう云う時にはピアノばかり弾かせるのです。もっとも夫のいる時でも、達雄はたいていピアノの前へ坐らないことはないのですが。

主筆　そのうちに恋愛に陥るのですか？

保吉　いや、容易に陥らないのです。しかしある二月の晩、達雄は急にシュウベルトの「シルヴィアに寄する歌」を弾きはじめるのです。あの流れる炎のように情熱の籠った歌ですね。妙子は大きい椰子の葉の下にじっと耳を傾けている。そのうちにだんだん達雄に対する彼女の愛を感じはじめる。同時にまた目の前へ浮かび上った金色の誘惑を感じはじめる。もう五分、——いや、もう一分たちさえすれば、妙子は達雄の腕の中へ体を投げていたかも知れません。そこへ——ちょうどその曲の終りかかったところへ幸い主人が帰って来るのです。

主筆　それから？

保吉　それから一週間ばかりたった後、妙子はとうとう苦しさに堪え兼ね、自殺をしようと決心するのです。が、ちょうど妊娠しているために、それを断行する勇気がありません。そこで達雄に愛されていることをすっかり夫に打ち明けるのです。もっとも夫を苦しめないように、彼女も達雄を愛していることだけは告白せずにしまうのですが。

主筆　それから決闘にでもなるのですか？

保吉　いや、ただ夫は達雄の来た時に冷かに訪問を謝絶するのです。達雄は黙然と唇を噛んだまま、ピアノばかり見つめている。妙子は戸の外に佇んだなりじっと忍び泣きをこらえている。——その後二月とたたないうちに、突然官命を受けた夫は中国の漢口の領事館へ赴任することになるのです。

主筆　妙子もいっしょに行くのですか？

保吉　勿論いっしょに行くのです。しかし妙子は立つ前に達雄へ手紙をやるのです。「あなたの心には同情する。が、わたしにはどうすることも出来ない。お互に運命だとあきらめましょう。」——大体そう云う意味ですがね。それ以来妙子は今日までずっと

達雄に会わないのです。

主筆　じゃ小説はそれぎりですね。

保吉　いや、もう少し残っているのです。妙子は漢口へ行った後も、時々達雄を思い出すのですね。のみならずしまいには夫よりも実は達雄を愛していたと考えるようになるのですね。好いですか？　妙子を囲んでいるのは寂しい漢口の風景ですよ。あの唐の崔の詩に「晴川歴歴漢陽樹　芳草萋萋鸚鵡洲」と歌われたことのある風景ですよ。妙子はとうとうもう一度、——一年ばかりたった後ですが、——達雄へ手紙をやるのです。「わたしはあなたを愛していた。今でもあなたを愛している。どうか自ら欺いていたわたしを可哀そうに思って下さい。」——そう云う意味の手紙をやるのです。その手紙を受けとった達雄は……

主筆　早速中国へ出かけるのでしょう。

保吉　とうていそんなことは出来ません。何しろ達雄は飯を食うために、浅草のある活動写真館のピアノを弾いているのですから。

主筆　それは少し殺風景ですね。

保吉　殺風景でも仕かたはありません。達雄は場末のカフェのテエブルに妙子の手紙の封を切るのです。窓の外の空は雨になっている。達雄は放心したようにじっと手紙を見つめている。何だかその行の間に妙子の西洋間が見えるような気がする。ピアノの蓋に電燈の映った「わたしたちの巣」が見えるような気がする。……

主筆　ちょっともの足りない気もしますが、とにかく近来の傑作ですよ。ぜひそれを書いて下さい。

保吉　実はもう少しあるのですが。

主筆　おや、まだおしまいじゃないのですか？

保吉　ええ、そのうちに達雄は笑い出すのです。と思うとまた忌いましそうに「畜生」などと怒鳴り出すのです。

主筆　ははあ、発狂したのですね。

保吉　何、莫迦莫迦しさに業を煮やしたのです。それは業を煮やすはずでしょう。元来達雄は妙子などを少しも愛したことはないのですから。……

主筆　しかしそれじゃ。……

保吉　達雄はただ妙子の家へピアノを弾きたさに行ったのですよ。云わばピアノを愛しただけなのですよ。何しろ貧しい達雄にはピアノを買う金などはないはずですからね。

主筆　ですがね、堀川さん。

保吉　しかし活動写真館のピアノでも弾いていられた頃はまだしも達雄には幸福だったのです。達雄はこの間の震災以来、巡査になっているのですよ。護憲運動のあった

時などは善良なる東京市民のために袋叩きにされているのですよ。ただ山の手の巡回中、稀にピアノの音でもすると、その家の外に佇んだまま、はかない幸福を夢みているのですよ。

主筆　それじゃ折角の小説は……

保吉　まあ、お聞きなさい。妙子はその間も漢口の住いに不相変達雄を思っているのです。いや漢口ばかりじゃありません。外交官の夫の転任する度に、上海だの北京だの天津だのへ一時の住いを移しながら、不相変達雄を思っているのです。勿論もう震災の頃には大勢の子もちになっているのですよ。ええと、——年児に双児を生んだものですから、四人の子もちになっているのですよ。おまけにまた夫はいつのまにか大酒飲みになっているのですよ。それでも豚のように肥った妙子はほんとうに彼女と愛し合ったものは達雄だけだったと思っているのですね。恋愛は実際至上なりですね。さもなければとうてい妙子のように幸福になれるはずはありません。少くとも人生のぬかるみを憎まずにいることは出来ないでしょう。——どうです、こう云う小説は？

主筆　堀川さん。あなたは一体真面目なのですか？

保吉　ええ、勿論真面目です。世間の恋愛小説を御覧なさい。女主人公はマリアでなければクレオパトラじゃありませんか？　しかし人生の女主人公は必ずしも貞女じゃないと同時に、必ずしもまた姪婦でもないのです。もし人の好い読者の中に、一人でもああ云う小説を真に受ける男女があって御覧なさい。もっとも恋愛の円満に成就した場合は別問題ですが、万一失恋でもした日には必ず莫迦莫迦しい自己犠牲をするか、さもなければもっと莫迦莫迦しい復讐的精神を発揮しますよ。しかもそれを当事者自身は何か英雄的行為のようにうぬ惚れ切ってするのですからね。けれどもわたしの恋愛小説には少しもそう云う悪影響を普及する傾向はありません。おまけに結末は女主人公の幸福を讃美しているのです。

主筆　冗談でしょう。……とにかくうちの雑誌にはとうていそれは載せられません。

保吉　そうですか？　じゃどこかほかへ載せて貰います。広い世の中には一つくらい、わたしの主張を容れてくれる婦人雑誌もあるはずですから。

　保吉の予想の誤らなかった証拠はこの対話のここに載ったことである。

（大正十三年三月）

【作品注】 本作は芥川龍之介が1924年に創作した恋愛題材作品である。

形

菊池寛

　摂津半国の主であった松山新介の侍大将中村新兵衛は、五畿内中国に聞こえた大豪の士であった。

　そのころ、畿内を分領していた筒井、松永、荒木、和田、別所など大名小名の手の者で、「鎗中村」を知らぬ者は、おそらく一人もなかっただろう。それほど、新兵衛はその扱き出す三間柄の大身の鎗の鋒先で、さきがけ殿の功名を重ねていた。そのうえ、彼の武者姿は戦場において、水ぎわ立ったはなやかさを示していた。火のような猩々緋の服折を着て、唐冠纓金の兜をかぶった彼の姿は、敵味方の間に、輝くばかりのあざやかさをもっていた。

　「ああ猩々緋よ唐冠よ」と敵の雑兵は、新兵衛の鎗先を避けた。味方がくずれ立ったとき、激浪の中に立つ巌のように敵勢をささえている猩々緋の姿は、どれほど味方にとってたのもしいものであったかわからなかった。また嵐のように敵陣に殺到するとき、その先頭に輝いている唐冠の兜は、敵にとってどれほどの脅威であるかわからなかった。

　こうして鎗中村の猩々緋と唐冠の兜は、戦場の華であり敵に対する脅威であり味方にとっては信頼の的であった。

　「新兵衛どの、おり入ってお願いがある」と元服してからまだ間もないらしい美男の士は、新兵衛の前に手を突いた。

　「なにごとじゃ、そなたとわれらの間に、さような辞儀はいらぬぞ。望みというを、はよういうて見い」と育ぐくむような慈顔をもって、新兵衛は相手を見た。

　その若い士は、新兵衛の主君松山新介の側腹の子であった。そして、幼少のころから、新兵衛が守り役として、わが子のようにいつくしみ育ててきたのであった。

　「ほかのことでもおりない。明日はわれらの初陣じゃほどに、なんぞはなばなしい手柄をしてみたい。ついてはお身さまの猩々緋と唐冠の兜を借してたもらぬか。あの服折と兜とを着て、敵の眼をおどろかしてみとうござる」

　「ハハハハ念もないことじゃ」新兵衛は高らかに笑った。新兵衛は、相手の子供らしい無邪気な功名心をこころよく受け入れることができた。

「が、申しておく、あの服折や兜は、申さば中村新兵衛の形じゃわ。そなたが、あの品々を身に着けるうえは、われらほどの肝魂を持たいではかなわぬことぞ」と言いながら、新兵衛はまた高らかに笑った。

そのあくる日、摂津平野の一角で、松山勢は、大和の筒井順慶の兵と鎬をけずった。戦いが始まる前いつものように猩々緋の武者が唐冠の兜を朝日に輝かしながら、敵勢を尻目にかけて、大きく輪乗りをしたかと思うと、駒の頭を立てなおして、一気に敵陣に乗り入った。

吹き分けられるように、敵陣の一角が乱れたところを、猩々緋の武者は鎗をつけたかと思うと、早くも三、四人の端武者を、突き伏せて、またゆうゆうと味方の陣へ引き返した。

その日に限って、黒皮縅の冑を着て、南蛮鉄の兜をかぶっていた中村新兵衛は、会心の微笑を含みながら、猩々緋の武者のはなばなしい武者ぶりをながめていた。そして自分の形だけすらこれほどの力をもっているということに、かなり大きい誇りを感じていた。

彼は二番鎗は、自分が合わそうと思ったので、駒を乗り出すと、一文字に敵陣に殺到した。

猩々緋の武者の前には、戦わずして浮き足立った敵陣が、中村新兵衛の前には、ビクともしなかった。そのうえに彼らは猩々緋の「鎗中村」に突きみだされたうらみを、この黒皮縅の武者の上に復讐せんとして、たけり立っていた。

新兵衛は、いつもとは、勝手が違っていることに気がついた。いつもは虎に向かっている羊のような怖気が、敵にあった。彼らは狼狽え血迷うところを突き伏せるのに、なんの雑作もなかった。今日は、彼らは戦いをする時のように、勇み立っていた。どの雑兵もどの雑兵も十二分の力を新兵衛に対し発揮した。二、三人突き伏せることさえ容易ではなかった。敵の鎗の鋒先が、ともすれば身をかすった。新兵衛は必死の力を振るった。平素の二倍もの力さえ振るった。が、彼はともすれば突き負けそうになった。手軽に兜や猩々緋を借したことを、後悔するような感じが頭の中をかすめたときであった。敵の突き出した鎗が、縅の裏をかいて彼の脾腹を貫いていた。

【作家紹介】菊池寛（1888—1948）。香川県高松市生まれ。京都大学在学中、第三次、第四次「新思潮」に参加し、「屋上の狂人」「父帰る」を発表するが、世間に認められるまでには至らなかった。時事新報社時代に発表した「無名作家の日記」「恩讐の彼方に」が評判になり、文壇的地位を確立する。「文芸春秋」の創刊、「文芸家協会」の設立、芥川賞、直木賞の設定などにも貢献する。1920年「大阪毎日新聞」に「形」を掲載した。

蠅

横光利一

一

　真夏の宿場は空虚であった。ただ眼の大きな一疋の蠅だけは、薄暗い厩の隅の蜘蛛の巣にひっかかると、後肢で網を跳ねつつ暫くぶらぶらと揺れていた。と、豆のようにぼたりと落ちた。そうして、馬糞の重みに斜めに突き立っている藁の端から、裸体にされた馬の背中まで這い上った。

二

　馬は一条の枯草を奥歯にひっ掛けたまま、猫背の老いた馭者の姿を捜している。
　馭者は宿場の横の饅頭屋の店頭で、将棋を三番さして負け通した。
　「何に？　文句をいうな。もう一番じゃ。」
　すると、廂を脱れた日の光は、彼の腰から、円い荷物のような猫背の上へ乗りかかって来た。

三

　宿場の空虚な場庭へ一人の農婦が馳けつけた。彼女はこの朝早く、街に務めている息子から危篤の電報を受けとった。それから露に湿った三里の山路を馳け続けた。
　「馬車はまだかのう？」
　彼女は馭者部屋を覗いて呼んだが返事がない。
　「馬車はまだかのう？」
　歪んだ畳の上には湯飲みが一つ転っていて、中から酒色の番茶がひとり静に流れていた。農婦はうろうろと場庭を廻ると、饅頭屋の横からまた呼んだ。
　「馬車はまだかの？」
　「先刻出ましたぞ。」

答えたのはその家の主婦である。

「出たかのう。馬車はもう出ましたかのう。いつ出ましたな。もうちと早よ来ると良かったのじゃが、もう出ぬじゃろか？」

農婦は性急な泣き声でそういう中に、早や泣き出した。が、涙も拭かず、往還の中央に突き立っていてから、街の方へすたすたと歩き始めた。

「二番が出るぞ。」

猫背の駁者は将棋盤を見詰めたまま農婦にいった。農婦は歩みを停めると、くるりと向き返ってその淡い眉毛を吊り上げた。

「出るかの。直ぐ出るかの。悴が死にかけておるのじゃが、間に合わせておくれかの？」

「桂馬と来たな。」

「まアまア嬉しや。街までどれほどかかるじゃろ。いつ出しておくれるのう。」

「二番が出るわい。」と駁者はぽんと歩を打った。

「出ますかな、街までは三時間もかかりますかな。三時間はたっぷりかかりますやろ。悴が死にかけていますのじゃ、間に合せておくれかのう？」

四

野末の陽炎の中から、種蓮華を叩く音が聞えて来る。若者と娘は宿場の方へ急いで行った。娘は若者の肩の荷物へ手をかけた。

「持とう。」

「何アに。」

「重たかろうが。」

若者は黙っていかにも軽そうな容子を見せた。が、額から流れる汗は塩辛かった。

「馬車はもう出たかしら。」と娘は呟いた。

若者は荷物の下から、眼を細めて太陽を眺めると、

「ちょっと暑うなったな、まだじゃろう。」

二人は黙ってしまった。牛の鳴き声がした。

「知れたらどうしよう。」と娘はいうとちょっと泣きそうな顔をした。

種蓮華を叩く音だけが、幽かに足音のように追って来る。娘は後を向いて見て、それから若者の肩の荷物にまた手をかけた。

「私が持とう。もう肩が直ったえ。」

若者はやはり黙ってどしどしと歩き続けた。が、突然、「知れたらまた逃げるだけじゃ。」と呟いた。

五

　宿場の場庭へ、母親に手を曳かれた男の子が指を銜えて這入って来た。
　「お母ア、馬々。」
　「ああ、馬々。」男の子は母親から手を振り切ると、厩の方へ馳けて来た。そうして二間ほど離れた場庭の中から馬を見ながら、「こりゃッ、こりゃッ。」と叫んで片足で地を打った。
　馬は首を擡げて耳を立てた。男の子は馬の真似をして首を上げたが、耳が動かなかった。で、ただやたらに馬の前で顔を顰めると、再び、「こりゃッ、こりゃッ。」と叫んで地を打った。
　馬は槽の手蔓に口をひっ掛けながら、またその中へ顔を隠して馬草を食った。
　「お母ア、馬々。」
　「ああ、馬々。」

六

　「おっと、待てよ。これは倅の下駄を買うのを忘れたぞ。あ奴は西瓜が好きじゃ。西瓜を買うと、俺もあ奴も好きじゃで両得じゃ。」
　田舎紳士は宿場へ着いた。彼は四十三になる。四十三年貧困と戦い続けた効あって、昨夜漸く春蚕の仲買で八百円を手に入れた。今彼の胸は未来の画策のために詰っている。けれども、昨夜銭湯へ行ったとき、八百円の札束を鞄に入れて、洗い場まで持って這入って笑われた記憶については忘れていた。
　農婦は場庭の床几から立ち上ると、彼の傍へよって来た。
　「馬車はいつ出るのでござんしょうな。倅が死にかかっていますので、早よ街へ行かんと死に目に逢えまい思いましてな。」
　「そりゃいかん。」
　「もう出るのでござんしょうな、もう出るって、さっきいわしゃったがの。」
　「さアて、何しておるやらな。」
　若者と娘は場庭の中へ入ってきた。農婦はまた二人の傍へ近寄った。
　「馬車に乗りなさるのかな。馬車は出ませんぞな。」
　「出ませんか？」と若者は訊き返した。
　「出ませんの？」と娘はいった。
　「もう二時間も待っていますのやが、出ませんぞな。街まで三時間かかりますやろ。もう何時になっていますかな。街へ着くと正午になりますやろか。」

「そりゃ正午や。」と田舎紳士は横からいった。農婦はくるりと彼の方をまた向いて、

「正午になりますかいな。それまでにゃ死にますやろな。正午になりますかいな。」

という中にまた泣き出した。が、直ぐ饅頭屋の店頭へ馳けて行った。

「まだかのう。馬車はまだなかなか出ぬじゃろか？」

猫背の駅者は将棋盤を枕にして仰向きになったまま、簀の子を洗っている饅頭屋の主婦の方へ頭を向けた。

「饅頭はまだ蒸さらんかいのう？」

七

馬車は何時になったら出るのであろう。宿場に集った人々の汗は乾いた。しかし、馬車は何時になったら出るのであろう。これは誰も知らない。だが、もし知り得ることの出来るものがあったとすれば、それは饅頭屋の竈の中で、漸く脹れ始めた饅頭であった。何ぜかといえば、この宿場の猫背の駅者は、まだその日、誰も手をつけない蒸し立ての饅頭に初手をつけるということが、それほどの潔癖から長い年月の間、独身で暮さねばならなかったという彼のその日その日の、最高の慰めとなっていたのであったから。

八

宿場の柱時計が十時を打った。饅頭屋の竈は湯気を立てて鳴り出した。

ザク、ザク、ザク。猫背の駅者は馬草を切った。馬は猫背の横で、水を充分飲み溜めた。ザク、ザク、ザク。

九

馬は馬車の車体に結ばれた。農婦は真先に車体の中へ乗り込むと街の方を見続けた。

「乗っとくれやア。」と猫背はいった。

五人の乗客は、傾く踏み段に気をつけて農婦の傍へ乗り始めた。

猫背の駅者は、饅頭屋の簀の子の上で、綿のように脹らんでいる饅頭を腹掛けの中へ押し込むと駅者台の上にその背を曲げた。喇叭が鳴った。鞭が鳴った。

眼の大きなかの一疋の蠅は馬の腰の余肉の匂いの中から飛び立った。そうして、車体の屋根の上にとまり直すと、今さきに、漸く蜘蛛の網からその生命をとり戻した身体

を休めて、馬車と一緒に揺れていった。

　馬車は炎天の下を走り通した。そうして並木をぬけ、長く続いた小豆畑の横を通り、亜麻畑と桑畑の間を揺れつつ森の中へ割り込むと、緑色の森は、漸く溜った馬の額の汗に映って逆さまに揺らめいた。

十

　馬車の中では、田舎紳士の饒舌が、早くも人々を五年以来の知己にした。しかし、男の子はひとり車体の柱を握って、その生々した眼で野の中を見続けた。
　「お母ア、梨々。」
　「ああ、梨々。」
　馭者台では鞭が動き停った。農婦は田舎紳士の帯の鎖に眼をつけた。
　「もう幾時ですかいな。十二時は過ぎましたかいな。街へ着くと正午過ぎになりますやろな。」

　馭者台では喇叭が鳴らなくなった。そうして、腹掛けの饅頭を、今や尽く胃の腑の中へ落し込んでしまった馭者は、一層猫背を張らせて居眠り出した。その居眠りは、馬車の上から、かの眼の大きな蠅が押し黙った数段の梨畑を眺め、真夏の太陽の光りを受けて真赤に栄えた赤土の断崖を仰ぎ、突然現れた激流を見下して、そうして、馬車が高い崖路の高低でかたかたときしみ出す音を聞いてもまだ続いた。しかし、乗客の中で、その馭者の居眠りを知っていた者は、僅かにただ蠅一疋であるらしかった。蠅は車体の屋根の上から、馭者の垂れ下った半白の頭に飛び移り、それから、濡れた馬の背中に留って汗を舐めた。

　馬車は崖の頂上へさしかかった。馬は前方に現れた眼匿しの中の路に従って柔順に曲り始めた。しかし、そのとき、彼は自分の胴と、車体の幅とを考えることは出来なかった。一つの車輪が路から外れた。突然、馬は車体に引かれて突き立った。瞬間、蠅は飛び上った。と、車体と一緒に崖の下へ墜落して行く放埓な馬の腹が眼についた。そうして、人馬の悲鳴が高く一声発せられると、河原の上では、圧し重なった人と馬と板片との塊りが、沈黙したまま動かなかった。が、眼の大きな蠅は、今や完全に休まったその羽根に力を籠めて、ただひとり、悠々と青空の中を飛んでいった。

【作家紹介】横光利一（1898—1947）。福島県生まれ。1921年に「父」「比叡」「南北」を発表し、菊池寛に認められる。1923年「新小説」に「日輪」を発表。1924年、片岡鉄兵、川端康成らとともに「文芸時代」を創刊し、新感覚派文学の運動をおこす。19213年「蠅」を発表。代表作として「機械」「寝園」など。1947年12月30日、胃潰瘍にて死去。

骨拾い

川端康成

　谷には池が二つあった。
　下の池は銀を焼き熔かして湛えたように光っているのに、上の池はひっそり山影を沈めて死のような緑が深い。
　私は顔がねばねばする。振り返ると、踏み分けて来た草むらや笹には血が落ちている。その血のしずくが動き出しそうである。
　また、なまあたたかく波打って鼻血が押し出て来る。
　私はあわてて三尺帯を鼻につめた。仰向けに寝た。
　日光は直射しないが、日光を受けた緑の裏がまぶしい。
　鼻の孔の途中でとまった血が気味悪く後戻りしてゆく。息をすると、むずむずいう。
　油蝉が山いっぱい鳴きしきっている。突然びっくりしたようにみんみんが叫び出した。
　針一本落してもなにか崩れそうな、七月の正午前である。私は身動き出来ないようである。
　汗がにじみ出るまま横たわっていると、蝉の喧騒、緑の圧迫、土の温気、心臓の鼓動などが、頭のなかの焦点にかたまる。かたまったかと思うと、ほうっと発散してゆく。
　そして私はすうっと空に吸い上げられるようである。
　「ぼんぼん、ぼんぼうん。おうい、ぼんさあん。」
　墓場からの呼声に、私はぎくんと立ち上った。
　葬式の明る日の午前、祖父の骨拾いに来て、まだなまあたたかい灰を掻き廻しているうちに、たらたらと鼻血が流れ出たので、私は人に気づかれないように、帯の尖で鼻をおさえて、焼場から小山に上って来たのだった。
　呼ばれて駈けおりる。銀のように光る池が傾き揺れて消える。去年の枯葉ですべる。
　「ほんまに気楽なぼんぼんやなあ。どこへいといなはったん？　今、お祖父さんのお仏があがりましたで。これ見なはれ。」と、出入りの婆あが言う。

私は笹むらをばさばさ下りて、
　「そうか。どこや。」
　多量の鼻血の後の顔色や、ぬめぬめし帯を気づかいながら、私は婆あの傍に寄った。
　渋紙をもみつぶしたような掌の上の白紙に、一寸くらいの石灰質が幾人かの眼を集めている。
　咽仏らしい。強いてそう思うと、人間らしい形をしているように思える。
　「今やっと見つかりましたんや。まあ、お祖父さんもこの姿や。お骨箱に入れたげなはれ。」
　なんてつまらないことだ。————やはりお祖父さんは、盲いた眼に喜びの色をたたえて、私が帰る門口の音を迎えてくれそうでならない。見たこともない、小母とかいう女が黒縮緬で立っているのが不思議である。
　傍の壺に、脚やら手やら首やらの骨が乱雑につめこまれている。
　囲いも覆いもなく、細長く穴を掘っただけの焼場である。
　燃え屑の温気が強い。
　「さあ、墓へ行きましょう。ここはいやな臭いがして、日の光が黄色い。」
　ぐらぐらする頭と、また流れそうな鼻血を心配して、私は言った。
　振り返ると、出入りの男が骨壺を抱えて来る。焼場に取り残された灰、昨日焼香の後で会葬者がうずくまった筵もそのままである。銀紙を張った竹もそのまま突っ立っている。
　やはり祖父も、昨夜の通夜の時に、青い焰の人玉となって、神社の屋根から飛び立ち、避病院の部屋を流れ、村の空にいやな臭いを漂わせて行ったということである。墓へ行くみち、私はそういう噂を思い出していた。
　私の家の墓は村の墓場とは別のところにある。焼場は村の墓場の片隅にある。
　石塔の並んでいる私の家の墓に来た。
　私はもうどうでもよい。ごろりと転がって、青空を呼吸したかった。
　谷で水を汲んで来た、大きな銅の薬鑵をそこにおろして、
　「旦那はんの遺言でっさかい、一番古い御先祖の石塔の下へ埋めたげとくなはれ。」
　と出入りの婆あが言った。遺言と大真面目に言った。
　婆あの二人の息子が、他の出入りの百姓を出し抜くように、一番高い場所の古い石塔を倒して、その下を掘り返した。
　かなり深い穴らしい。骨壺の深く落ちる音がした。
　死後、あんな石灰質を先祖の跡に入れたとて、死んではなにもない。忘れられてゆ

く生。

　石塔が元通りに立った。

　「さあ、ぼんぼんお別れを。」

　婆あは小さい石塔にじゃあじゃあ水をかけた。

　線香が煙るのに、強い日光にその煙の影がない。花が萎れている。

　皆が瞑目合掌する。

　私は人々の黄色い顔を眺めて、また頭がふうっとなった。

　お祖父さんの生——死。

　私は撥をかけたように力強く右手を振ってみた。からからと骨が鳴る。小さい方の骨壺を持っている。

　旦那はお気の毒な人だった。お家のためになった旦那だった。村に忘れられない人だ。帰りみちは祖父の話。止めてほしい。悲しむのは私だけだろう。

　家に残った連中も、祖父に死なれてただ一人の私が、これからどうなるだろうと、同情のうちにも、好奇心をまじえているように思われる。

　ぼたりと桃の実が落ちた。足もとへころがって来た。墓の帰りみちは桃山の裾を廻ってゆく。

　これは、私の数え年十六歳の時の出来事を、十八歳の時（大正五年）に書いたものである。今、少し文章を整えながら写し取ってみた。自分では、十八歳の時のものを五十一歳で写し取っていることに、いくらか興味がある。まだ生きているということだけでも。

　祖父の死は五月二十四日であった。しかしこの「骨拾い」は七月になっている。そのような脚色はあるとみえる。

　新潮社発行の「文章日記」に書いてあるが、途中の一枚が破れ失われている。「燃え屑の温気が強い。」と「さあ、墓へ行きましょう。……」との間に、日記帳二頁分の脱落があるわけだ。しかし脱落のまま写し取っておいた。

　この「骨拾い」の前には「故郷へ」という文章がある。祖父といた村を「お前」と呼びかけ、中学の寄宿舎からの手紙の体で、ただ幼稚な感傷である。

　その「故郷へ」から「骨拾い」につながりのある部分を少し拾い出しておく。

　……あれほど固くお前に誓った私だったのに、先日叔父の家で、私は家屋敷を売ることを承知した。

　またお前はこのあいだ、土蔵から長持や箪笥が商売人の手に渡されるのを見ただろう。

　私がお前を離れてから、私の家は貧しい渡り者の宿となり、その妻がりゅうまちすで死んで後は、隣家の狂人を入れる牢に使われていると聞いた。

　土蔵のなかのものはいつとなく盗まれてゆき、墓山はまわりからだんだん削り取られて、隣接の桃山の領分に入り、祖父の三回忌も近づいているのに、仏壇の位牌は鼠

の小便にころがっているだろう。

　【作家紹介】川端康成(かわばたやすなり)（1899—1972）。日本の小説家、文芸評論家。大正から昭和の戦前・戦後にかけて活躍した近現代日本文学の頂点に立つ作家の一人である。1968年、ノーベル文学賞受賞。日本人として初のノーベル文学賞も受賞し、受賞講演で日本人の死生観や美意識を世界に紹介した。代表作は、「伊豆の踊子」「雪国」「千羽鶴」「山の音」「古都」など。「骨拾い」は、1916年執筆。「文藝往来」1949年10月号に発表。

心中

川端康成

　彼女を嫌って逃げた夫から手紙が来た。二年ぶりで遠い土地からだ。
　（子供にゴム毬をつかせるな。その音が聞えて来るのだ。その音が俺の心臓を叩くのだ。）
　彼女は九つになる娘からゴム毬を取り上げた。
　また夫から手紙が来た。前の手紙とは違う差出局からだ。
　（子供を靴で学校に通わせるな。その声が聞こえて来るのだ。その音が俺の心臓を踏むのだ。）
　彼女は靴の代わりにしなやかなフェルト草履を娘に与えた。少女は泣いて学校に行かなくなってしまった。
　また夫から手紙が来た。第二の手紙から一月後だが、その文学には急に老いが感じられた。
　（子供に瀬戸物の茶碗で飯を食わせるな。その音が聞えて来るのだ。その音が俺の心臓を破るのだ。）
　彼女は娘が三つ児であるかのように自分の箸で飯を食わせた。そして娘がほんとうの三つ児であり夫が楽しく傍にいた頃を思い出した。少女は勝手に茶箪笥から自分の茶碗を出して来た。彼女は素早く奪い取って庭石の上に激しく投げた。夫の心臓が破れる音。突然彼女は眉毛を逆立てて自分の茶碗を投げつけた。しかしこの音は、夫の心臓が破れる音ではないのか。彼女は食卓を庭へ突き飛ばした。この音は？　壁に全身をぶっつけて拳で叩いた。襖へ槍のように突きかかったかと思うと、襖の向う側へ転がり出た。この音は？
　「かあさん、かあさん、かあさん。」
　泣きながら追っかけて来る娘の頬をぴしゃりと打った。おお、この音を聞け。
　その音の木魂のように、また夫から手紙が来た。これまでとは新しい遠くの土地の差出局からだ。
　（お前達は一切の音を立てるな。戸障子の開け閉めもするな。呼吸もするな。お前達の家の時計も音を立ててはならぬ。）

「お前達、お前達、お前達よ。」

　彼女はそう呟(つぶや)きながらぽろぽろと涙を落した。そして一切の音を立てなかった。永久に微かな音も立てなくなった。つまり、母と娘とは死んだのである。

　そして不思議なことには彼女の夫も枕(まくら)を並べて死んでいた。

（大正十五年四月）

　　【作家紹介】川端康成(かわばたやすなり)（1899—1972）。大阪天満の生まれ東京帝国大学国文科卒業。幼い時両親と死別、祖父母に育てられた。十六歳のとき祖父を失い、叔父のもとにひきとられる。この時「十六歳の日記」を書いた。出生作は「招魂祭一景」、ついで「感情装飾」「掌の小説」。横光利一や片岡鉄兵らともに新感覚派と呼ばれた。一高時代の1918年（大正7年）の秋に初めて伊豆へ旅行。以降約10年間毎年伊豆湯ヶ島湯本館に長期滞在する。1926年、最初の伊豆旅行を題材にした「伊豆の踊子」を発表。1930年、浅草のレビュー通いの総決算というべき「浅草紅団」を刊行。1936年、「雪国」の原型を発表する。1945年、久米正雄、高見順らとともに貸本屋「鎌倉文庫」を開くが、製紙会社の出資で出版社となり、雑誌「人間」を創刊するほか、多くの本を送りだす。1948年、日本ペンクラブ会長に就任。「雪国」完結版を刊行。1952年「千羽鶴」「山の音」を刊行。1962年「古都」を刊行。1968年、ノーベル文学賞を受賞。1972年4月16日、ガス自殺をとげる。

愛撫

梶井基次郎

　猫の耳というものはまことに可笑しなものである。薄べったくて、冷たくて、竹の子の皮のように、表には絨毛が生えていて、裏はピカピカしている。硬いような、柔らかいような、なんともいえない一種特別の物質である。私は子供のときから、猫の耳というと、一度「切符切り」でパチンとやってみたくて堪らなかった。これは残酷な空想だろうか？

　否。まったく猫の耳の持っている一種不可思議な示唆力によるのである。私は、家へ来たある謹厳な客が、膝へあがって来た仔猫の耳を、話をしながら、しきりに抓っていた光景を忘れることができない。

　このような疑惑は思いの外に執念深いものである。「切符切り」でパチンとやるというような、児戯に類した空想も、思い切って行為に移さない限り、われわれのアンニュイのなかに、外観上の年齢を遙かにながく生き延びる。とっくに分別のできた大人が、今もなお熱心に——厚紙でサンドウィッチのように挾んだうえから一思いに切ってみたら？——こんなことを考えているのである！　ところが、最近、ふとしたことから、この空想の致命的な誤算が曝露してしまった。

　元来、猫は兎のように耳で吊り下げられても、そう痛がらない。引っ張るということに対しては、猫の耳は奇妙な構造を持っている。というのは、一度引っ張られて破れたような痕跡が、どの猫の耳にもあるのである。その破れた箇所には、また巧妙な補片が当っていて、まったくそれは、創造説を信じる人にとっても進化論を信じる人にとっても、不可思議な、滑稽な耳たるを失わない。そしてその補片が、耳を引っ張られるときの緩めになるにちがいないのである。そんなわけで、耳を引っ張られることに関しては、猫はいたって平気だ。それでは、圧迫に対してはどうかというと、これも指でつまむくらいでは、いくら強くしても痛がらない。さきほどの客のように抓って見たところで、ごく稀にしか悲鳴を発しないのである。こんなところから、猫の耳は不死身のような疑いを受け、ひいては「切符切り」の危険にも曝されるのであるが、ある日、私は猫と遊んでいる最中に、とうとうその耳を嚙んでしまったのである。これが私の発見だっ

愛撫　□□□

　たのである。噛まれるや否や、その下らない奴は、直ちに悲鳴をあげた。私の古い空想はその場で壊れてしまった。猫は耳を噛まれるのが一番痛いのである。悲鳴は最も微かなところからはじまる。だんだん強くするほど、だんだん強く鳴く。Crescendo のうまく出る——なんだか木管楽器のような気がする。

　私のながらくの空想は、かくの如くにして消えてしまった。しかしこういうことにはきりがないと見える。この頃、私はまた別なことを空想しはじめている。

　それは、猫の爪をみんな切ってしまうのである。猫はどうなるだろう？　おそらく彼は死んでしまうのではなかろうか？

　いつものように、彼は木登りをしようとする。——できない。人の裾を目がけて跳びかかる。——異う。爪を研ごうとする。——なんにもない。おそらく彼はこんなことを何度もやってみるにちがいない。そのたびにだんだん今の自分が昔の自分と異うことに気がついてゆく。彼はだんだん自信を失ってゆく。もはや自分がある「高さ」にいるということにさえブルブル慄えずにはいられない。「落下」から常に自分を守ってくれていた爪がもはやないからである。彼はよたよたと歩く別の動物になってしまう。遂にそれさえしなくなる。絶望！　そして絶え間のない恐怖の夢を見ながら、物を食べる元気さえ失せて、遂には——死んでしまう。

　爪のない猫！　こんな、便りない、哀れな心持のものがあろうか！　空想を失ってしまった詩人、早発性痴呆に陥った天才にも似ている！

　この空想はいつも私を悲しくする。その全き悲しみのために、この結末の妥当であるかどうかということさえ、私にとっては問題ではなくなってしまう。しかし、はたして、爪を抜かれた猫はどうなるのだろう。眼を抜かれても、髭を抜かれても猫は生きているにちがいない。しかし、柔らかい蹠の、鞘のなかに隠された、鉤のように曲った、匕首のように鋭い爪！　これがこの動物の活力であり、智慧であり、精霊であり、一切であることを私は信じて疑わないのである。

　ある日私は奇妙な夢を見た。

　X——という女の人の私室である。この女の人は平常可愛い猫を飼っていて、私が行くと、抱いていた胸から、いつもそいつを放して寄来すのであるが、いつも私はそれに辟易するのである。抱きあげて見ると、その仔猫には、いつも微かな香料の匂いがしている。

　夢のなかの彼女は、鏡の前で化粧していた。私は新聞かなにかを見ながら、ちらちらその方を眺めていたのであるが、アッと驚きの小さな声をあげた。彼女は、なんと！　猫の手で顔へ白粉を塗っているのである。私はゾッとした。しかし、なおよく見ていると、それは一種の化粧道具で、ただそれを猫と同じように使っているんだということがわかった。しかしあまりそれが不思議なので、私はうしろから尋ねずにはいられなかった。

　「それなんです？　顔をコスっているもの？」

「これ？」

　夫人は微笑とともに振り向いた。そしてそれを私の方へ拋《ほう》って寄来した。取りあげて見ると、やはり猫の手なのである。

　「いったい、これ、どうしたの！」

　訊《き》きながら私は、今日はいつもの仔猫がいないことや、その前足がどうやらその猫のものらしいことを、閃光《せんこう》のように了解した。

　「わかっているじゃないの。これはミュルの前足よ」

　彼女の答えは平然としていた。そして、この頃外国でこんなのが流行《はや》るというので、ミュルで作って見たのだというのである。あなたが作ったのかと、内心私は彼女の残酷さに舌を巻きながら尋ねて見ると、それは大学の医科の小使が作ってくれたというのである。私は医科の小使というものが、解剖のあとの死体の首を土に埋めて置いて髑髏《どくろ》を作り、学生と秘密の取引をするということを聞いていたので、非常に嫌な気になった。何もそんな奴に頼まなくたっていいじゃないか。そして女というものの、そんなことにかけての、無神経さや残酷さを、今更《さら》のように憎み出した。しかしそれが外国で流行《はや》っているということについては、自分もなにかそんなことを、婦人雑誌か新聞かで読んでいたような気がした。――

　猫の手の化粧道具！　私は猫の前足を引っ張って来て、いつも独り笑いをしながら、その毛並を撫でてやる。彼が顔を洗う前足の横側には、毛脚の短い絨氈《じゅうたん》のような毛が密生していて、なるほど人間の化粧道具にもなりそうなのである。しかし私にはそれが何の役に立とう？　私はゴロッと仰向きに寝転んで、猫を顔の上へあげて来る。二本の前足を掴んで来て、柔らかいその蹠《あしのうら》を、一つずつ私の眼蓋《まぶた》にあてがう。快い猫の重量。温かいその蹠。私の疲れた眼球には、しみじみとした、この世のものでない休息が伝わって来る。

　仔《こ》猫よ！　後生だから、しばらく踏み外《はず》さないでいろよ。お前はすぐ爪を立てるのだから。

【作家紹介】梶井基次郎（かじいもとじろう、1901—1932）。大阪市土佐堀生まれ。1925年、中谷孝雄、外村繁らとともに「青空」を創刊。「檸檬」「城のある町にて」「路上」など、代表作を発表する。1926年、肋膜炎が再発し、東大を中退。伊豆湯ヶ島温泉に転地する。同地で川端康成と親しくなる。1931年、第一創作集「檸檬」を刊行するが、病勢はさらに進む。1932年3月24日、死去。31歳だった。

　作品「愛撫」は1930年5月に発表された短編である。

桜の樹の下には

梶井基次郎

　桜の樹の下には屍体が埋まっている！
　これは信じていいことなんだよ。何故って、桜の花があんなにも見事に咲くなんて信じられないことじゃないか。俺はあの美しさが信じられないので、この二三日不安だった。しかしいま、やっとわかるときが来た。桜の樹の下には屍体が埋まっている。これは信じていいことだ。
　どうして俺が毎晩家へ帰って来る道で、俺の部屋の数ある道具のうちの、選りに選ってちっぽけな薄っぺらいもの、安全剃刀の刃なんぞが、千里眼のように思い浮かんで来るのか——おまえはそれがわからないと言ったが——そして俺にもやはりそれがわからないのだが——それもこれもやっぱり同じようなことにちがいない。
　いったいどんな樹の花でも、いわゆる真っ盛りという状態に達すると、あたりの空気のなかへ一種神秘な雰囲気を撒き散らすものだ。それは、よく廻った独楽が完全な静止に澄むように、また、音楽の上手な演奏がきまってなにかの幻覚を伴うように、灼熱した生殖の幻覚させる後光のようなものだ。それは人の心を撲たずにはおかない、不思議な、生き生きとした、美しさだ。
　しかし、昨日、一昨日、俺の心をひどく陰気にしたものもそれなのだ。俺にはその美しさがなにか信じられないもののような気がした。俺は反対に不安になり、憂鬱になり、空虚な気持になった。しかし、俺はいまやっとわかった。
　おまえ、この爛漫と咲き乱れている桜の樹の下へ、一つ一つ屍体が埋まっていると想像してみるがいい。何が俺をそんなに不安にしていたかがおまえには納得がいくだろう。
　馬のような屍体、犬猫のような屍体、そして人間のような屍体、屍体はみな腐爛して蛆が湧き、堪らなく臭い。それでいて水晶のような液をたらたらとたらしている。桜の根は貪婪な蛸のように、それを抱きかかえ、いそぎんちゃくの食糸のような毛根を聚めて、その液体を吸っている。
　何があんな花弁を作り、何があんな蕊を作っているのか、俺は毛根の吸いあげる水晶のような液が、静かな行列を作って、維管束のなかを夢のようにあがってゆくのが見

えるようだ。

　——おまえは何をそう苦しそうな顔をしているのだ。美しい透視術じゃないか。俺はいまようやく瞳を据えて桜の花が見られるようになったのだ。昨日、一昨日、俺を不安がらせた神秘から自由になったのだ。

　二三日前、俺は、ここの溪へ下りて、石の上を伝い歩きしていた。水のしぶきのなかからは、あちらからもこちらからも、薄羽かげろうがアフロディットのように生まれて来て、溪の空をめがけて舞い上がってゆくのが見えた。おまえも知っているとおり、彼らはそこで美しい結婚をするのだ。しばらく歩いていると、俺は変なものに出喰わした。それは溪の水が乾いた磧へ、小さい水溜を残している、その水のなかだった。思いがけない石油を流したような光彩が、一面に浮いているのだ。おまえはそれを何だったと思う。それは何万匹とも数の知れない、薄羽かげろうの屍体だったのだ。隙間なく水の面を被っている、彼らのかさなりあった翅が、光にちぢれて油のような光彩を流しているのだ。そこが、産卵を終わった彼らの墓場だったのだ。

　俺はそれを見たとき、胸が衝かれるような気がした。墓場を発いて屍体を嗜む変質者のような残忍なよろこびを俺は味わった。

　この溪間ではなにも俺をよろこばすものはない。鶯や四十雀も、白い日光をさ青に煙らせている木の若芽も、ただそれだけでは、もうろうとした心象に過ぎない。俺には惨劇が必要なんだ。その平衡があって、はじめて俺の心象は明確になって来る。俺の心は悪鬼のように憂鬱に渇いている。俺の心に憂鬱が完成するときにばかり、俺の心は和んでくる。

　——おまえは腋の下を拭いているね。冷汗が出るのか。それは俺も同じことだ。何もそれを不愉快がることはない。べたべたとまるで精液のようだと思ってごらん。それで俺達の憂鬱は完成するのだ。

　ああ、桜の樹の下には屍体が埋まっている！

　いったいどこから浮かんで来た空想かさっぱり見当のつかない屍体が、いまはまるで桜の樹と一つになって、どんなに頭を振っても離れてゆこうとはしない。

　今こそ俺は、あの桜の樹の下で酒宴をひらいている村人たちと同じ権利で、花見の酒が呑めそうな気がする。

　【作品注】本作品「桜の樹の下には」は梶井基次郎が1927年に肋膜炎で、伊豆湯ヶ島温泉に転地し、一年余りの期間に創作した「ある心の風景「冬の日」「Kの昇天」「　」などの作品群の一つ。

セメント樽の中の手紙

葉山嘉樹

　松戸与三はセメントあけをやっていた。外の部分は大して目立たなかったけれど、頭の毛と、鼻の下は、セメントで灰色に蔽われていた。彼は鼻の穴に指を突っ込んで、鉄筋コンクリートのように、鼻毛をしゃちこばらせている、コンクリートを除りたかったのだが一分間に十才ずつ吐き出す、コンクリートミキサーに、間に合わせるためには、とても指を鼻の穴に持って行く間はなかった。

　彼は鼻の穴を気にしながら遂々十一時間、——その間に昼飯と三時休みと二度だけ休みがあったんだが、昼の時は腹の空いてる為めに、も一つはミキサーを掃除していて暇がなかったため、遂々鼻にまで手が届かなかった——の間、鼻を掃除しなかった。彼の鼻は石膏細工の鼻のように硬化したようだった。

　彼が仕舞時分に、ヘトヘトになった手で移した、セメントの樽から小さな木の箱が出た。

　「何だろう？」と彼はちょっと不審に思ったが、そんなものに構って居られなかった。彼はシャヴルで、セメン桝にセメントを量り込んだ。そして桝から舟へセメントを空けると又すぐその樽を空けにかかった。

　「だが待てよ。セメント樽から箱が出るって法はねえぞ」

　彼は小箱を拾って、腹かけの丼の中へ投り込んだ。箱は軽かった。

　「軽い処を見ると、金も入っていねえようだな」

　彼は、考える間もなく次の樽を空け、次の桝を量らねばならなかった。

　ミキサーはやがて空廻りを始めた。コンクリがすんで終業時間になった。

　彼は、ミキサーに引いてあるゴムホースの水で、一と先ず顔や手を洗った。そして弁当箱を首に巻きつけて、一杯飲んで食うことを専門に考えながら、彼の長屋へ帰って行った。発電所は八分通り出来上っていた。夕暗に聳える恵那山は真っ白に雪を被っていた。汗ばんだ体は、急に凍えるように冷たさを感じ始めた。彼の通る足下では木曾川の水が白く泡を噛んで、吠えていた。

　「チェッ！　やり切れねえなあ、嬶は又腹を膨らかしやがったし、……」彼はウヨ

ウヨしている子供のことや、又此寒さを目がけて産(うま)れる子供のことや、滅茶苦茶に産む嬶の事を考えると、全くがっかりしてしまった。

「一円九十銭の日当の中から、日に、五十銭の米を二升食われて、九十銭で着たり、住んだり、篦棒奴(べらぼうめ)！ どうして飲めるんだい！」

が、フト彼は丼の中にある小箱の事を思い出した。彼は箱についてるセメントを、ズボンの尻でこすった。

箱には何にも書いてなかった。そのくせ、頑丈(がんじょう)に釘づけしてあった。

「思わせ振りしやがらあ、釘づけなんぞにしやがって」

彼は石の上へ箱を打っ付(ぶ)けた。が、壊われなかったので、此の世の中でも踏みつぶす気になって、自棄(やけ)に踏みつけた。

彼が拾った小箱の中からは、ボロに包んだ紙切れが出た。それにはこう書いてあった。

——私はNセメント会社の、セメント袋を縫う女工です。私の恋人は破砕器(クラッシャー)へ石を入れることを仕事にしていました。そして十月の七日の朝、大きな石を入れる時に、その石と一緒に、クラッシャーの中へ嵌りました。

仲間の人たちは、助け出そうとしましたけれど、水の中へ溺(おぼ)れるように、石の下へ私の恋人は沈んで行きました。そして、石と恋人の体とは砕け合って、赤い細い石になって、ベルトの上へ落ちました。ベルトは粉砕筒(ふんさいとう)へ入って行きました。そこで鋼鉄の弾丸と一緒になって、細く細く、はげしい音に呪(のろい)の声を叫びながら、砕かれました。そうして焼かれて、立派にセメントとなりました。

骨も、肉も、魂も、粉々になりました。私の恋人の一切はセメントになってしまいました。残ったものはこの仕事着のボロ許(ばか)りです。私は恋人を入れる袋を縫っています。

私の恋人はセメントになりました。私はその次の日、この手紙を書いて此樽の中へ、そうと仕舞い込みました。

あなたは労働者ですか、あなたが労働者だったら、私を可哀相(かわいそう)だと思って、お返事下さい。

此樽の中のセメントは何に使われましたでしょうか、私はそれが知りとう御座います。

私の恋人は幾樽(いくたる)のセメントになったでしょうか、そしてどんなに方々へ使われるのでしょうか。あなたは左官屋さんですか、それとも建築屋さんですか。

私は私の恋人が、劇場の廊下になったり、大きな邸宅(ていたく)の塀(へい)になったりするのを見るに忍びません。ですけれどそれをどうして私に止めることができましょう！ あなたが、若し労働者だったら、此セメントを、そんな処に使わないで下さい。

いいえ、ようございます、どんな処にでも使って下さい。私の恋人は、どんな処に

·178·

埋められても、その処々によってきっといい事をします。構いませんわ、あの人は気象の確かりした人ですから、きっとそれ相当な働きをしますわ。

　あの人は優しい、いい人でしたわ。そして確かりした男らしい人でしたわ。未だ若うございました。二十六になった許りでした。あの人はどんなに私を可愛がって呉れたか知れませんでした。それだのに、私はあの人に経帷布を着せる代りに、セメント袋を着せているのですわ！　あの人は棺に入らないで回転窯の中へ入ってしまいましたわ。

　私はどうして、あの人を送って行きましょう。あの人は西へも東へも、遠くにも近くにも葬られているのですもの。

　あなたが、若し労働者だったら、私にお返事下さいね。その代り、私の恋人の着ていた仕事着の裂を、あなたに上げます。この手紙を包んであるのがそうなのですよ。この裂には石の粉と、あの人の汗とが浸み込んでいるのですよ。あの人が、この裂の仕事着で、どんなに固く私を抱いて呉れたことでしょう。

　お願いですからね。此セメントを使った月日と、それから委しい所書と、どんな場所へ使ったかと、それにあなたのお名前も、御迷惑でなかったら、是非々々お知らせ下さいね。あなたも御用心なさいませ。さようなら。

　松戸与三は、湧きかえるような、子供たちの騒ぎを身の廻りに覚えた。

　彼は手紙の終りにある住所と名前を見ながら、茶碗に注いであった酒をぐっと一息に呷った。

　「へべれけに酔っ払いてえなあ。そうして何もかも打ち壊して見てえなあ」と怒鳴った。

　「へべれけになって暴れられて堪るもんですか、子供たちをどうします」

　細君がそう云った。

　彼は、細君の大きな腹の中に七人目の子供を見た。

（大正十五年一月）

【作家紹介】 葉山嘉樹（はやまよしき）（1894—1945）。福岡県京都郡豊津村生まれ。1924（大正13）年、最初の小説「牢獄の半日」が「文芸戦線」に掲載。この短編はさして話題にのぼらなかったが、1925年に「淫売婦」、1926年に「セメント樽の中の手紙」が、同じく「文芸戦線」に掲載され、一躍注目されるようになった。さらに長編「海に生くる人々」を発表。日本プロレタリア文学の記念碑的な傑作と絶賛された。

よだかの星

宮沢賢治

　よだかは、実にみにくい鳥です。

　顔は、ところどころ、味噌をつけたようにまだらで、くちばしは、ひらたくて、耳までさけています。

　足は、まるでよぼよぼで、一間とも歩けません。

　ほかの鳥は、もう、よだかの顔を見ただけでも、いやになってしまうという工合でした。

　たとえば、ひばりも、あまり美しい鳥ではありませんが、よだかよりは、ずっと上だと思っていましたので、夕方など、よだかにあうと、さもさもいやそうに、しんねりと目をつぶりながら、首をそっ方へ向けるのでした。もっとちいさなおしゃべりの鳥などは、いつでもよだかのまっこうから悪口をしました。

　「ヘン。又出て来たね。まあ、あのざまをごらん。ほんとうに、鳥の仲間のつらよごしだよ。」

　「ね、まあ、あのくちのおおきいことさ。きっと、かえるの親類か何かなんだよ。」

　こんな調子です。おお、よだかでないただのたかならば、こんな生はんかのちいさい鳥は、もう名前を聞いただけでも、ぶるぶるふるえて、顔色を変えて、からだをちぢめて、木の葉のかげにでもかくれたでしょう。ところが夜だかは、ほんとうは鷹の兄弟でも親類でもありませんでした。かえって、よだかは、あの美しいかわせみや、鳥の中の宝石のような蜂すずめの兄さんでした。蜂すずめは花の蜜をたべ、かわせみはお魚を食べ、夜だかは羽虫をとってたべるのでした。それによだかには、するどい爪もするどいくちばしもありませんでしたから、どんなに弱い鳥でも、よだかをこわがる筈はなかったのです。

　それなら、たかという名のついたことは不思議なようですが、これは、一つはよだかのはねが無暗に強くて、風を切って翔けるときなどは、まるで鷹のように見えたことと、も一つはなきごえがするどくて、やはりどこか鷹に似ていた為です。もちろん、鷹は、これをひじょうに気にかけて、いやがっていました。それですから、よだかの顔さ

え見ると、肩をいからせて、早く名前をあらためろ、名前をあらためろと、いうのでした。

　ある夕方、とうとう、鷹がよだかのうちへやって参りました。

　「おい。居るかい。まだお前は名前をかえないのか。ずいぶんお前も恥知らずだな。お前とおれでは、よっぽど人格がちがうんだよ。たとえばおれは、青いそらをどこまででも飛んで行く。おまえは、曇ってうすぐらい日か、夜でなくちゃ、出て来ない。それから、おれのくちばしやつめを見ろ。そして、よくお前のとくらべて見るがいい。」

　「鷹さん。それはあんまり無理です。私の名前は私が勝手につけたのではありません。神さまから下さったのです。」

　「いいや。おれの名なら、神さまから貰ったのだと云ってもよかろうが、お前のは、云わば、おれと夜と、両方から借りてあるんだ。さあ返せ。」

　「鷹さん。それは無理です。」

　「無理じゃない。おれがいい名を教えてやろう。市蔵というんだ。市蔵とな。いい名だろう。そこで、名前を変えるには、改名の披露というものをしないといけない。いいか。それはな、首へ市蔵と書いたふだをぶらさげて、私は以来市蔵と申しますと、口上を云って、みんなの所をおじぎしてまわるのだ。」

　「そんなことはとても出来ません。」

　「いいや。出来る。そうしろ。もしあさっての朝までに、お前がそうしなかったら、もうすぐ、つかみ殺すぞ。つかみ殺してしまうから、そう思え。おれはあさっての朝早く、鳥のうちを一軒ずつまわって、お前が来たかどうかを聞いてあるく。一軒でも来なかったという家があったら、もう貴様もその時がおしまいだぞ。」

　「だってそれはあんまり無理じゃありませんか。そんなことをする位なら、私はもう死んだ方がましです。今すぐ殺して下さい。」

　「まあ、よく、あとで考えてごらん。市蔵なんてそんなにわるい名じゃないよ。」鷹は大きなはねを一杯にひろげて、自分の巣の方へ飛んで帰って行きました。

　よだかは、じっと目をつぶって考えました。

　（一たい僕は、なぜこうみんなにいやがられるのだろう。僕の顔は、味噌をつけたようで、口は裂けてるからなあ。それだって、僕は今まで、なんにも悪いことをしたことがない。赤ん坊のめじろが巣から落ちていたときは、助けて巣へ連れて行ってやった。そしたらめじろは、赤ん坊をまるでぬす人からでもとりかえすように僕からひきはなしたんだなあ。それからひどく僕を笑ったっけ。それにああ、今度は市蔵だなんて、首へふだをかけるなんて、つらいはなしだなあ。）

　あたりは、もううすくらくなっていました。夜だかは巣から飛び出しました。雲が意地悪く光って、低くたれています。夜だかはまるで雲とすれすれになって、音なく空を飛びまわりました。

それからにわかによだかは口を大きくひらいて、はねをまっすぐに張って、まるで矢のようにそらをよこぎりました。小さな羽虫が幾匹も幾匹もその咽喉にはいりました。
　　からだがつちにつくかつかないうちに、よだかはひらりとまたそらへはねあがりました。もう雲は鼠色になり、向うの山には山焼けの火がまっ赤です。
　　夜だかが思い切って飛ぶときは、そらがまるで二つに切れたように思われます。一疋の甲虫が、夜だかの咽喉にはいって、ひどくもがきました。よだかはすぐそれをみこみましたが、その時何だかせなかがぞっとしたように思いました。
　　雲はもうまっくろく、東の方だけ山やけの火が赤くうつって、恐ろしいようです。よだかはむねがつかえたように思いながら、又そらへのぼりました。
　　また一疋の甲虫が、夜だかののどに、はいりました。そしてまるでよだかの咽喉をひっかいてばたばたしました。よだかはそれを無理にのみこんでしまいましたが、その時、急に胸がどきっとして、夜だかは大声をあげて泣き出しました。泣きながらぐるぐるぐるぐる空をめぐったのです。
　　（ああ、かぶとむしや、たくさんの羽虫が、毎晩僕に殺される。そしてそのただ一つの僕がこんどは鷹に殺される。それがこんなにつらいのだ。ああ、つらい、つらい。僕はもう虫をたべないで餓えて死のう。いやその前にもう鷹が僕を殺すだろう。いや、その前に、僕は遠くの遠くの空の向うに行ってしまおう。）
　　山焼けの火は、だんだん水のように流れてひろがり、雲も赤く燃えているようです。
　　よだかはまっすぐに、弟の川せみの所へ飛んで行きました。きれいな川せみも、丁度起きて遠くの山火事を見ていた所でした。そしてよだかの降りて来たのを見て云いました。
　　「兄さん。今晩は。何か急のご用ですか。」
　　「いいや、僕は今度遠い所へ行くからね、その前一寸お前に遭いに来たよ。」
　　「兄さん。行っちゃいけませんよ。蜂雀もあんな遠くにいるんですし、僕ひとりぼっちになってしまうじゃありませんか。」
　　「それはね。どうも仕方ないのだ。もう今日は何も云わないで呉れ。そしてお前もね、どうしてもとらなければならない時のほかはいたずらにお魚を取ったりしないようにして呉れ。ね、さよなら。」
　　「兄さん。どうしたんです。まあもう一寸お待ちなさい。」
　　「いや、いつまで居てもおんなじだ。はちすずめへ、あとでよろしく云ってやって呉れ。さよなら。もうあわないよ。さよなら。」
　　よだかは泣きながら自分のお家へ帰って参りました。みじかい夏の夜はもうあけかかっていました。
　　羊歯の葉は、よあけの霧を吸って、青くつめたくゆれました。よだかは高くきしき

よだかの星

しきしと鳴きました。そして巣の中をきちんとかたづけ、きれいにからだ中のはねや毛をそろえて、また巣から飛び出しました。

霧がはれて、お日さまが丁度東からのぼりました。夜だかはぐらぐらするほどまぶしいのをこらえて、矢のように、そっちへ飛んで行きました。

「お日さん、お日さん。どうぞ私をあなたの所へ連れてって下さい。灼けて死んでもかまいません。私のようなみにくいからだでも灼けるときには小さなひかりを出すでしょう。どうか私を連れてって下さい。」

行っても行っても、お日さまは近くなりませんでした。かえってだんだん小さく遠くなりながらお日さまが云いました。

「お前はよだかだな。なるほど、ずいぶんつらかろう。今度そらを飛んで、星にそうたのんでごらん。お前はひるの鳥ではないのだからな。」

夜だかはおじぎを一つしたと思いましたが、急にぐらぐらしてとうとう野原の草の上に落ちてしまいました。そしてまるで夢を見ているようでした。からだがずうっと赤や黄の星のあいだをのぼって行ったり、どこまでも風に飛ばされたり、又鷹が来てからだをつかんだりしたようでした。

つめたいものがにわかに顔に落ちました。よだかは眼をひらきました。一本の若いすすきの葉から露がしたたったのでした。もうすっかり夜になって、空は青ぐろく、一面の星がまたたいていました。よだかはそらへ飛びあがりました。今夜も山やけの火はまっかです。よだかはその火のかすかな照りと、つめたいほしあかりの中をとびめぐりました。それからもう一ぺん飛びめぐりました。そして思い切って西のそらのあの美しいオリオンの星の方に、まっすぐに飛びながら叫びました。

「お星さん。西の青じろいお星さん。どうか私をあなたのところへ連れてって下さい。灼けて死んでもかまいません。」

オリオンは勇ましい歌をつづけながらよだかなどはてんで相手にしませんでした。よだかは泣きそうになって、よろよろと落ちて、それからやっとふみとまって、もう一ぺんとびめぐりました。それから、南の大犬座の方へまっすぐに飛びながら叫びました。

「お星さん。南の青いお星さん。どうか私をあなたの所へつれてって下さい。やけて死んでもかまいません。」

大犬は青や紫や黄やうつくしくせわしくまたたきながら云いました。

「馬鹿を云うな。おまえなんか一体どんなものだい。たかが鳥じゃないか。おまえのはねでここまで来るには、億年兆年億兆年だ。」そしてまた別の方を向きました。

よだかはがっかりして、よろよろ落ちて、それから又二へん飛びめぐりました。それから又思い切って北の大熊星の方へまっすぐに飛びながら叫びました。

「北の青いお星さま、あなたの所へどうか私を連れてって下さい。」

大熊星はしずかに云いました。

「余計なことを考えるものではない。少し頭をひやして来なさい。そう云うとき

は、氷山の浮いている海の中へ飛び込むか、近くに海がなかったら、氷をうかべたコップの水の中へ飛び込むのが一等だ。」

　よだかはがっかりして、よろよろ落ちて、それから又、四へんそらをめぐりました。そしてもう一度、東から今のぼった天の川の向う岸の鷲の星に叫びました。

　「東の白いお星さま、どうか私をあなたの所へ連れてって下さい。やけて死んでもかまいません。」

　鷲は大風に云いました。

　「いいや、とてもとても、話にも何にもならん。星になるには、それ相応の身分でなくちゃいかん。又よほど金もいるのだ。」

　よだかはもうすっかり力を落してしまって、はねを閉じて、地に落ちて行きました。そしてもう一尺で地面にその弱い足がつくというとき、よだかは俄かにのろしのようにそらへとびあがりました。そらのなかほどへ来て、よだかはまるで鷲が熊を襲うときするように、ぶるっとからだをゆすって毛をさかだてました。

　それからキシキシキシキシキシッと高く高く叫びました。その声はまるで鷹でした。野原や林にねむっていたほかのとりは、みんな目をさまして、ぶるぶるふるえながら、いぶかしそうにほしぞらを見あげました。

　夜だかは、どこまでも、どこまでも、まっすぐに空へのぼって行きました。もう山焼けの火はたばこの吸殻のくらいにしか見えません。よだかはのぼってのぼって行きました。

　寒さにいきはむねに白く凍りました。空気がうすくなった為に、はねをそれはそれはせわしくうごかさなければなりませんでした。

　それだのに、ほしの大きさは、さっきと少しも変りません。つくいきはふいごのようです。寒さや霜がまるで剣のようによだかを刺しました。よだかははねがすっかりしびれてしまいました。そしてなみだぐんだ目をあげてもう一ぺんそらを見ました。そうです。これがよだかの最後でした。もうよだかは落ちているのか、のぼっているのか、さかさになっているのか、上を向いているのかも、わかりませんでした。ただこころもちはやすらかに、その血のついた大きなくちばしは、横にまがっては居ましたが、たしかに少しわらって居りました。

　それからしばらくたってよだかははっきりまなこをひらきました。そして自分のからだがいま燐の火のような青い美しい光になって、しずかに燃えているのを見ました。

　すぐとなりは、カシオピア座でした。天の川の青じろいひかりが、すぐうしろになっていました。

　そしてよだかの星は燃えつづけました。いつまでもいつまでも燃えつづけました。

　今でもまだ燃えています。

　【作家紹介】宮沢賢治（1869—1933）。岩手県花巻に生まれる。盛岡高等農林農学

科に在学中に日蓮宗を信仰するようになる。稗貫農学校の教諭をしながら、詩や童話を書いた。「春と修羅」は生前刊行された唯一の詩集。農民の暮らしを知るようになって、農学校を退職し、自らも開墾生活をしつつ羅須地人協会を設立し、稲作指導をしたり、農民芸術の必要を説いた。「よだかの星」の発表年は未詳、現存の資料からの推測により、該当作品は大正十年前後（1921）に創作された。もともとは「よだか」という名で、のちに「よだかの星」にした。

鯉

井伏鱒二

　すでに十幾年前から私は一ぴきの鯉になやまされて来た。学生時代に友人青木南八（先年死去）が彼の満腔の厚意から私にこれをくれたものであるが、この鯉はよほど遠い在所の池から獲って来たものであるとそのとき青木南八は私に告げた。
　鯉はその当時一尺の長さで真白い色をしていた。
　私が下宿の窓の欄干へハンカチを乾している時、青木南八はニウムの鍋の中に真白い一ぴきの大きな鯉を入れて、その上に藻を一ぱい覆ったのを私に進物とした。私は、彼の厚意を謝して今後決して白色の鯉を殺しはしないことを誓った。そして、私は物差しを出して来て、この魚の長さを計ったり、放魚する場所について彼と語りあったりした。
　下宿の中庭に瓢箪の形をした池があって、池の中には木や竹の屑がいっぱいに散らばっていたので、私はこの中に鯉を放つのを不安に思ったが、しばらく考えた後で、やはりやむをえなかった。鯉は池の底に深く入って数週間姿を見せなかった。
　その年の冬、私は素人下宿へ移った。鯉も連れて行きたかったのだが、私は網を持っていなかったので断念した。それゆえ、彼岸が過ぎてようやく魚釣ができはじめてから、私は以前の下宿の瓢箪池へ鯉を釣りに行った。最初の日、二ひきの小さな鮒を釣りあげたので、これをそこの下宿の主人に見せた。主人は釣に興味を持っていないらしかったが、鮒なぞがこの瓢箪池に居るとは思いがけなかったと言って、次の日からは、彼も私と並んで釣をすることにした。
　ようやく八日目に、私は春蚕のさなぎ虫で、目的の鯉を釣りあげることができた。鯉は白色のまま少しも痩せてはいなかった。けれど鰭の先に透明な寄生虫を宿らせていた。私は注意深く虫を除いてから、洗面器に冷水を充たしてその中に鯉を入れた。そしてその上を無花果の葉でもって覆った。
　素人下宿には瓢箪池なぞはなかった。それゆえ、私はむしろひとおもいにこいつを殺してしまってやろうかと思って、無花果の葉を幾度もつまみあげてみた。鯉はそのたびごとに口を開閉して安息な呼吸をしていた。
　私は相談するために、洗面器を持って青木南八のところへ出かけた。

鯉

「君の愛人の家では泉水が広いようだが、鯉をあずかってくれないかね？」

青木南八は少しも躊躇することなく、枇杷の枝のさしかかっている池の端に私を案内した。私は鯉を池に放つ前に、たといこの魚は彼の愛人の所有にかかる池に棲まわせたにしても、魚の所有権は必ず私の方にあることを力説した。私のこの言葉をむしろ青木南八は、彼に対しての追従だと思ったらしく、彼は疎ましい顔色をした。何となれば私はこの魚を大事にすることを、かつて彼に誓ったことがあったからである。

鯉は私の洗面器の水とともに池の中に深く入った。

それから六年目の初夏、青木南八は死去した。

私はしばしば彼の病気を見舞っていたのであるが、彼の病気が重いなぞとは少しも思っていなかった。むしろ彼が散歩にもつきあわないのをもどかしく思ったり、彼の枕元で莨を喫ったりした。

私は博覧会の台湾館で、大小二十四箇の花をつけたシャボテンを買って、持って行って青木に贈ることにした。とろが彼の家にその鉢を持って行った日に、彼は亡くなったのである。玄関の前に立って幾度もベルを鳴らすと、彼の母親が出て来たのであるが、彼女は私の顔を見ると同時に涙を激しく流しはじめるばかりで、少しも埒があかなかったので、のみならず土間には幾つもの靴とともに、青木の愛人が常々はいていた可憐な女靴が急ぎ足に脱いであったので、私はシャボテンの鉢を小縁の上に置いて帰って来た。

二三日して彼の告別式の日には、亡き彼の柩の上に、彼の常々かぶっていたおしろ粉色の角帽と並べて私の贈ったシャボテンの鉢が置いてあった。私は一刻も早く彼の愛人の家の泉水から白色の鯉を持って帰りたいと思った。青木南八が私に対して疎ましい顔色をしたのは、かつて鯉のことについて一度だけであったからである。

私は決心して青木の愛人に手紙を送った。（青木の霊魂が私を誤解してはいけないので、ここに手紙の全文を複写する。）

謹啓。青木南八君の御逝去、謹而弔問仕ります。却説六年以前青木君を介して小生所有の鯉（白色にして当時一尺有余）一尾を貴殿邸内の泉水におあずけいたしましたが、此度何卒御返し下され度く御願い申します。ついては来る日曜、晴雨にかかわらず午前中より貴殿邸内の池畔に釣糸を垂れることをば御許可下され度く、尚お其のため早朝より裏門を少々御開き置きの程願います。

頓首

──返事が来た。（青木の霊魂が彼の愛人を誤解してはいけないので、ここにその全文を記載してみる。）

御手紙拝見いたしました。葬いがあって間もなく魚を釣るなぞと仰有るのは少し乱暴かとも存じますが、余程お大事なものと拝しますれば、御申越の趣承知いたしま

す。べつにお目にかかったり御挨拶に出たりはしませんが、御遠慮なく魚だけはお釣り下さいまし。
　　　　　　　　　　　　　　　　　　　　　　　　　　　　　　　　草々

　日曜の早朝、私は弁当ならびに釣竿、餌、洗面器を携えて、故青木南八の愛人の邸内に忍び込んだ。そして私は少なからず興奮していた。もしもの証拠に手紙の返事を持って来ればよかったのである。

　枇杷の実はすでに黄色に熟していて、新鮮な食慾をそそった。のみならず池畔の種々なる草木は全く深く繁って、二階の窓からも露台の上からも私の姿を見えなくしていることに気がついたので、私は釣竿を逆さにして枇杷の実をたたき落とした。ところが鯉は夕暮れ近くなって釣ることができたので、つまり私は随分多くの枇杷の実を無断で食べてしまったわけである。

　私は鯉を早稲田大学のプールに放った。

　夏が来て学生たちはプールで泳ぎはじめた。私は毎日午後になるとプールの見物に通って、囲いの金網に顔を寄せながら彼らの巧妙な水泳ぶりに感心した。私はもはや失職していたので、この見物は私にとって最も適切なものであった。――日没近くなると学生たちは水からあがって、裸体のままで漆の木の下に寝ころんだり、また彼らは莨を喫ったり談笑したりする。私は彼らの健康な肢体と朗らかな水泳の風景とを眺めて、深い嘆息をもらしたことがしばしばであったのだ。

　学生たちがもはやむらきに水へとびこまなくなると、プールの水面は一段と静かになる。そしてすぐさま燕が数羽水面にとび来たって、ひるがえったり腹を水面にかすめたりする。けれど私の白色の鯉は深く沈んでいて、姿を見せはしない。あるいは水底で死んでしまっているのかもわからないのである。

　ある夜、あまりむし暑いので私は夜明けまで眠れなかった。それゆえ、朝のすがすがしい空気を吸おうと思って、プールのあたりを歩きまわった。こんな場合には誰しも、自分はひどく孤独であると考えたり働かなければいけないと思ったり、あるいはふところ手をして永いあいだ立ち止まったりするものである。

「鯉が！」

　この時、私の白色の鯉が、まことにめざましくプールの水面近くを泳ぎまわっているのを私は発見したのである。私は足音を忍ばせて金網の中に入って行って、仔細に眺めようとして跳込台の上に登った。

　私の鯉は、与えられただけのプールの広さを巧みにひろびろと扱いわけて、ここにあってはあたかも王者のごとく泳ぎまわっていたのである。のみならず私の鯉の後ろには、幾ひきもの鮒と幾十ぴきもの鯢と目高とが遅れまいとつき纏っていて、私の所有にかかる鯉をどんなに偉く見せたかもしれなかったのだ。

　私はこのすばらしい光景に感動のあまり涙を流しながら、音のしないように注意して跳込台から降りて来た。

冷たい季節が来て、プールの水面には木の葉が散った。それから氷が張った。それゆえ、すでに私は鯉の姿をさがすことは断念していたのであるが、毎朝プールのほとりへ来てみることは怠らなかった。そして平らな氷の上に幾つもの小石を投げて遊んだ。小石は軽く投げれば速やかに氷の上を滑って冷たい音をたてた。もし力をいれて真下に投げつけると、これは氷の肌にささった。

　ある朝、氷で上に薄雪が降った。私は長い竹竿を拾って来て、氷の面に絵を描いてみた。長さ三間以上もあろうという魚の絵であって、私の考えでは、これは私の白色の鯉であった。

　絵が出来上がると、鯉の鼻先に「………」何か書きつけたいと思ったがそれは止して、今度は鯉の後ろに多くの鮒や目高が遅れまいとつき纏っているところを描き添えた。けれど鮒や目高たちのいかに愚かで惨めに見えたことか！　彼らは鰭がなかったり目や口のないものさえあった。私はすっかり満足した。

【作家紹介】井伏鱒二（1898—1993）。本名井伏満壽二。日本の小説家。広島県安那郡加茂村（現・福山市）生まれ。筆名は釣り好きだったことによる。文化勲章受章。1928年、「鯉」を「三田文学」に発表。

走れメロス

太宰治

　メロスは激怒した。必ず、かの邪智暴虐の王を除かなければならぬと決意した。メロスには政治がわからぬ。メロスは、村の牧人である。笛を吹き、羊と遊んで暮して来た。けれども邪悪に対しては、人一倍に敏感であった。きょう未明メロスは村を出発し、野を越え山越え、十里はなれた此のシラクスの市にやって来た。メロスには父も、母も無い。女房も無い。十六の、内気な妹と二人暮しだ。この妹は、村の或る律気な一牧人を、近々、花婿として迎える事になっていた。結婚式も間近かなのである。メロスは、それゆえ、花嫁の衣裳やら祝宴の御馳走やらを買いに、はるばる市にやって来たのだ。先ず、その品々を買い集め、それから都の大路をぶらぶら歩いた。メロスには竹馬の友があった。セリヌンティウスである。今は此のシラクスの市で、石工をしている。その友を、これから訪ねてみるつもりなのだ。久しく逢わなかったのだから、訪ねて行くのが楽しみである。歩いているうちにメロスは、まちの様子を怪しく思った。ひっそりしている。もう既に日も落ちて、まちの暗いのは当りまえだが、けれども、なんだか、夜のせいばかりでは無く、市全体が、やけに寂しい。のんきなメロスも、だんだん不安になって来た。路で逢った若い衆をつかまえて、何かあったのか、二年まえに此の市に来たときは、夜でも皆が歌をうたって、まちは賑やかであった筈だが、と質問した。若い衆は、首を振って答えなかった。しばらく歩いて老爺に逢い、こんどはもっと、語勢を強くして質問した。老爺は答えなかった。メロスは両手で老爺のからだをゆすぶって質問を重ねた。老爺は、あたりをはばかる低声で、わずか答えた。
　「王様は、人を殺します。」
　「なぜ殺すのだ。」
　「悪心を抱いている、というのですが、誰もそんな、悪心を持っては居りませぬ。」
　「たくさんの人を殺したのか。」
　「はい、はじめは王様の妹婿さまを。それから、御自身のお世嗣を。それから、妹さまを。それから、妹さまの御子さまを。それから、皇后さまを。それから、賢臣のアレキス様を。」
　「おどろいた。国王は乱心か。」
　「いいえ、乱心ではございませぬ。人を、信ずる事が出来ぬ、というのです。この

ごろは、臣下の心をも、お疑いになり、少しく派手な暮しをしている者には、人質ひとりずつ差し出すことを命じて居ります。御命令を拒めば十字架にかけられて、殺されます。きょうは、六人殺されました。」

聞いて、メロスは激怒した。「呆れた王だ。生かして置けぬ。」

メロスは、単純な男であった。買い物を、背負ったままで、のそのそ王城にはいって行った。たちまち彼は、巡邏の警吏に捕縛された。調べられて、メロスの懐中からは短剣が出て来たので、騒ぎが大きくなってしまった。メロスは、王の前に引き出された。

「この短刀で何をするつもりであったか。言え！」暴君ディオニスは静かに、けれども威厳を以て問いつめた。その王の顔は蒼白で、眉間の皺は、刻み込まれたように深かった。

「市を暴君の手から救うのだ。」とメロスは悪びれずに答えた。

「おまえがか？」王は、憫笑した。「仕方の無いやつじゃ。おまえには、わしの孤独がわからぬ。」

「言うな！」とメロスは、いきり立って反駁した。「人の心を疑うのは、最も恥ずべき悪徳だ。王は、民の忠誠をさえ疑って居られる。」

「疑うのが、正当の心構えなのだと、わしに教えてくれたのは、おまえたちだ。人の心は、あてにならない。人間は、もともと私慾のかたまりさ。信じては、ならぬ。」暴君は落着いて呟き、ほっと溜息をついた。「わしだって、平和を望んでいるのだが。」

「なんの為の平和だ。自分の地位を守る為か。」こんどはメロスが嘲笑した。「罪の無い人を殺して、何が平和だ。」

「だまれ、下賤の者。」王は、さっと顔を挙げて報いた。「口では、どんな清らかな事でも言える。わしには、人の腹綿の奥底が見え透いてならぬ。おまえだって、いまに、磔になってから、泣いて詫びたって聞かぬぞ。」

「ああ、王は悧巧だ。自惚れているがよい。私は、ちゃんと死ぬる覚悟で居るのに。命乞いなど決してしない。ただ、――」と言いかけて、メロスは足もとに視線を落し瞬時ためらい、「ただ、私に情をかけたいつもりなら、処刑までに三日間の日限を与えて下さい。たった一人の妹に、亭主を持たせてやりたいのです。三日のうちに、私は村で結婚式を挙げさせ、必ず、ここへ帰って来ます。」

「ばかな。」と暴君は、嗄れた声で低く笑った。「とんでもない嘘を言うわい。逃がした小鳥が帰って来るというのか。」

「そうです。帰って来るのです。」メロスは必死で言い張った。「私は約束を守ります。私を、三日間だけ許して下さい。妹が、私の帰りを待っているのだ。そんなに私を信じられないならば、よろしい、この市にセリヌンティウスという石工がいます。私の無二の友人だ。あれを、人質としてここに置いて行こう。私が逃げてしまって、三日

目の日暮まで、ここに帰って来なかったら、あの友人を絞め殺して下さい。たのむ、そうして下さい。」

　それを聞いて王は、残虐な気持で、そっと北叟笑んだ。生意気なことを言うわい。どうせ帰って来ないにきまっている。この嘘つきに騙された振りして、放してやるのも面白い。そうして身代りの男を、三日目に殺してやるのも気味がいい。人は、これだから信じられぬと、わしは悲しい顔して、その身代りの男を磔刑に処してやるのだ。世の中の、正直者とかいう奴輩にうんと見せつけてやりたいものさ。

　「願いを、聞いた。その身代りを呼ぶがよい。三日目には日没までに帰って来い。おくれたら、その身代りを、きっと殺すぞ。ちょっとおくれて来るがいい。おまえの罪は、永遠にゆるしてやろうぞ。」

　「なに、何をおっしゃる。」

　「はは。いのちが大事だったら、おくれて来い。おまえの心は、わかっているぞ。」

　メロスは口惜しく、地団駄踏んだ。ものも言いたくなくなった。

　竹馬の友、セリヌンティウスは、深夜、王城に召された。暴君ディオニスの面前で、佳き友と佳き友は、二年ぶりで相逢うた。メロスは、友に一切の事情を語った。セリヌンティウスは無言で首肯き、メロスをひしと抱きしめた。友と友の間は、それでよかった。セリヌンティウスは、縄打たれた。メロスは、すぐに出発した。初夏、満天の星である。

　メロスはその夜、一睡もせず十里の路を急ぎに急いで、村へ到着したのは、翌る日の午前、陽は既に高く昇って、村人たちは野に出て仕事をはじめていた。メロスの十六の妹も、きょうは兄の代りに羊群の番をしていた。よろめいて歩いて来る兄の、疲労困憊の姿を見つけて驚いた。そうして、うるさく兄に質問を浴びせた。

　「なんでも無い。」メロスは無理に笑おうと努めた。「市に用事を残して来た。またすぐ市に行かなければならぬ。あす、おまえの結婚式を挙げる。早いほうがよかろう。」

　妹は頬をあからめた。

　「うれしいか。綺麗な衣裳も買って来た。さあ、これから行って、村の人たちに知らせて来い。結婚式は、あすだと。」

　メロスは、また、よろよろと歩き出し、家へ帰って神々の祭壇を飾り、祝宴の席を調え、間もなく床に倒れ伏し、呼吸もせぬくらいの深い眠りに落ちてしまった。

　眼が覚めたのは夜だった。メロスは起きてすぐ、花婿の家を訪れた。そうして、少し事情があるから、結婚式を明日にしてくれ、と頼んだ。婿の牧人は驚き、それはいけない、こちらには未だ何の仕度も出来ていない、葡萄の季節まで待ってくれ、と答えた。メロスは、待つことは出来ぬ、どうか明日にしてくれ給え、と更に押してたのんだ。婿の牧人も頑強であった。なかなか承諾してくれない。夜明けまで議論をつづけ

て、やっと、どうにか婿をなだめ、すかして、説き伏せた。結婚式は、真昼に行われた。新郎新婦の、神々への宣誓が済んだころ、黒雲が空を覆い、ぽつりぽつり雨が降り出し、やがて車軸を流すような大雨となった。祝宴に列席していた村人たちは、何か不吉なものを感じたが、それでも、めいめい気持を引きたて、狭い家の中で、むんむん蒸し暑いのも怺え、陽気に歌をうたい、手を拍った。メロスも、満面に喜色を湛え、しばらくは、王とのあの約束をさえ忘れていた。祝宴は、夜に入っていよいよ乱れ華やかになり、人々は、外の豪雨を全く気にしなくなった。メロスは、一生このままここにいたい、と思った。この佳い人たちと生涯暮して行きたいと願ったが、いまは、自分のからだで、自分のものでは無い。ままならぬ事である。メロスは、わが身に鞭打ち、ついに出発を決意した。あすの日没までには、まだ十分の時が在る。ちょっと一眠りして、それからすぐに出発しよう、と考えた。その頃には、雨も小降りになっていよう。少しでも永くこの家に愚図愚図とどまっていたかった。メロスほどの男にも、やはり未練の情というものは在る。今宵呆然、歓喜に酔っているらしい花嫁に近寄り、

「おめでとう。私は疲れてしまったから、ちょっとご免こうむって眠りたい。眼が覚めたら、すぐに市に出かける。大切な用事があるのだ。私がいなくても、もうおまえには優しい亭主があるのだから、決して寂しい事は無い。おまえの兄の、一ばんきらいなものは、人を疑う事と、それから、嘘をつく事だ。おまえも、それは、知っているね。亭主との間に、どんな秘密でも作ってはならぬ。おまえに言いたいのは、それだけだ。おまえの兄は、たぶん偉い男なのだから、おまえもその誇りを持っていろ。」

花嫁は、夢見心地で首肯いた。メロスは、それから花婿の肩をたたいて、

「仕度の無いのはお互さまさ。私の家にも、宝といっては、妹と羊だけだ。他には、何も無い。全部あげよう。もう一つ、メロスの弟になったことを誇ってくれ。」

花婿は揉み手して、てれていた。メロスは笑って村人たちにも会釈して、宴席から立ち去り、羊小屋にもぐり込んで、死んだように深く眠った。

眼が覚めたのは翌る日の薄明の頃である。メロスは跳ね起き、南無三、寝過したか、いや、まだまだ大丈夫、これからすぐに出発すれば、約束の刻限までには十分間に合う。きょうは是非とも、あの王に、人の信実の存するところを見せてやろう。そうして笑って礫の台に上ってやる。メロスは、悠々と身仕度をはじめた。雨も、いくぶん小降りになっている様子である。身仕度は出来た。さて、メロスは、ぶるんと両腕を大きく振って、雨中、矢の如く走り出た。

私は、今宵、殺される。殺される為に走るのだ。身代りの友を救う為に走るのだ。王の奸佞邪智を打ち破る為に走るのだ。走らなければならぬ。そうして、私は殺される。若い時から名誉を守れ。さらば、ふるさと。若いメロスは、つらかった。幾度か、立ちどまりそうになった。えい、えいと大声挙げて自身を叱りながら走った。村を出て、野を横切り、森をくぐり抜け、隣村に着いた頃には、雨も止み、日は高く昇って、そろそろ暑くなって来た。メロスは額の汗をこぶしで払い、ここまで来れば大丈夫、もはや故郷への未練は無い。妹たちは、きっと佳い夫婦になるだろう。私には、いま、

なんの気がかりも無い筈だ。まっすぐに王城に行き着けば、それでよいのだ。そんなに急ぐ必要も無い。ゆっくり歩こう、と持ちまえの呑気さを取り返し、好きな小歌をいい声で歌い出した。ぶらぶら歩いて二里行き三里行き、そろそろ全里程の半ばに到達した頃、降って湧いた災難、メロスの足は、はたと、とまった。見よ、前方の川を。きのうの豪雨で山の水源地は氾濫し、濁流滔々と下流に集り、猛勢一挙に橋を破壊し、どうどうと響きをあげる激流が、木葉微塵に橋桁を跳ね飛ばしていた。彼は茫然と、立ちすくんだ。あちこちと眺めまわし、また、声を限りに呼びたててみたが、繋舟は残らず浪に浚われて影なく、渡守りの姿も見えない。流れはいよいよ、ふくれ上り、海のようになっている。メロスは川岸にうずくまり、男泣きに泣きながらゼウスに手を挙げて哀願した。「ああ、鎮めたまえ、荒れ狂う流れを！　時は刻々に過ぎて行きます。太陽も既に真昼時です。あれが沈んでしまわぬうちに、王城に行き着くことが出来なかったら、あの佳い友達が、私のために死ぬのです。」

　濁流は、メロスの叫びをせせら笑う如く、ますます激しく躍り狂う。浪は浪を呑み、捲き、煽り立て、そうして時は、刻一刻と消えて行く。今はメロスも覚悟した。泳ぎ切るより他に無い。ああ、神々も照覧あれ！　濁流にも負けぬ愛と誠の偉大な力を、いまこそ発揮して見せる。メロスは、ざんぶと流れに飛び込み、百匹の大蛇のようにのた打ち荒れ狂う浪を相手に、必死の闘争を開始した。満身の力を腕にこめて、押し寄せ渦巻き引きずる流れを、なんのこれしきと掻きわけ掻きわけ、めくらめっぽう獅子奮迅の人の子の姿には、神も哀れと思ったか、ついに憐愍を垂れてくれた。押し流されつつも、見事、対岸の樹木の幹に、すがりつく事が出来たのである。ありがたい。メロスは馬のように大きな胴震いを一つして、すぐにまた先きを急いだ。一刻といえども、むだには出来ない。陽は既に西に傾きかけている。ぜいぜい荒い呼吸をしながら峠をのぼり、のぼり切って、ほっとした時、突然、目の前に一隊の山賊が躍り出た。

　「待て。」

　「何をするのだ。私は陽の沈まぬうちに王城へ行かなければならぬ。放せ。」

　「どっこい放さぬ。持ちもの全部を置いて行け。」

　「私にはいのちの他には何も無い。その、たった一つの命も、これから王にくれてやるのだ。」

　「その、いのちが欲しいのだ。」

　「さては、王の命令で、ここで私を待ち伏せしていたのだな。」

　山賊たちは、ものも言わず一斉に棍棒を振り挙げた。メロスはひょいと、からだを折り曲げ、飛鳥の如く身近かの一人に襲いかかり、その棍棒を奪い取って、

　「気の毒だが正義のためだ！」と猛然一撃、たちまち、三人を殴り倒し、残る者のひるむ隙に、さっさと走って峠を下った。一気に峠を駈け降りたが、流石に疲労し、折から午後の灼熱の太陽がまともに、かっと照って来て、メロスは幾度となく眩暈を感

じ、これではならぬ、と気を取り直しては、よろよろ二、三歩あるいて、ついに、がくりと膝を折った。立ち上る事が出来ぬのだ。天を仰いで、くやし泣きに泣き出した。ああ、あ、濁流を泳ぎ切り、山賊を三人も撃ち倒し韋駄天、ここまで突破して来たメロスよ。真の勇者、メロスよ。今、ここで、疲れ切って動けなくなるとは情無い。愛する友は、おまえを信じたばかりに、やがて殺されなければならぬ。おまえは、稀代の不信の人間、まさしく王の思う壺だぞ、と自分を叱ってみるのだが、全身萎えて、もはや芋虫ほどにも前進かなわぬ。路傍の草原にごろりと寝ころがった。身体疲労すれば、精神も共にやられる。もう、どうでもいいという、勇者に不似合いな不貞腐れた根性が、心の隅に巣喰った。私は、これほど努力したのだ。約束を破る心は、みじんも無かった。神も照覧、私は精一ぱいに努めて来たのだ。動けなくなるまで走って来たのだ。私は不信の徒では無い。ああ、できる事なら私の胸を截ち割って、真紅の心臓をお目に掛けたい。愛と信実の血液だけで動いているこの心臓を見せてやりたい。けれども私は、この大事な時に、精も根も尽きたのだ。私は、よくよく不幸な男だ。私は、きっと笑われる。私の一家も笑われる。私は友を欺いた。中途で倒れるのは、はじめから何もしないのと同じ事だ。ああ、もう、どうでもいい。これが、私の定った運命なのかも知れない。セリヌンティウスよ、ゆるしてくれ。君は、いつでも私を信じた。私も君を、欺かなかった。私たちは、本当に佳い友と友であったのだ。いちどだって、暗い疑惑の雲を、お互い胸に宿したことは無かった。いまだって、君は私を無心に待っているだろう。ああ、待っているだろう。ありがとう、セリヌンティウス。よくも私を信じてくれた。それを思えば、たまらない。友と友の間の信実は、この世で一ばん誇るべき宝なのだからな。セリヌンティウス、私は走ったのだ。君を欺くつもりは、みじんも無かった。信じてくれ！　私は急ぎに急いでここまで来たのだ。濁流を突破した。山賊の囲みからも、するりと抜けて一気に峠を駈け降りて来たのだ。私だから、出来たのだよ。ああ、この上、私に望み給うな。放って置いてくれ。どうでも、いいのだ。私は負けたのだ。だらしが無い。笑ってくれ。王は私に、ちょっとおくれて来い、と耳打ちした。おくれたら、身代りを殺して、私を助けてくれると約束した。私は王の卑劣を憎んだ。けれども、今になってみると、私は王の言うままになっている。私は、おくれて行くだろう。王は、ひとり合点して私を笑い、そうして事も無く私を放免するだろう。そうなったら、私は、死ぬよりつらい。私は、永遠に裏切者だ。地上で最も、不名誉の人種だ。セリヌンティウスよ、私も死ぬぞ。君と一緒に死なせてくれ。君だけは私を信じてくれるにちがい無い。いや、それも私の、ひとりよがりか？　ああ、もういっそ、悪徳者として生き伸びてやろうか。村には私の家が在る。羊も居る。妹夫婦は、まさか私を村から追い出すような事はしないだろう。正義だの、信実だの、愛だの、考えてみれば、くだらない。人を殺して自分が生きる。それが人間世界の定法ではなかったか。ああ、何もかも、ばかばかしい。私は、醜い裏切り者だ。どうとも、勝手にするがよい。やんぬる哉。――四肢を投げ出して、うとうと、まどろんでしまった。

　ふと耳に、潺々、水の流れる音が聞えた。そっと頭をもたげ、息を呑んで耳をすま

した。すぐ足もとで、水が流れているらしい。よろよろ起き上って、見ると、岩の裂目から滾々と、何か小さく囁きながら清水が湧き出ているのである。その泉に吸い込まれるようにメロスは身をかがめた。水を両手で掬って、一くち飲んだ。ほうと長い溜息が出て、夢から覚めたような気がした。歩ける。行こう。肉体の疲労恢復と共に、わずかながら希望が生れた。義務遂行の希望である。わが身を殺して、名誉を守る希望である。斜陽は赤い光を、樹々の葉に投じ、葉も枝も燃えるばかりに輝いている。日没までには、まだ間がある。私を、待っている人があるのだ。少しも疑わず、静かに期待してくれている人があるのだ。私は、信じられている。私の命なぞは、問題ではない。死んでお詫び、などと気のいい事は言って居られぬ。私は、信頼に報いなければならぬ。いまはただその一事だ。走れ！　メロス。

　私は信頼されている。私は信頼されている。先刻の、あの悪魔の囁きは、あれは夢だ。悪い夢だ。忘れてしまえ。五臓が疲れているときは、ふいとあんな悪い夢を見るものだ。メロス、おまえの恥ではない。やはり、おまえは真の勇者だ。再び立って走れるようになったではないか。ありがたい！　私は、正義の士として死ぬ事が出来るぞ。ああ、陽が沈む。ずんずん沈む。待ってくれ、ゼウスよ。私は生れた時から正直な男であった。正直な男のままにして死なせて下さい。

　路行く人を押しのけ、跳ねとばし、メロスは黒い風のように走った。野原で酒宴の、その宴席のまっただ中を駈け抜け、酒宴の人たちを仰天させ、犬を蹴とばし、小川を飛び越え、少しずつ沈んでゆく太陽の、十倍も早く走った。一団の旅人と颯っとすれちがった瞬間、不吉な会話を小耳にはさんだ。「いまごろは、あの男も、磔にかかっているよ。」ああ、その男、その男のために私は、いまこんなに走っているのだ。その男を死なせてはならない。急げ、メロス。おくれてはならぬ。愛と誠の力を、いまこそ知らせてやるがよい。風態なんかは、どうでもいい。メロスは、いまは、ほとんど全裸体であった。呼吸も出来ず、二度、三度、口から血が噴き出た。見える。はるか向うに小さく、シラクスの市の塔楼が見える。塔楼は、夕陽を受けてきらきら光っている。

　「ああ、メロス様。」うめくような声が、風と共に聞えた。

　「誰だ。」メロスは走りながら尋ねた。

　「フィロストラトスでございます。貴方のお友達セリヌンティウス様の弟子でございます。」その若い石工も、メロスの後について走りながら叫んだ。「もう、駄目でございます。むだでございます。走るのは、やめて下さい。もう、あの方をお助けになることは出来ません。」

　「いや、まだ陽は沈まぬ。」

　「ちょうど今、あの方が死刑になるところです。ああ、あなたは遅かった。おうらみ申します。ほんの少し、もうちょっとでも、早かったなら！」

　「いや、まだ陽は沈まぬ。」メロスは胸の張り裂ける思いで、赤く大きい夕陽ばかりを見つめていた。走るより他は無い。

　「やめて下さい。走るのは、やめて下さい。いまはご自分のお命が大事です。あの

方は、あなたを信じて居りました。刑場に引き出されても、平気でいました。王様が、さんざんあの方をからかっても、メロスは来ます、とだけ答え、強い信念を持ちつづけている様子でございました。」

「それだから、走るのだ。信じられているから走るのだ。間に合う、間に合わぬは問題でないのだ。人の命も問題でないのだ。私は、なんだか、もっと恐ろしく大きいものの為に走っているのだ。ついて来い！ フィロストラトス。」

「ああ、あなたは気が狂ったか。それでは、うんと走るがいい。ひょっとしたら、間に合わぬものでもない。走るがいい。」

言うにや及ぶ。まだ陽は沈まぬ。最後の死力を尽して、メロスは走った。メロスの頭は、からっぽだ。何一つ考えていない。ただ、わけのわからぬ大きな力にひきずられて走った。陽は、ゆらゆら地平線に没し、まさに最後の一片の残光も、消えようとした時、メロスは疾風の如く刑場に突入した。間に合った。

「待て。その人を殺してはならぬ。メロスが帰って来た。約束のとおり、いま、帰って来た。」と大声で刑場の群衆にむかって叫んだつもりであったが、喉がつぶれて嗄(しわが)れた声が幽かに出たばかり、群衆は、ひとりとして彼の到着に気がつかない。すでに磔の柱が高々と立てられ、縄を打たれたセリヌンティウスは、徐々に釣り上げられてゆく。メロスはそれを目撃して最後の勇、先刻、濁流を泳いだように群衆を掻きわけ、掻きわけ、

「私だ、刑吏！ 殺されるのは、私だ。メロスだ。彼を人質にした私は、ここにいる！」と、かすれた声で精いっぱいに叫びながら、ついに磔台に昇り、釣り上げられてゆく友の両足に、齧(かじ)りついた。群衆は、どよめいた。あっぱれ。ゆるせ、と口々にわめいた。セリヌンティウスの縄は、ほどかれたのである。

「セリヌンティウス。」メロスは眼に涙を浮べて言った。「私を殴れ。ちからいっぱいに頬を殴れ。私は、途中で一度、悪い夢を見た。君が若し私を殴ってくれなかったら、私は君と抱擁する資格さえ無いのだ。殴れ。」

セリヌンティウスは、すべてを察した様子で首肯(うなず)き、刑場一ぱいに鳴り響くほど音高くメロスの右頬を殴った。殴ってから優しく微笑(ほほえ)み、

「メロス、私を殴れ。同じくらい音高く私の頬を殴れ。私はこの三日の間、たった一度だけ、ちらと君を疑った。生れて、はじめて君を疑った。君が私を殴ってくれなければ、私は君と抱擁できない。」

メロスは腕に唸(うな)りをつけてセリヌンティウスの頬を殴った。

「ありがとう、友よ。」二人同時に言い、ひしと抱き合い、それから嬉し泣きにおいおい声を放って泣いた。

群衆の中からも、歔欷(きょき)の声が聞えた。暴君ディオニスは、群衆の背後から二人の様を、まじまじと見つめていたが、やがて静かに二人に近づき、顔をあからめて、こう言った。

「おまえらの望みは叶ったぞ。おまえらは、わしの心に勝ったのだ。信実とは、決

して空虚な妄想ではなかった。どうか、わしをも仲間に入れてくれまいか。どうか、わしの願いを聞き入れて、おまえらの仲間の一人にしてほしい。」

どっと群衆の間に、歓声が起った。

「万歳、王様万歳。」

ひとりの少女が、緋(ひ)のマントをメロスに捧げた。メロスは、まごついた。佳き友は、気をきかせて教えてやった。

「メロス、君は、まっぱだかじゃないか。早くそのマントを着るがいい。この可愛い娘さんは、メロスの裸体を、皆に見られるのが、たまらなく口惜しいのだ。」

勇者は、ひどく赤面した。

(古伝説と、シルレルの詩から。)

【作家紹介】太宰治(だざいおさむ、1909—1948)、青森県金木村生れ、本名津島修治。東大仏文科中退。津軽の大地主の六男として生まれる。左翼活動での挫折後、自殺未遂や薬物中毒を繰り返しながらも、第二次世界大戦前から戦後にかけて作品を次々に発表。1935年(昭和10年)、「逆行」が第1回芥川賞の次席となり、翌年、第一創作集「晩年」を刊行。このごろ、パビナール中毒に悩む。主な作品に「走れメロス」「津軽」「お伽草紙」「人間失格」がある。没落した華族の女性を主人公にした「斜陽」はベストセラーとなる。戦後は、その作風から坂口安吾、織田作之助、石川淳らとともに新戯作派、無頼派と称されたが、典型的な自己破滅型の私小説作家であった。1940年(昭和15年)5月、「走れメロス」は「新潮」に発表された。

山月記

中島敦

　隴西の李徴は博学才穎、天宝の末年、若くして名を虎榜に連ね、ついで江南尉に補せられたが、性、狷介、自ら恃むところ頗る厚く、賤吏に甘んずるを潔しとしなかった。いくばくもなく官を退いた後は、故山、虢略に帰臥し、人と交を絶って、ひたすら詩作に耽った。下吏となって長く膝を俗悪な大官の前に屈するよりは、詩家としての名を死後百年に遺そうとしたのである。しかし、文名は容易に揚らず、生活は日を逐うて苦しくなる。李徴は漸く焦躁に駆られて来た。この頃からその容貌も峭刻となり、肉落ち骨秀で、眼光のみ徒らに炯々として、曾て進士に登第した頃の豊頬の美少年の俤は、何処に求めようもない。数年の後、貧窮に堪えず、妻子の衣食のために遂に節を屈して、再び東へ赴き、一地方官吏の職を奉ずることになった。一方、これは、己の詩業に半ば絶望したためでもある。曾ての同輩は既に遥か高位に進み、彼が昔、鈍物として歯牙にもかけなかったその連中の下命を拝さねばならぬことが、往年の儁才李徴の自尊心を如何に傷けたかは、想像に難くない。彼は怏々として楽しまず、狂悖の性は愈々抑え難くなった。一年の後、公用で旅に出、汝水のほとりに宿った時、遂に発狂した。或夜半、急に顔色を変えて寝床から起上ると、何か訳の分らぬことを叫びつつそのまま下にとび下りて、闇の中へ駆出した。彼は二度と戻って来なかった。附近の山野を捜索しても、何の手掛りもない。その後李徴がどうなったかを知る者は、誰もなかった。

　翌年、監察御史、陳郡の袁傪という者、勅命を奉じて嶺南に使し、途に商於の地に宿った。次の朝未だ暗い中に出発しようとしたところ、駅吏が言うことに、これから先の道に人喰虎が出る故、旅人は白昼でなければ、通れない。今はまだ朝が早いから、今少し待たれたが宜しいでしょうと。袁傪は、しかし、供廻りの多勢なのを恃み、駅吏の言葉を斥けて、出発した。残月の光をたよりに林中の草地を通って行った時、果して一匹の猛虎が叢の中から躍り出た。虎は、あわや袁傪に躍りかかるかと見え

たが、忽ち身を翻して、元の叢に隠れた。叢の中から人間の声で「あぶないところだった」と繰返し呟くのが聞えた。その声に袁傪は聞き憶えがあった。驚愕の中にも、彼は咄嗟に思いあたって、叫んだ。「その声は、我が友、李徴子ではないか？」袁傪は李徴と同年に進士の第に登り、友人の少かった李徴にとっては、最も親しい友であった。温和な袁傪の性格が、峻峭な李徴の性情と衝突しなかったためであろう。

　叢の中からは、暫く返辞が無かった。しのび泣きかと思われる微かな声が時々洩れるばかりである。ややあって、低い声が答えた。「如何にも自分は隴西の李徴である」と。

　袁傪は恐怖を忘れ、馬から下りて叢に近づき、懐かしげに久闊を叙した。そして、何故叢から出て来ないのかと問うた。李徴の声が答えて言う。自分は今や異類の身となっている。どうして、おめおめと故人の前にあさましい姿をさらせようか。かつ又、自分が姿を現せば、必ず君に畏怖嫌厭の情を起させるに決っているからだ。しかし、今、図らずも故人に遇うことを得て、愧赧の念をも忘れる程に懐かしい。どうか、ほんの暫くでいいから、我が醜悪な今の外形を厭わず、曾て君の友李徴であったこの自分と話を交してくれないだろうか。

　後で考えれば不思議だったが、その時、袁傪は、この超自然の怪異を、実に素直に受容れて、少しも怪もうとしなかった。彼は部下に命じて行列の進行を停め、自分は叢の傍に立って、見えざる声と対談した。都の噂、旧友の消息、袁傪が現在の地位、それに対する李徴の祝辞。青年時代に親しかった者同志の、あの隔てのない語調で、それ等が語られた後、袁傪は、李徴がどうして今の身となるに至ったかを訊ねた。草中の声は次のように語った。

　今から一年程前、自分が旅に出て汝水のほとりに泊った夜のこと、一睡してから、ふと眼を覚ますと、戸外で誰かが我が名を呼んでいる。声に応じて外へ出て見ると、声は闇の中から頻りに自分を招く。覚えず、自分は声を追うて走り出した。無我夢中で駈けて行く中に、何時しか途は山林に入り、しかも、知らぬ間に自分は左右の手で地を攫んで走っていた。何か身体中に力が充ち満ちたような感じで、軽々と岩石を跳び越えて行った。気が付くと、手先や肱のあたりに毛を生じているらしい。少し明るくなってから、谷川に臨んで姿を映して見ると、既に虎となっていた。自分は初め眼を信じなかった。次に、これは夢に違いないと考えた。夢の中で、これは夢だぞと知っているような夢を、自分はそれまでに見たことがあったから。どうしても夢でないと悟らねばならなかった時、自分は茫然とした。そうして懼れた。全く、どんな事でも起り得るのだと思うて、深く懼れた。しかし、何故こんな事になったのだろう。分らぬ。全く何事も我々

山月記

には判らぬ。理由も分らずに押付けられたものを大人しく受取って、理由も分らずに生きて行くのが、我々生きもののさだめだ。自分は直ぐに死を想うた。しかし、その時、眼の前を一匹の兎が駈け過ぎるのを見た途端に、自分の中の人間は忽ち姿を消した。再び自分の中の人間が目を覚ました時、自分の口は兎の血に塗れ、あたりには兎の毛が散らばっていた。これが虎としての最初の経験であった。それ以来今までにどんな所行をし続けて来たか、それは到底語るに忍びない。ただ、一日の中に必ず数時間は、人間の心が還って来る。そういう時には、曾ての日と同じく、人語も操れれば、複雑な思考にも堪え得るし、経書の章句を誦んずることも出来る。その人間の心で、虎としての己の残虐な行のあとを見、己の運命をふりかえる時が、最も情なく、恐しく、憤ろしい。しかし、その、人間にかえる数時間も、日を経るに従って次第に短くなって行く。今までは、どうして虎などになったかと怪しんでいたのに、この間ひょいと気が付いて見たら、己はどうして以前、人間だったのかと考えていた。これは恐しいことだ。今少し経てば、己の中の人間の心は、獣としての習慣の中にすっかり埋れて消えて了うだろう。ちょうど、古い宮殿の礎が次第に土砂に埋没するように。そうすれば、しまいに己は自分の過去を忘れ果て、一匹の虎として狂い廻り、今日のように途で君と出会っても故人と認めることなく、君を裂き喰うて何の悔も感じないだろう。一体、獣でも人間でも、もとは何か他のものだったんだろう。初めはそれを憶えているが、次第に忘れて了い、初めから今の形のものだったと思い込んでいるのではないか？　いや、そんな事はどうでもいい。己の中の人間の心がすっかり消えて了えば、恐らく、その方が、己はしあわせになれるだろう。だのに、己の中の人間は、その事を、この上なく恐しく感じているのだ。ああ、全く、どんなに、恐しく、哀しく、切なく思っているだろう！己が人間だった記憶のなくなることを。この気持は誰にも分らない。誰にも分らない。己と同じ身の上に成った者でなければ。ところで、そうだ。己がすっかり人間でなくなって了う前に、一つ頼んで置きたいことがある。

　袁傪はじめ一行は、息をのんで、叢中の声の語る不思議に聞入っていた。声は続けて言う。

　他でもない。自分は元来詩人として名を成す積りでいた。しかも、業未だ成らざるに、この運命に立至った。曾て作るところの詩数百篇、固より、まだ世に行われておらぬ。遺稿の所在も最早判らなくなっていよう。ところで、その中、今も尚記誦せるものが数十ある。これを我が為に伝録して戴きたいのだ。何も、これに仍って一人前の詩人面をしたいのではない。作の巧拙は知らず、とにかく、産を破り心を狂わせてまで自分が生涯それに執着したところのものを、一部なりとも後代に伝えないでは、死んでも死に切れないのだ。

袁傪は部下に命じ、筆を執って叢中の声に随って書きとらせた。李徴の声は叢の中から朗々と響いた。長短凡そ三十篇、格調高雅、意趣卓逸、一読して作者の才の非凡を思わせるものばかりである。しかし、袁傪は感嘆しながらも漠然と次のように感じていた。成程、作者の素質が第一流に属するものであることは疑いない。しかし、このままでは、第一流の作品となるのには、何処か（非常に微妙な点に於て）欠けるところがあるのではないか、と。
　旧詩を吐き終った李徴の声は、突然調子を変え、自らを嘲るか如くに言った。
　羞しいことだが、今でも、こんなあさましい身と成り果てた今でも、己は、己の詩集が長安風流人士の机の上に置かれている様を、夢に見ることがあるのだ。岩窟の中に横たわって見る夢にだよ。嗤ってくれ。詩人に成りそこなって虎になった哀れな男を。（袁傪は昔の青年李徴の自嘲癖を思出しながら、哀しく聞いていた。）そうだ。お笑い草ついでに、今の懐を即席の詩に述べて見ようか。この虎の中に、まだ、曾ての李徴が生きているしるしに。
　袁傪は又下吏に命じてこれを書きとらせた。その詩に言う。
　　　　　偶因狂疾成殊類　　災患相仍不可逃
　　　　　今日爪牙誰敢敵　　当時声跡共相高
　　　　　我為異物蓬茅下　　君已乗軺気勢豪
　　　　　此夕渓山対明月　　不成長嘯但成嘷
　時に、残月、光冷やかに、白露は地に滋く、樹間を渡る冷風は既に暁の近きを告げていた。人々は最早、事の奇異を忘れ、粛然として、この詩人の薄倖を嘆じた。李徴の声は再び続ける。
　何故こんな運命になったか判らぬと、先刻は言ったが、しかし、考えように依れば、思い当ることが全然ないでもない。人間であった時、己は努めて人との交を避けた。人々は己を倨傲だ、尊大だといった。実は、それが殆ど羞恥心に近いものであることを、人々は知らなかった。勿論、曾ての郷党の鬼才といわれた自分に、自尊心が無かったとは云わない。しかし、それは臆病な自尊心とでもいうべきものであった。己は詩によって名を成そうと思いながら、進んで師に就いたり、求めて詩友と交って切磋琢磨に努めたりすることをしなかった。かといって、又、己は俗物の間に伍することも潔しとしなかった。共に、我が臆病な自尊心と、尊大な羞恥心との所為である。己の珠に非ざることを惧れるが故に、敢て刻苦して磨こうともせず、又、己の珠なるべきを半ば信ずるが故に、碌々として瓦に伍することも出来なかった。己は次第に世と離れ、人と遠ざかり、憤悶と慙恚とによって益々己の内なる臆病な自尊心を飼いふ

山月記 □□□

とらせる結果になった。人間は誰でも猛獣使であり、その猛獣に当るのが、各人の性情だという。己の場合、この尊大な羞恥心が猛獣だった。虎だったのだ。これが己を損い、妻子を苦しめ、友人を傷つけ、果ては、己の外形をかくの如く、内心にふさわしいものに変えて了ったのだ。今思えば、全く、己は、己の有っていた僅かばかりの才能を空費して了った訳だ。人生は何事をも為さぬには余りに長いが、何事かを為すには余りに短いなどと口先ばかりの警句を弄しながら、事実は、才能の不足を暴露するかも知れないとの卑怯な危惧と、刻苦を厭う怠惰とが己の凡てだったのだ。己よりも遥かに乏しい才能でありながら、それを専一に磨いたがために、堂々たる詩家となった者が幾らでもいるのだ。虎と成り果てた今、己は漸くそれに気が付いた。それを思うと、己は今も胸を灼かれるような悔を感じる。己には最早人間としての生活は出来ない。たとえ、今、己が頭の中で、どんな優れた詩を作ったにしたところで、どういう手段で発表できよう。まして、己の頭は日毎に虎に近づいて行く。どうすればいいのだ。己の空費された過去は？　己は堪らなくなる。そういう時、己は、向うの山の頂の巌に上り、空谷に向って吼える。この胸を灼く悲しみを誰かに訴えたいのだ。己は昨夕も、彼処で月に向って咆えた。誰かにこの苦しみが分って貰えないかと。しかし、獣どもは己の声を聞いて、唯、懼れ、ひれ伏すばかり。山も樹も月も露も、一匹の虎が怒り狂って、哮っているとしか考えない。天に躍り地に伏して嘆いても、誰一人己の気持を分ってくれる者はない。ちょうど、人間だった頃、己の傷つき易い内心を誰も理解してくれなかったように。己の毛皮の濡れたのは、夜露のためばかりではない。

　漸く四辺の暗さが薄らいで来た。木の間を伝って、何処からか、暁角が哀しげに響き始めた。

　最早、別れを告げねばならぬ。酔わねばならぬ時が、（虎に還らねばならぬ時が）近づいたから、と、李徴の声が言った。だが、お別れする前にもう一つ頼みがある。それは我が妻子のことだ。彼等は未だ虢略にいる。固より、己の運命に就いては知る筈がない。君が南から帰ったら、己は既に死んだと彼等に告げて貰えないだろうか。決して今日のことだけは明かさないで欲しい。厚かましいお願だが、彼等の孤弱を憐れんで、今後とも道塗に飢凍することのないように計らって戴けるならば、自分にとって、恩倖、これに過ぎたるは莫い。

　言終って、叢中から慟哭の声が聞えた。袁もまた涙を泛べ、欣んで李徴の意に副いたい旨を答えた。李徴の声はしかし忽ち又先刻の自嘲的な調子に戻って、言った。

　本当は、先ず、この事の方を先にお願いすべきだったのだ、己が人間だったなら。飢え凍えようとする妻子のことよりも、己の乏しい詩業の方を気にかけているような

男だから、こんな獣に身を堕すのだ。

　そうして、附加えて言うことに、袁傪が嶺南からの帰途には決してこの途を通らないで欲しい、その時には自分が酔っていて故人を認めずに襲いかかるかも知れないから。又、今別れてから、前方百歩の所にある、あの丘に上ったら、此方を振りかえって見て貰いたい。自分は今の姿をもう一度お目に掛けよう。勇に誇ろうとしてではない。我が醜悪な姿を示して、以て、再び此処を過ぎて自分に会おうとの気持を君に起させない為であると。

　袁傪は叢に向って、懇ろに別れの言葉を述べ、馬に上った。叢の中からは、又、堪え得ざるが如き悲泣の声が洩れた。袁傪も幾度か叢を振返りながら、涙の中に出発した。

　一行が丘の上についた時、彼等は、言われた通りに振返って、先程の林間の草地を眺めた。忽ち、一匹の虎が草の茂みから道の上に躍り出たのを彼等は見た。虎は、既に白く光を失った月を仰いで、二声三声咆哮したかと思うと、又、元の叢に躍り入って、再びその姿を見なかった。

　【作家紹介】中島 敦（1909—1942）。東京市四谷区箪笥町生まれ。1942年「文学界」に「古譚」の名で「山月記」と「文字禍」が掲載され、「光と風と夢」で芥川賞候補になり活躍が期待されたが、持病の喘息が悪化し同年12月4日死去。遺稿「李陵」「弟子」が発表され、類まれな才知の早世が惜しまれた。

桜の森の満開の下

坂口安吾

　桜の花が咲くと人々は酒をぶらさげたり団子だんごをたべて花の下を歩いて絶景だの春ランマンだのと浮かれて陽気になりますが、これは嘘です。なぜ嘘かと申しますと、桜の花の下へ人がより集って酔っ払ってゲロを吐いて喧嘩けんかして、これは江戸時代からの話で、大昔は桜の花の下は怖しいと思っても、絶景だなどとは誰も思いませんでした。近頃は桜の花の下といえば人間がより集って酒をのんで喧嘩していますから陽気でにぎやかだと思いこんでいますが、桜の花の下から人間を取り去ると怖ろしい景色になりますので、能にも、さる母親が愛児を人さらいにさらわれて子供を探して発狂して桜の花の満開の林の下へ来かかり見渡す花びらの陰に子供の幻を描いて狂い死して花びらに埋まってしまう（このところ小生の蛇足だそく）という話もあり、桜の林の花の下に人の姿がなければ怖しいばかりです。
　昔、鈴鹿峠にも旅人が桜の森の花の下を通らなければならないような道になっていました。花の咲かない頃はよろしいのですが、花の季節になると、旅人はみんな森の花の下で気が変になりました。できるだけ早く花の下から逃げようと思って、青い木や枯れ木のある方へ一目散に走りだしたものです。一人だとまだよいので、なぜかというと、花の下を一目散に逃げて、あたりまえの木の下へくるとホッとしてヤレヤレと思って、すむからですが、二人連は都合が悪い。なぜなら人間の足の早さは各人各様で、一人が遅れますから、オイ待ってくれ、後から必死に叫んでも、みんな気違いで、友達をすてて走ります。それで鈴鹿峠の桜の森の花の下を通過したとたんに今迄仲のよかった旅人が仲が悪くなり、相手の友情を信用しなくなります。そんなことから旅人も自然に桜の森の下を通らないで、わざわざ遠まわりの別の山道を歩くようになり、やがて桜の森は街道を外はずれて人の子一人通らない山の静寂へとり残されてしまいました。
　そうなって何年かあとに、この山に一人の山賊が住みはじめましたが、この山賊はずいぶんむごたらしい男で、街道へでて情容赦なく着物をはぎ人の命も断ちましたが、こんな男でも桜の森の花の下へくるとやっぱり怖しくなって気が変になりました。そこで山賊はそれ以来花がきらいで、花というものは怖しいものだな、なんだか厭なものだ、そういう風に腹の中では呟つぶやいていました。花の下では風がないのにゴウゴウ風が鳴っているような気がしました。そのくせ風がちっともなく、一つも物音がありません。自分の姿と跫音あしおとばかりで、それがひっそり冷めたいそして動かない風の中につつまれていました。花びらがぽそぽそ散るように魂が散っていのちがだんだん衰えて行くように思われます。それで目をつぶって何か叫んで逃げたくなりますが、目を

つぶると桜の木にぶつかるので目をつぶるわけにも行きませんから、一そう気違いになるのでした。

　けれども山賊は落付いた男で、後悔ということを知らない男ですから、これはおかしいと考えたのです。ひとつ、来年、考えてやろう。そう思いました。今年は考える気がしなかったのです。そして、来年、花がさいたら、そのときじっくり考えようと思いました。毎年そう考えて、もう十何年もたち、今年も亦また、来年になったら考えてやろうと思って、又、年が暮れてしまいました。

　そう考えているうちに、始めは一人だった女房がもう七人にもなり、八人目の女房を又街道から女の亭主の着物と一緒にさらってきました。女の亭主は殺してきました。

　山賊は女の亭主を殺す時から、どうも変だと思っていました。いつもと勝手が違うのです。どこということは分らぬけれども、変てこで、けれども彼の心は物にこだわることに慣れませんので、そのときも格別深く心にとめませんでした。

　山賊は始めは男を殺す気はなかったので、身ぐるみ脱がせて、いつもするようにとっとと失せろと蹴とばしてやるつもりでしたが、女が美しすぎたので、ふと、男を斬りすてていました。彼自身に思いがけない出来事であったばかりでなく、女にとっても思いがけない出来事だったしるしに、山賊がふりむくと女は腰をぬかして彼の顔をぼんやり見つめました。今日からお前は俺の女房だと言うと、女はうなずきました。手をとって女を引き起すと、女は歩けないからオブっておくれと言います。山賊は承知承知と女を軽々と背負って歩きましたが、険けわしい登り坂へきて、ここは危いから降りて歩いて貰おうと言っても、女はしがみついて厭々、厭ヨ、と言って降りません。

　「お前のような山男が苦しがるほどの坂道をどうして私が歩けるものか、考えてごらんよ」

　「そうか、そうか、よしよし」と男は疲れて苦しくても好機嫌でした。「でも、一度だけ降りておくれ。私は強いのだから、苦しくて、一休みしたいというわけじゃないぜ。眼の玉が頭の後側にあるというわけのものじゃないから、さっきからお前さんをオブっていてもなんとなくもどかしくて仕方がないのだよ。一度だけ下へ降りてかわいい顔を拝ましてもらいたいものだ」

　「厭よ、厭よ」と、又、女はやけに首っ玉にしがみつきました。「私はこんな淋しいところに一っときもジッとしていられないヨ。お前のうちのあるところまで一っときも休まず急いでおくれ。さもないと、私はお前の女房になってやらないよ。私にこんな淋しい思いをさせるなら、私は舌を噛んで死んでしまうから」

　「よしよし。分った。お前のたのみはなんでもきいてやろう」

　山賊はこの美しい女房を相手に未来のたのしみを考えて、とけるような幸福を感じました。彼は威張りかえって肩を張って、前の山、後の山、右の山、左の山、ぐるりと一廻転して女に見せて、

　「これだけの山という山がみんな俺のものなんだぜ」

　と言いましたが、女はそんなことにはてんで取りあいません。彼は意外に又残念で、

　「いいかい。お前の目に見える山という山、木という木、谷という谷、その谷から

わく雲まで、みんな俺のものなんだぜ」
「早く歩いておくれ。私はこんな岩コブだらけの崖の下にいたくないのだから」
「よし、よし。今にうちにつくと飛びきりの御馳走をこしらえてやるよ」
「お前はもっと急げないのかえ。走っておくれ」
「なかなかこの坂道は俺が一人でもそうは駈けられない難所だよ」
「お前も見かけによらない意気地なしだねえ。私としたことが、とんだ甲斐性かいしょなしの女房になってしまった。ああ、ああ。これから何をたよりに暮したらいいのだろう」
「なにを馬鹿な。これぐらいの坂道が」
「アア、もどかしいねえ。お前はもう疲れたのかえ」
「馬鹿なことを。この坂道をつきぬけると、鹿もかなわぬように走ってみせるから」
「でもお前の息は苦しそうだよ。顔色が青いじゃないか」
「なんでも物事の始めのうちはそういうものさ。今に勢いのはずみがつけば、お前が背中で目を廻すぐらい速く走るよ」

　けれども山賊は身体が節々からバラバラに分かれてしまったように疲れていました。そしてわが家の前へ辿たどりついたときには目もくらみ耳もなり嗄しわがれ声のひときれをふりしぼる力もありません。家の中から七人の女房が迎えに出てきましたが、山賊は石のようにこわばった身体をほぐして背中の女を下すだけで勢一杯でした。

　七人の女房は今迄に見かけたこともない女の美しさに打たれましたが、女は七人の女房の汚さに驚きました。七人の女房の中には昔はかなり綺麗な女もいたのですが今は見る影もありません。女は薄気味悪がって男の背へしりぞいて、
「この山女は何なのよ」
「これは俺の昔の女房なんだよ」
と男は困って「昔の」という文句を考えついて加えたのはとっさの返事にしては良く出来ていましたが、女は容赦がありません。
「まア、これがお前の女房かえ」
「それは、お前、俺はお前のような可愛いい女がいようとは知らなかったのだからね」
「あの女を斬り殺しておくれ」
　女はいちばん顔形のととのった一人を指して叫びました。
「だって、お前、殺さなくっとも、女中だと思えばいいじゃないか」
「お前は私の亭主を殺したくせに、自分の女房が殺せないのかえ。お前はそれでも私を女房にするつもりなのかえ」
　男の結ばれた口から呻うめきがもれました。男はとびあがるように一躍して指れた女を斬り倒していました。然し、息つくひまもありません。
「この女よ。今度は、それ、この女よ」
　男はためらいましたが、すぐズカズカ歩いて行って、女の頸くびへザクリとダンビラを斬りこみました。首がまだコロコロととまらぬうちに、女のふっくらツヤのある透

きとおる声は次の女を指して美しく響いていました。

「この女よ。今度は」

指さされた女は両手に顔をかくしてキャーという叫び声をはりあげました。その叫びにふりかぶって、ダンビラは宙を閃いて走りました。残る女たちは俄にわかに一時に立上って四方に散りました。

「一人でも逃したら承知しないよ。藪やぶの陰にも一人いるよ。上手へ一人逃げて行くよ」

男は血刀をふりあげて山の林を駈け狂いました。たった一人逃げおくれて腰をぬかした女がいました。それはいちばん醜くて、ビッコの女でしたが、男が逃げた女を一人あまさず斬りすてて戻ってきて、無造作にダンビラをふりあげますと、

「いいのよ。この女だけは。これは私が女中に使うから」

「ついでだから、やってしまうよ」

「バカだね。私が殺さないでおくれと言うのだよ」

「アア、そうか。ほんとだ」

男は血刀を投げすてて尻もちをつきました。疲れがドッとこみあげて目がくらみ、土から生えた尻のように重みが分ってきました。ふと静寂に気がつきました。とびたつような怖ろしさがこみあげ、ぎょッとして振向くと、女はそこにいくらかやる瀬ない風情でたたずんでいます。男は悪夢からさめたような気がしました。そして、目も魂も自然に女の美しさに吸いよせられて動かなくなってしまいました。けれども男は不安でした。どういう不安だか、なぜ、不安だか、何が、不安だか、彼には分らぬのです。女が美しすぎて、彼の魂がそれに吸いよせられていたので、胸の不安の波立ちをさして気にせずにいられただけです。

なんだか、似ているようだな、と彼は思いました。似たことが、いつか、あった、それは、と彼は考えました。アア、そうだ、あれだ。気がつくと彼はびっくりしました。

桜の森の満開の下です。あの下を通る時に似ていました。どこが、何が、どんな風に似ているのだか分りません。けれども、何か、似ていることは、たしかでした。彼にはいつもそれぐらいのことしか分らず、それから先は分らなくても気にならぬたちの男でした。

山の長い冬が終り、山のてっぺんの方や谷のくぼみに樹の陰に雪はポツポツ残っていましたが、やがて花の季節が訪れようとして春のきざしが空いちめんにかがやいていました。

今年、桜の花が咲いたら、と、彼は考えました。花の下にさしかかる時はまだそれほどではありません。それで思いきって花の下へ歩きこみます。だんだん歩くうちに気が変になり、前も後も右も左も、どっちを見ても上にかぶさる花ばかり、森のまんなかに近づくと怖しさに盲滅法たまらなくなるのでした。今年はひとつ、あの花ざかりの林のまんなかで、ジッと動かずに、いや、思いきって地べたに坐ってやろう、と彼は考えました。そのとき、この女もつれて行こうか、彼はふと考えて、女の顔をチラと見ると、胸さわぎがして慌てて目をそらしました。自分の肚はらが女に知れては大変だとい

う気持が、なぜだか胸に焼け残りました。

★

　女は大変なわがまま者でした。どんなに心をこめた御馳走をこしらえてやっても、必ず不服を言いました。彼は小鳥や鹿をとりに山を走りました。猪いのししも熊もとりました。ビッコの女は木の芽や草の根をさがしてひねもす林間をさまよいました。然し女は満足を示したことはありません。
　「毎日こんなものを私に食えというのかえ」
　「だって、飛び切りの御馳走なんだぜ。お前がここへくるまでは、十日に一度ぐらいしかこれだけのものは食わなかったものだ」
　「お前は山男だからそれでいいのだろうさ。私の喉のどは通らないよ。こんな淋さびしい山奥で、夜の夜長にきくものと云えば梟ふくろうの声ばかり、せめて食べる物でも都に劣らぬおいしい物が食べられないものかねえ。都の風がどんなものか。その都の風をせきとめられた私の思いのせつなさがどんなものか、お前には察することも出来ないのだね。お前は私から都の風をもぎとって、その代りにお前の呉くれた物といえば鴉からすや梟の鳴く声ばかり。お前はそれを羞はずかしいとも、むごたらしいとも思わないのだよ」
　女の怨じる言葉の道理が男には呑みこめなかったのです。なぜなら男は都の風がどんなものだか知りません。見当もつかないのです。この生活、この幸福に足りないものがあるという事実に就ついて思い当るものがない。彼はただ女の怨じる風情の切なさに当惑し、それをどのように処置してよいか目当に就て何の事実も知らないので、もどかしさに苦しみました。
　今迄には都からの旅人を何人殺したか知れません。都からの旅人は金持で所持品も豪華ですから、都は彼のよい鴨かもで、せっかく所持品を奪ってみても中身がつまらなかったりするとチェッコの田舎者め、とか土百姓めとか罵ののしったもので、つまり彼は都に就てはそれだけが知識の全部で、豪華な所持品をもつ人達のいるところであり、彼はそれをまきあげるという考え以外に余念はありませんでした。都の空がどっちの方角だということすらも、考えてみる必要がなかったのです。
　女は櫛くしだの笄こうがいだの簪かんざしだの紅べにだのを大事にしました。彼が泥の手や山の獣の血にぬれた手でかすかに着物にふれただけでも女は彼を叱りました。まるで着物が女のいのちであるように、そしてそれをまもることが自分のつとめであるように、身の廻りを清潔にさせ、家の手入れを命じます。その着物は一枚の小袖こそでと細紐ほそひもだけでは事足りず、何枚かの着物といくつもの紐と、そしてその紐は妙な形にむすばれ不必要に垂れ流されて、色々の飾り物をつけたすことによって一つの姿が完成されて行くのでした。男は目を見はりました。そして嘆声をもらしました。彼は納得させられたのです。かくして一つの美が成りたち、その美に彼が満たされている、それは疑る余地がない、個としては意味をもたない不完全かつ不可解な断片が集まることによって一つの物を完成する、その物を分解すれば無意味なる断片に帰する、それを

彼は彼らしく一つの妙なる魔術として納得させられたのでした。

　男は山の木を切りだして女の命じるものを作ります。何物が、そして何用につくられるのか、彼自身それを作りつつあるうちは知ることが出来ないのでした。それは胡床こしょうと肱掛ひじかけでした。胡床はつまり椅子です。お天気の日、女はこれを外へ出させて、日向ひなたに、又、木陰に、腰かけて目をつぶります。部屋の中では肱掛にもたれて物思いにふけるような、そしてそれは、それを見る男の目にはすべてが異様な、なまめかしく、なやましい姿に外ならぬのでした。魔術は現実に行われており、彼自らがその魔術の助手でありながら、その行われる魔術の結果に常に訝いぶかりそして嘆賞するのでした。

　ビッコの女は朝毎に女の長い黒髪をくしけずります。そのために用いる水を、男は谷川の特に遠い清水からくみとり、そして特別そのように注意を払う自分の労苦をなつかしみました。自分自身が魔術の一つの力になりたいということが男の願いになっていました。そして彼自身くしけずられる黒髪にわが手を加えてみたいものだと思います。いやよ、そんな手は、と女は男を払いのけて叱ります。男は子供のように手をひっこめて、てれながら、黒髪にツヤが立ち、結ばれ、そして顔があらわれ、一つの美が描かれ生まれてくることを見果てぬ夢に思うのでした。

　「こんなものがなア」

　彼は模様のある櫛や飾のある笄をいじり廻しました。それは彼が今迄は意味も値打もみとめることのできなかったものでしたが、今も尚なお、物と物との調和や関係、飾りという意味の批判はありません。けれども魔力が分ります。魔力は物のいのちでした。物の中にもいのちがあります。

　「お前がいじってはいけないよ。なぜ毎日きまったように手をだすのだろうね」

　「不思議なものだなア」

　「何が不思議なのさ」

　「何がってこともないけどさ」

　と男はてれました。彼には驚きがありましたが、その対象は分らぬのです。

　そして男に都を怖れる心が生れていました。その怖れは恐怖ではなく、知らないということに対する羞恥と不安で、物知りが未知の事柄にいだく不安と羞恥に似ていました。女が「都」というたびに彼の心は怯おびえ戦おののきました。けれども彼は目に見える何物も怖れたことがなかったので、怖れの心になじみがなく、羞じる心にも馴れていません。そして彼は都に対して敵意だけをもちました。

　何百何千の都からの旅人を襲ったが手に立つ者がなかったのだから、と彼は満足して考えました。どんな過去を思いだしても、裏切られ傷けられる不安がありません。それに気附くと、彼は常に愉快で又誇りやかでした。彼は女の美に対して自分の強さを対比しました。そして強さの自覚の上で多少の苦手と見られるものは猪だけでした。その猪も実際はさして怖るべき敵でもないので、彼はゆとりがありました。

　「都には牙のある人間がいるかい」

　「弓をもったサムライがいるよ」

　「ハッハッハ。弓なら俺は谷の向うの雀の子でも落すのだからな。都には刀が折れ

てしまうような皮の堅い人間はいないだろう」
　「鎧よろいをきたサムライがいるよ」
　「鎧は刀が折れるのか」
　「折れるよ」
　「俺は熊も猪も組み伏せてしまうのだからな」
　「お前が本当に強い男なら、私を都へ連れて行っておくれ。お前の力で、私の欲しい物、都の粋を私の身の廻りへ飾っておくれ。そして私にシンから楽しい思いを授けてくれることができるなら、お前は本当に強い男なのさ」
　「わけのないことだ」
　男は都へ行くことに心をきめました。彼は都にありとある櫛や笄や簪や着物や鏡や紅を三日三晩とたたないうちに女の廻りへ積みあげてみせるつもりでした。何の気がかりもありません。一つだけ気にかかることは、まったく都に関係のない別なことでした。
　それは桜の森でした。
　二日か三日の後に森の満開が訪れようとしていました。今年こそ、彼は決意していました。桜の森の花ざかりのまんなかで、身動きもせずジッと坐っていてみせる。彼は毎日ひそかに桜の森へでかけて蕾つぼみのふくらみをはかっていました。あと三日、彼は出発を急ぐ女に言いました。
　「お前に支度の面倒があるものかね」と女は眉をよせました。「じらさないでおくれ。都が私をよんでいるのだよ」
　「それでも約束があるからね」
　「お前がかえ。この山奥に約束した誰がいるのさ」
　「それは誰もいないけれども、ね。けれども、約束があるのだよ」
　「それはマア珍しいことがあるものだねえ。誰もいなくって誰と約束するのだえ」
　男は嘘がつけなくなりました。
　「桜の花が咲くのだよ」
　「桜の花と約束したのかえ」
　「桜の花が咲くから、それを見てから出掛けなければならないのだよ」
　「どういうわけで」
　「桜の森の下へ行ってみなければならないからだよ」
　「だから、なぜ行って見なければならないのよ」
　「花が咲くからだよ」
　「花が咲くから、なぜさ」
　「花の下は冷めたい風がはりつめているからだよ」
　「花の下にかえ」
　「花の下は涯はてがないからだよ」
　「花の下がかえ」
　男は分らなくなってクシャクシャしました。
　「私も花の下へ連れて行っておくれ」

「それは、だめだ」
　男はキッパリ言いました。
「一人でなくちゃ、だめなんだ」
　女は苦笑しました。
　男は苦笑というものを始めて見ました。そんな意地の悪い笑いを彼は今まで知らなかったのでした。そしてそれを彼は「意地の悪い」という風には判断せずに、刀で斬っても斬れないように、と判断しました。その証拠には、苦笑は彼の頭にハンを捺おしたように刻みつけられてしまったからです。それは刀の刃のように思いだすたびにチクチク頭をきりました。そして彼がそれを斬ることはできないのでした。
　三日目がきました。
　彼はひそかに出かけました。桜の森は満開でした。一足ふみこむとき、彼は女の苦笑を思いだしました。それは今までに覚えのない鋭さで頭を斬りました。それだけでもう彼は混乱していました。花の下の冷めたさは涯のない四方からドッと押し寄せてきました。彼の身体は忽たちまちその風に吹きさらされて透明になり、四方の風はゴウゴウと吹き通り、すでに風だけがはりつめているのでした。彼の声のみが叫びました。彼は走りました。何という虚空でしょう。彼は泣き、祈り、もがき、ただ逃げ去ろうとしていました。そして、花の下をぬけだしたことが分ったとき、夢の中から我にかえった同じ気持を見出しました。夢と違っていることは、本当に息も絶え絶えになっている身の苦しさでありました。

★

　男と女とビッコの女は都に住みはじめました。
　男は夜毎に女の命じる邸宅へ忍び入りました。着物や宝石や装身具も持ちだしましたが、それのみが女の心を充たす物ではありませんでした。女の何より欲しがるものは、その家に住む人の首でした。
　彼等の家にはすでに何十の邸宅の首が集められていました。部屋の四方の衝立ついたてに仕切られて首は並べられ、ある首はつるされ、男には首の数が多すぎてどれがどれやら分らなくとも、女は一々覚えており、すでに毛がぬけ、肉がくさり、白骨になっても、どこのたれということを覚えていました。男やビッコの女が首の場所を変えると怒り、ここはどこの家族、ここは誰の家族とやかましく言いました。
　女は毎日首遊びをしました。首は家来をつれて散歩にでます。首の家族へ別の首の家族が遊びに来ます。首が恋をします。女の首が男の首をふり、又、男の首が女の首をすてて女の首を泣かせることもありました。
　姫君の首は大納言の首にだまされました。大納言の首は月のない夜、姫君の首の恋する人の首のふりをして忍んで行って契ちぎりを結びます。契りの後に姫君の首が気がつきます。姫君の首は大納言の首を憎むことができず我が身のさだめの悲しさに泣いて、尼になるのでした。すると大納言の首は尼寺へ行って、尼になった姫君の首を犯します。姫君の首は死のうとしますが大納言のささやきに負けて尼寺を逃げて山科やまし

なの里へかくれて大納言の首のかこい者となって髪の毛を生やします。姫君の首も大納言の首ももはや毛がぬけ肉がくさりウジ虫がわき骨がのぞけていました。二人の首は酒もりをして恋にたわぶれ、歯の骨と歯の骨と嚙み合ってカチカチ鳴り、くさった肉がペチャペチャくっつき合い鼻もつぶれ目の玉もくりぬけていました。
　ペチャペチャとくッつき二人の顔の形がくずれるたびに女は大喜びで、けたたましく笑いさざめきました。
　「ほれ、ホッペタを食べてやりなさい。ああおいしい。姫君の喉もたべてやりましょう。ハイ、目の玉もかじりましょう。すすってやりましょうね。ハイ、ペロペロ。アラ、おいしいね。もう、たまらないのよ、ねえ、ほら、ウンとかじりついてやれ」
　女はカラカラ笑います。綺麗きれいな澄んだ笑い声です。薄い陶器が鳴るような爽やかな声でした。
　坊主の首もありました。坊主の首は女に憎がられていました。いつも悪い役をふられ、憎まれて、嬲なぶり殺しにされたり、役人に処刑されたりしました。坊主の首は首になって後に却かえって毛が生え、やがてその毛もぬけてくさりはて、白骨になりました。白骨になると、女は別の坊主の首を持ってくるように命じました。新しい坊主の首はまだうら若い水々しい稚子ちごの美しさが残っていました。女はよろこんで机にのせ酒をふくませ頬ずりして舐なめたりくすぐったりしましたが、じきあきました。
　「もっと太った憎たらしい首よ」
　女は命じました。男は面倒になって五ツほどブラさげて来ました。ヨボヨボの老僧の首も、眉の太い頬っぺたの厚い、蛙かえるがしがみついているような鼻の形の顔もありました。耳のとがった馬のような坊主の首も、ひどく神妙な首の坊主もあります。けれども女の気に入ったのは一つでした。それは五十ぐらいの大坊主の首で、ブ男で目尻がたれ、頬がたるみ、唇が厚くて、その重さで口があいているようなだらしのない首でした。女はたれた目尻の両端を両手の指の先で押えて、クリクリと吊りあげて廻したり、獅子鼻ししばなの孔へ二本の棒をさしこんだり、逆さに立ててころがしたり、だきしめて自分のお乳を厚い唇の間へ押しこんでシャブらせたりして大笑いしました。けれどもじきにあきました。
　美しい娘の首がありました。清らかな静かな高貴な首でした。子供っぽくて、そのくせ死んだ顔ですから妙に大人びた憂いがあり、閉じられたマブタの奥に楽しい思いも悲しい思いもマセた思いも一度にゴッちゃに隠されているようでした。女はその首を自分の娘か妹のように可愛がりました。黒い髪の毛をすいてやり、顔にお化粧してやりました。ああでもない、こうでもないと念を入れて、花の香りのむらだつようなやさしい顔が浮きあがりました。
　娘の首のために、一人の若い貴公子の首が必要でした。貴公子の首も念入りにお化粧され、二人の若者の首は燃え狂うような恋の遊びにふけります。すねたり、怒ったり、憎んだり、嘘をついたり、だましたり、悲しい顔をしてみせたり、けれども二人の情熱が一度に燃えあがるときは一人の火がめいめい他の一人を焼きこがしてどっちも焼かれて舞いあがる火焰になって燃えまじりました。けれども間もなく悪侍だの色好みの大人だの悪僧だの汚い首が邪魔にでて、貴公子の首は蹴られて打たれたあげくに殺され

て、右から左から前から後から汚い首がゴチャゴチャ娘に挑みかかって、娘の首には汚い首の腐った肉がへばりつき、牙のような歯に食いつかれ、鼻の先が欠けたり、毛がむしられたりします。すると女は娘の首を針でつついて穴をあけ、小刀で切ったり、えぐったり、誰の首よりも汚らしい目も当てられない首にして投げだすのでした。

　男は都を嫌いました。都の珍らしさも馴れてしまうと、なじめない気持ばかりが残りました。彼も都では人並に水干すいかんを着ても脛すねをだして歩いていました。白昼は刀をさすことも出来ません。市へ買物に行かなければなりませんし、白首のいる居酒屋で酒をのんでも金を払わねばなりません。市の商人は彼をなぶりました。野菜をつんで売りにくる田舎女も子供までなぶりました。白首も彼を笑いました。都では貴族は牛車で道のまんなかを通ります。水干をきた跣足はだしの家来はたいがいふるまい酒に顔を赤くして威張りちらして歩いて行きました。彼はマヌケだのバカだのノロマだのと市でも路上でもお寺の庭でも怒鳴られました。それでもうそれぐらいのことには腹が立たなくなっていました。

　男は何よりも退屈に苦しみました。人間共というものは退屈なものだ、と彼はつくづく思いました。彼はつまり人間がうるさいのでした。大きな犬が歩いていると、小さな犬が吠えます。男は吠えられる犬のようなものでした。彼はひがんだり嫉ねたんだりすねたり考えたりすることが嫌いでした。山の獣や樹や川や鳥はうるさくはなかったがな、と彼は思いました。

　「都は退屈なところだなア」と彼はビッコの女に言いました。「お前は山へ帰りたいと思わないか」

　「私は都は退屈ではないからね」

　とビッコの女は答えました。ビッコの女は一日中料理をこしらえ洗濯し近所の人達とお喋ゃべりしていました。

　「都ではお喋りができるから退屈しないよ。私は山は退屈で嫌いさ」

　「お前はお喋りが退屈でないのか」

　「あたりまえさ。誰だって喋っていれば退屈しないものだよ」

　「俺は喋れば喋るほど退屈するのになあ」

　「お前は喋らないから退屈なのさ」

　「そんなことがあるものか。喋ると退屈するから喋らないのだ」

　「でも喋ってごらんよ。きっと退屈を忘れるから」

　「何を」

　「何でも喋りたいことをさ」

　「喋りたいことなんかあるものか」

　男はいまいましがってアクビをしました。

　都にも山がありました。然し、山の上には寺があったり庵があったり、そして、そこには却かえって多くの人の往来がありました。山から都が一目に見えます。なんというたくさんの家だろう。そして、なんという汚い眺めだろう、と思いました。

　彼は毎晩人を殺していることを昼は殆ど忘れていました。なぜなら彼は人を殺すことにも退屈しているからでした。何も興味はありません。刀で叩くと首がポロリと落ち

ているだけでした。首はやわらかいものでした。骨の手応えはまったく感じることがないもので、大根を斬るのと同じようなものでした。その首の重さの方が彼には余程意外でした。

　彼には女の気持が分るような気がしました。鐘つき堂では一人の坊主がヤケになって鐘をついています。何というバカげたことをやるのだろうと彼は思いました。何をやりだすか分りません。こういう奴等と顔を見合って暮すとしたら、俺でも奴等を首にして一緒に暮すことを選ぶだろうさ、と思うのでした。

　けれども彼は女の欲望にキリがないので、そのことにも退屈していたのでした。女の欲望は、いわば常にキリもなく空を直線に飛びつづけている鳥のようなものでした。休むひまなく常に直線に飛びつづけているのです。その鳥は疲れません。常に爽快に風をきり、スイスイと小気味よく無限に飛びつづけているのでした。

　けれども彼はただの鳥でした。枝から枝を飛び廻り、たまに谷を渉わたるぐらいがせいぜいで、枝にとまってうたたねしている梟にも似ていました。彼は敏捷びんしょうでした。全身がよく動き、よく歩き、動作は生き生きしていました。彼の心は然し尻の重たい鳥なのでした。彼は無限に直線に飛ぶことなどは思いもよらないのです。

　男は山の上から都の空を眺めています。その空を一羽の鳥が直線に飛んで行きます。空は昼から夜になり、夜から昼になり、無限の明暗がくりかえしつづきます。その涯に何もなくいつまでたってもただ無限の明暗があるだけ、男は無限を事実に於て納得することができません。その先の日、その先の日、その又先の日、明暗の無限のくりかえしを考えます。彼の頭は割れそうになりました。それは考えの疲れでなしに、考えの苦しさのためでした。

　家へ帰ると、女はいつものように首遊びに耽ふけっていました。彼の姿を見ると、女は待ち構えていたのでした。

　「今夜は白拍子しらびょうしの首を持ってきておくれ。とびきり美しい白拍子の首だよ。舞いを舞わせるのだから。私が今様いまようを唄ってきかせてあげるよ」

　男はさっき山の上から見つめていた無限の明暗を思いだそうとしました。この部屋があのいつまでも涯のない無限の明暗のくりかえしの空の筈ですが、それはもう思いだすことができません。そして女は鳥ではなしに、やっぱり美しいいつもの女でありました。けれども彼は答えました。

　「俺は厭だよ」

　女はびっくりしました。そのあげくに笑いだしました。

　「おやおや。お前も臆病風に吹かれたの。お前もただの弱虫ね」

　「そんな弱虫じゃないのだ」

　「じゃ、何さ」

　「キリがないから厭になったのさ」

　「あら、おかしいね。なんでもキリがないものよ。毎日毎日ごはんを食べて、キリがないじゃないか。毎日毎日ねむって、キリがないじゃないか」

　「それと違うのだ」

　「どんな風に違うのよ」

男は返事につまりました。けれども違うと思いました。それで言いくるめられる苦しさを逃れて外へ出ました。
　「白拍子の首をもっておいで」
　女の声が後から呼びかけましたが、彼は答えませんでした。
　彼はなぜ、どんな風に違うのだろうと考えましたが分りません。だんだん夜になりました。彼は又山の上へ登りました。もう空も見えなくなっていました。
　彼は気がつくと、空が落ちてくることを考えていました。空が落ちてきます。彼は首をしめつけられるように苦しんでいました。それは女を殺すことでした。
　空の無限の明暗を走りつづけることは、女を殺すことによって、とめることができます。そして、空は落ちてきます。彼はホッとすることができます。然し、彼の心臓には孔があいているのでした。彼の胸から鳥の姿が飛び去り、搔き消えているのでした。
　あの女が俺なんだろうか？　そして空を無限に直線に飛ぶ鳥が俺自身だったのだろうか？　と彼は疑りました。女を殺すと、俺を殺してしまうのだろうか。俺は何を考えているのだろう？
　なぜ空を落さねばならないのだか、それも分らなくなっていました。あらゆる想念が捉えがたいものでありました。そして想念のひいたあとに残るものは苦痛のみでした。夜が明けました。彼は女のいる家へ戻る勇気が失われていました。そして数日、山中をさまよいました。
　ある朝、目がさめると、彼は桜の花の下にねていました。その桜の木は一本でした。桜の木は満開でした。彼は驚いて飛び起きましたが、それは逃げだすためではありません。なぜなら、たった一本の桜の木でしたから。彼は鈴鹿の山の桜の森のことを突然思いだしていたのでした。あの山の桜の森も花盛りにちがいありません。彼はなつかしさに吾を忘れ、深い物思いに沈みました。
　山へ帰ろう。山へ帰るのだ。なぜこの単純なことを忘れていたのだろう？　そして、なぜ空を落すことなどを考え耽っていたのだろう？　彼は悪夢のさめた思いがしました。救われた思いがしました。今までその知覚まで失っていた山の早春の匂いが身にせまって強く冷めたく分るのでした。
　男は家へ帰りました。
　女は嬉しげに彼を迎えました。
　「どこへ行っていたのさ。無理なことを言ってお前を苦しめてすまなかったわね。でも、お前がいなくなってからの私の淋しさを察しておくれな」
　女がこんなにやさしいことは今までにないことでした。男の胸は痛みました。もうすこしで彼の決意はとけて消えてしまいそうです。けれども彼は思い決しました。
　「俺は山へ帰ることにしたよ」
　「私を残してかえ。そんなむごたらしいことがどうしてお前の心に棲すむようになったのだろう」
　女の眼は怒りに燃えました。その顔は裏切られた口惜しさで一ぱいでした。
　「お前はいつからそんな薄情者になったのよ」
　「だからさ。俺は都がきらいなんだ」

「私という者がいてもかえ」
「俺は都に住んでいたくないだけなんだ」
「でも、私がいるじゃないか。お前は私が嫌いになったのかえ。私はお前のいない留守はお前のことばかり考えていたのだよ」
　女の目に涙の滴しずくが宿りました。女の目に涙の宿ったのは始めてのことでした。女の顔にはもはや怒りは消えていました。つれなさを恨うらむ切なさのみが溢あふれていました。
「だってお前は都でなきゃ住むことができないのだろう。俺は山でなきゃ住んでいられないのだ」
「私はお前と一緒でなきゃ生きていられないのだよ。私の思いがお前には分らないのかねえ」
「でも俺は山でなきゃ住んでいられないのだぜ」
「だから、お前が山へ帰るなら、私も一緒に山へ帰るよ。私はたとえ一日でもお前と離れて生きていられないのだもの」
　女の目は涙にぬれていました。男の胸に顔を押しあてて熱い涙をながしました。涙の熱さは男の胸にしみました。
　たしかに、女は男なしでは生きられなくなっていました。新しい首は女のいのちでした。そしてその首を女のためにもたらす者は彼の外にはなかったからです。彼は女の一部でした。女はそれを放すわけにいきません。男のノスタルジイがみたされたとき、再び都へつれもどす確信が女にはあるのでした。
「でもお前は山で暮せるかえ」
「お前と一緒ならどこででも暮すことができるよ」
「山にはお前の欲しがるような首がないのだぜ」
「お前と首と、どっちか一つを選ばなければならないなら、私は首をあきらめるよ」
　夢ではないかと男は疑りました。あまり嬉しすぎて信じられないからでした。夢にすらこんな願ってもないことは考えることが出来なかったのでした。
　彼の胸は新な希望でいっぱいでした。その訪れは唐突で乱暴で、今のさっき迄の苦しい思いが、もはや捉えがたい彼方かなたへ距へだてられていました。彼はこんなにやさしくはなかった昨日までの女のことも忘れました。今と明日があるだけでした。
　二人は直ちに出発しました。ビッコの女は残すことにしました。そして出発のとき、女はビッコの女に向って、じき帰ってくるから待っておいで、とひそかに言い残しました。

★

　目の前に昔の山々の姿が現れました。呼べば答えるようでした。旧道をとることにしました。その道はもう踏む人がなく、道の姿は消え失せて、ただの林、ただの山坂になっていました。その道を行くと、桜の森の下を通ることになるのでした。

「背負っておくれ。こんな道のない山坂は私は歩くことができないよ」
「ああ、いいとも」
男は軽々と女を背負いました。
男は始めて女を得た日のことを思いだしました。その日も彼は女を背負って峠のあちら側の山径やまみちを登ったのでした。その日も幸せで一ぱいでしたが、今日の幸せはさらに豊かなものでした。
「はじめてお前に会った日もオンブして貰ったわね」
と、女も思いだして、言いました。
「俺もそれを思いだしていたのだぜ」
男は嬉しそうに笑いました。
「ほら、見えるだろう。あれがみんな俺の山だ。谷も木も鳥も雲まで俺の山さ。山はいいなあ。走ってみたくなるじゃないか。都ではそんなことはなかったからな」
「始めての日はオンブしてお前を走らせたものだったわね」
「ほんとだ。ずいぶん疲れて、目がまわったものさ」
男は桜の森の花ざかりを忘れてはいませんでした。然し、この幸福な日に、あの森の花ざかりの下が何ほどのものでしょうか。彼は怖れていませんでした。
そして桜の森が彼の眼前に現れてきました。まさしく一面の満開でした。風に吹かれた花びらがパラパラと落ちています。土肌の上は一面に花びらがしかれていました。この花びらはどこから落ちてきたのだろう？　なぜなら、花びらの一ひらが落ちたとも思われぬ満開の花のふさが見はるかす頭上にひろがっているからでした。
男は満開の花の下へ歩きこみました。あたりはひっそりと、だんだん冷めたくなるようでした。彼はふと女の手が冷めたくなっているのに気がつきました。俄にわかに不安になりました。とっさに彼は分りました。女が鬼であることを。突然ドッという冷めたい風が花の下の四方の涯から吹きよせていました。
男の背中にしがみついているのは、全身が紫色の顔の大きな老婆でした。その口は耳までさけ、ちぢくれた髪の毛は緑でした。男は走りました。振り落そうとしました。鬼の手に力がこもり彼の喉にくいこみました。彼の目は見えなくなろうとしました。彼は夢中でした。全身の力をこめて鬼の手をゆるめました。その手の隙間から首をぬくと、背中をすべって、どさりと鬼は落ちました。今度は彼が鬼に組みつく番でした。鬼の首をしめました。そして彼がふと気付いたとき、彼は全身の力をこめて女の首をしめつけ、そして女はすでに息絶えていました。
彼の目は霞かすんでいました。彼はより大きく目を見開くことを試みましたが、それによって視覚が戻ってきたように感じることができませんでした。なぜなら、彼のしめ殺したのはさっきと変らず矢張り女で、同じ女の屍体したいがそこに在るばかりだからでありました。
彼の呼吸はとまりました。彼の力も、彼の思念も、すべてが同時にとまりました。女の屍体の上には、すでに幾つかの桜の花びらが落ちてきました。彼は女をゆさぶりました。呼びました。抱きました。徒労でした。彼はワッと泣きふしました。たぶん彼がこの山に住みついてから、この日まで、泣いたことはなかったでしょう。そして彼が自

然に我にかえったとき、彼の背には白い花びらがつもっていました。

　そこは桜の森のちょうどまんなかのあたりでした。四方の涯は花にかくれて奥が見えませんでした。日頃のような怖れや不安は消えていました。花の涯から吹きよせる冷めたい風もありません。ただひっそりと、そしてひそひそと、花びらが散りつづけているばかりでした。彼は始めて桜の森の満開の下に坐っていました。いつまでもそこに坐っていることができます。彼はもう帰るところがないのですから。

　桜の森の満開の下の秘密は誰にも今も分りません。あるいは「孤独」というものであったかも知れません。なぜなら、男はもはや孤独を怖れる必要がなかったのです。彼自らが孤独自体でありました。

　彼は始めて四方を見廻しました。頭上に花がありました。その下にひっそりと無限の虚空がみちていました。ひそひそと花が降ります。それだけのことです。外には何の秘密もないのでした。

　ほど経て彼はただ一つのなまあたたかな何物かを感じました。そしてそれが彼自身の胸の悲しみであることに気がつきました。花と虚空の冴えた冷めたさにつつまれて、ほのあたたかいふくらみが、すこしずつ分りかけてくるのでした。

　彼は女の顔の上の花びらをとってやろうとしました。彼の手が女の顔にとどこうとした時に、何か変ったことが起ったように思われました。すると、彼の手の下には降りつもった花びらばかりで、女の姿は掻き消えてただ幾つかの花びらになっていました。そして、その花びらを掻き分けようとした彼の手も彼の身体も延した時にはもはや消えていました。あとに花びらと、冷めたい虚空がはりつめているばかりでした。

　【作家紹介】坂口安吾（さかぐちあんご1906—1955）。小説家、エッセイスト。1906年、新潟生まれ。本名炳五。東洋大印度哲学科卒業。1930年に、江口清ら、アテネフランセの友人たちと同人誌「言葉」を創刊、翌年の1931年6月に発表した「風博士」が文壇の注目を浴びる。牧野信一に激賞される。第二作の「黒谷村」も島崎藤村、宇野浩二に支持され、ファルスの旗手として注目を集めた。1946年に、「堕落論」を発表。敗戦で虚脱状態におちいっていたインテリ層を堕落が足りないと叱る論調は熱狂的な支持を集め、文壇の寵児となる。この年と翌年、「白痴」「桜の森の満開の下」「教祖の文学」「散る日本」などの代表作を一気に書く。もっとも稔りの多い二年間だった。1948年、ミステリにも筆を染め、いきなり「不連続殺人事件」という傑作をものするが、多忙からヒロポン（覚醒剤）と睡眠薬の中毒になり、翌年、神経科に入院し、伊東に転居する。1955年2月17日、脳出血により、48歳で死去。

　本作「桜の森の満開の下」は1947年に発表。

散歩生活

中原中也

　「女房でも貰つて、はやくシヤツキリしろよ、シヤツキリ」と、従兄みたいな奴が従弟みたいな奴に、浅草のと或るカフエーで言つてゐた。そいつらは私の卓子(テーブル)のぢき傍で、生ビール一杯を三十分もかけて飲んでゐた。私は御酒を飲んでゐた。好い気持であつた。話相手が欲しくもある一方、ゐないこそよいのでもあつた。
　其処を出ると、月がよかつた。電車や人や店屋の上を、雲に這入つたり出たりして、涼しさうに、お月様は流れてゐた。そよ風が吹いて来ると、私は胸一杯呼吸するのであつた。「なるほどなア、シヤツキリしろよ、シヤツキリ——かア」
　私も女房に別れてより茲(ここ)に五年、また欲しくなることもあるが、しかし女房がゐれば、こんなに呑気に暮すことは六ヶ敷(むづかし)からうと思ふと、優柔不断になつてしまふ。
　それから銀座で、また少し飲んで、ドロンとした目付をして、夜店の前を歩いて行つた。四角い建物の上を月は、やつぱり人間の仲間のやうに流れてゐた。
　初夏なんだ。みんな着物が軽くなつたので、心まで軽くなつてゐる。テカテカした靴屋の店や、ヤケに澄ました洋品店や、玩具屋(おもちや)や、男性美や、——なんで此の世が忘らりよか。
　「やア——」といつて私はお辞儀をした。日本が好きで遥々(はるばる)独乙から、やつて来てペン画を描(か)いてる、フリードリッヒ・グライルといふのがやつて来たからだ。
　「イカガーデス」にこにこしてゐる。顳(こめかみ)をキリモミにしてゐる。今日は綺麗な洋服を着てゐる。ステツキを持つてる。
　「たびたびどうも、複製をお送り下すつて難有(ありがた)う」
　「地霊(ルル)…………アスタ・ニールズン」彼はニールズンを好きで、数枚その肖顔(にがほ)を描いてる男である。私の顔をジロジロみながら、一緒に散歩したものか、どうかと考へてゐる。彼も淋しさうである。沁(し)むやうに笑つてゐる
　「アスタ・ニールズン！」
　私一人の住居のある、西荻窪に来てみると、まるで店灯がトラホームのやうに見える。水菓子屋が鼻風邪でも引いたやうに見える。入口の暗いカフエーの、中から唄が聞こえてゐる。それからもう直ぐ畑道だ、蛙が鳴いてゐる。ゴーツと鳴つて、電車がトラホームのやうに走つてゆく。月は高く、やつぱり流れてゐる。

散歩生活　□□□

　暗い玄関に這入ると、夕刊がパシヤリと落ちてゐる。それを拾ひ上げると、その下から葉書が出て来た。
　その後御無沙汰。一昨日可なりひどい胃ケイレンをやつて以来、お酒は止めです。試験の成績が分りました。予想通り二科目落第。云々。
　静かな夜である。誰ももう通らない。──女と男が話しながらやつて来る。めうにクンクン云つてゐる。女事務員と腰弁くらゐの所だ。勿論恋仲だ。シヤツキリはしてゐねえ。私の家が道の角にあるものだから、私の家の傍では歩調をゆるめて通つてゐる。
　何にも聞きとれない。恐らく御当人達にも聞こえ合つてはゐない。クンクン云つてゐる。
　夢みるだの、イマジネーションだの、諷刺だのアレゴリーだのと、人は云ふが、大体私にはそんなことは分らない。私の頭の中はもはや無一文だ。昔は代数も幾何もやつたのだが、今は何にも覚えてゐない。
　それでも結構生きながらへることは嬉しいのだが、嬉しいだけぢやア済まないものなら、どうか一つ私に意義ある仕事を教へて呉れる人はゐないか。抑々（そもそも）私は測鉛のやうに、身自らの重量に浸つてゐることのほか、何等の興味を感じない。
　世には人生を、己が野心の餌食と心得て、くたぶれずに五十年間生きる者もある。
　或は又、己が信念によつて、無私な動機で五十年間仕事する人もある。
　私はといへば、人生を己が野心の対象物と心得ても猶くたびれない程虎でもなく、かといつて己が信念なぞといふものは、格別形態を採る程湧き出ても来ぬ。何にもしなければ怠け者といふだけの話で、ともかく何かしようとすれば、ほんのおちよつかい程度のことしか出来ぬ。所詮はくたびれア、いちばん似合つてるのかも知れないけれど、月が見えれば愉しいし、雲くらゐ漠としたのでよけれア希望だつて湧きもするんだ。それを形態化さうなぞと思へばこそ額に皺も寄せるのだが、感ずることと造ることとは真反対のはたらきだとはよう云うた、おかげで私はスランプだ。
　尤もスランプだからといつて、慌てもしない泣きもしない。消極的な修養なら、積みすぎるくらゐ積んでゐる。慎（つつま）しく生きてゐるんだ。格別過去や未来を思ふことはしないで、一を一倍しても一が出るやうな現在の中に、慎しく生きてゐるのだ。酒といふ、或る者には不徳の助奏者、或る者には美徳の伴奏者たる金剛液を一つの便り、慎しく生きてゐるのだ。
　発掘されたポムペイ市街の、蠅も鳴かない夏の午（ひる）、鋪石や柱に頭を打ちつけ、ベスビオの噴煙を尻目にかけて、死んで沙漠に埋められようとも、随分馬鹿にはならないことなのを、それでもまあ、日本は東京に、慎しく生きてゐるのだ。
　──なんてヒステリーなら好加減よすとして、今晩はこれで眠るとして、精神を憩（やす）めておいて、また明日の散歩だ……
　毎朝十一時に御飯を運んで来る、賄屋（まかなひや）の小僧に起こされて、つまり十一時に目を覚ます。真ツ赤な顔をした大きい小僧で、ジャケッツを着てビロードのズボンをはいてゐる。毎朝そいつの顔を見るといやでも目が覚めるくらゐニヤニヤ笑つてゐる。年齢（とし）は

二十四ださうである。先達は肺炎を患つて、一ヶ月余り顔を見せなかつた。洋食を持つて来た日は得意である。「今日はまた、チト、変つたものを持つて上りましたア」と云ひながら風呂敷を解く。それから新聞を読んで、ゆつくりして帰つて行く。

　私は先晩の水を飲んで、煙草を二三本吸ふ。それが三十分はかゝる。それから水を汲んで来て、顔を洗ふ。薬鑵に水を入れかへたり、きふすを洗つたり、其の他、一々は云はないけれど、男一人でゐるとなると、却々(なかなか)忙しいものである。

　それらがすむとまた一服して、新聞は文芸欄と三面記事しか読みはしない。ほかの所は読んでも私には分らない。だいぶ足りないのだらうと自分でも思つてゐる。

　今朝の文芸欄では、正宗白鳥がホザイてゐる。勝本清一郎といふ、概念家をくすぐつてゐる。「人間の心から、私有欲を滅却させようとするのと同様の大難事である。」なぞと書いてゐる。読んでゆくと成程と思ふやうに書いてゐる。ところで私にはなんのことだか分らない。私が或る一人の女に惚れ、その女を私有したいことと、人間の私有欲なんてものとが同日に論じられてたまるものか、なんぞと、読みぢまつてから、その文章の主旨なぞはまるでおかまひなしに思つちまふ。

　凡そ心も精神もなしに、あの警句とこの警句との、ほんの語義的な調停を事としてゐて、それで批評だの学問だのと心得てゐる奴が斯くも多いといふことは、抑々、自分の心が要求しはしなかつた学問を、本屋に行けば本があつたからしたんでさうなつたんだ。

　「やつぱり朝はおみおつけがどうしたつて要りますなあ」だの、「扇子といふやつはよく置忘れる代物ですなあ」とか云つてれあともかく活々してる奴等が、現代だの犯罪心理なぞとホザき出すので、通りすがりに結婚を申込まれた処女みたいなもんで、私は慌ててしまふんだ。

　大学の哲学科第一年生――なんて、「これは深刻なんだゾオ」といふ言葉を片時も離さないで、カントだのヘーゲルなぞといふのを読んでゐる。

　欧羅巴(ヨーロッパ)がハムレットに疲弊しきつた揚句、ドンキホーテにゆく。するてえと日出づる国の大童らが、「さうだ！　明るくなくちやア」とほざく。向ふが室内に疲れきつて、戸外に出る。すると此方(こつち)で、太陽の下では睡げだつた連中が、ウアハハハツと云つて欣(よろこ)ぶ。その形態たるや彼我相似てゐる。鉄管も管であり、地下鉄道も管である。

　なあに、今日は雨が降るので、却々散歩に出ないんだ。没々(ぼつぼつ)ハムレットにも飽きたから、ドンキホツテと出掛けよう。雨が降つても傘がある。電車に乗れば屋根もある。

【作家紹介】中原中也（1907—1937）。大正・昭和期の詩人。17歳頃から詩作を始め、詩人高橋新吉の作品の影響を受けて一時ダダに傾倒。その後は、フランス象徴詩の影響下に詩作を続けた。昭和3年初期作品の代表作「朝の歌」（大正15年作）を発表。4年河上徹太郎、大岡昇平らと同人誌「白痴群」を創刊し、「寒い夜の自画像」などを発表。9年第一詩集「山羊の歌」を刊行。10年「歴程」「四季」同人となる。37年10月22日、結核性脳膜炎がもとで、30歳の若さで死亡。没後の13年第二詩集「在りし日の

歌」が刊行された。古風な格調の中に近代的哀愁をたたえた詩風により、昭和期の代表的詩人として評価されている。他に訳詩集「ランボオ詩集」、「中原中也全集」(全5巻・別巻1角川書店)、「新編中原中也全集」(全5巻・別巻1角川書店)などがある。

本作「散歩生活」は「日本の名随筆　別巻32　散歩生活」作品社により、その底本は1967年12月に角川に出版された「中原中也全集第三巻」である。